1857

और

बिहार की पत्रकारिता

1857
और
बिहार की पत्रकारिता

मो. जाकिर हुसैन

प्र
प्रभात
प्रकाशन

प्रकाशक • **प्रभात प्रकाशन प्रा. लि**
4/19 आसफ अली रोड,
नई दिल्ली–110002

संस्करण • 2025
मूल्य • छह सौ रुपए
मुद्रक • प्रिंट मीडिया, नई दिल्ली

1857 AUR BIHAR KI PATRAKARITA
by Md. Zakir Hussain ₹ 600.00
Published by Prabhat Prakashan Pvt. Ltd., 4/19 Asaf Ali Road, New Delhi-2
e-mail: prabhatbooks@gmail.com ISBN 978-93-5048-312-1

यह ग्रंथ
बिहार के दबे–कुचले उन महान् व्यक्तियों
को
समर्पित है
जिन्होंने 1857 के स्वतंत्रता संग्राम में
अपना सबकुछ देश पर
न्योछावर कर दिया
इसके बावजूद इतिहास में कहीं
उनका नाम
नहीं मिलता।

दो शब्द

बिहार-झारखंड की धरती शुरू से ही विदेशी शासकों की विरोधी रही है। मुगलों से लोहा लेनेवाला शेरशाह सूरी बिहार का ही वीर सपूत था। उसने दो बार हुमायूँ को युद्ध में ऐसा पराजित किया कि स्वयं हुमायूँ बड़ी मुश्किल से अपनी जान बचाने में सफल हो सका। 18वीं शताब्दी के मध्य में टिकारी के राजा सुंदर सिंह और मशहूर जमींदार मोईन खान ने मुगलों के विरुद्ध बगावत का परचम बुलंद किया। इसी प्रकार मुगलों के पतन के बाद जब विदेशी शासक के रूप में अंग्रेजों ने इस देश पर अपना अधिकार स्थापित करना चाहा तो मीर कासिम वह पहला वीर सपूत था जिसने अंग्रेजों को ललकारा। उसी समय से पटना विद्रोह का केंद्र था। 1781 में जब राजा चेत सिंह ने अंग्रेजों के विरुद्ध बगावत का बिगुल बजा दिया तो सासाराम के शासक रजा कुली खान, टिकारी के राजा पीतांबर सिंह, कुटुंबा और सरेस के जमींदारों ने राजा चेत सिंह का साथ दिया था। सारण में फतेह सिंह ने अंग्रेजों का जीना हराम कर रखा था। 1798 में अवध के अपदस्थ नवाब वजीर अली ने अंग्रेजों के विरुद्ध बगावत का आह्वान किया तो उस समय टिकारी के राजा मित्रजीत सिंह ने उनका साथ दिया था। 1831 में छोटानागपुर के आदिवासी कबीले कोल और 1855 में संथालों ने विद्रोह कर दिया। यह बगावत 1857 तक जारी रही। इससे प्रतीत होता है कि बिहार-झारखंड ने कभी भी अंग्रेजी सरकार का वफादार बनना पसंद ही नहीं किया और बराबर आजादी की लड़ाई लड़ता रहा। और जब 1857 ने इस क्षेत्र का रुख किया तो यह पहले से ही इसके लिए तैयार बैठा था। एक अस्सी वर्षीय वीर सपूत कुँवर सिंह ने अंग्रेजों को इतना छकाया कि आज भी वह उसकी कड़वाहट महसूस करते हैं। पीर अली का यह कथन भी उनको प्राय: परेशान किए रखा कि **''जीवन में ऐसे अवसर भी आते हैं जिनमें जान बचा लेना पुण्य का कार्य होता है । ऐसे अवसर भी आते हैं, जिनमें**

प्यारी जान दे ही देना सबसे बड़ा पुण्य गिना जाता है। तुम मुझे फाँसी दे सकते हो । मुझ जैसे और आदमियों की भी जानें ले सकते हो। लेकिन इस धरती से हजारों आदमी तुम्हारे विरुद्ध उठते रहेंगे और शांति से हुकूमत करने का जो मकसद तुम्हारे सामने है, वह कभी पूरा न हो सकेगा।'' पीर अली का यह कथन शत-प्रतिशत सही सिद्ध हुआ और अंग्रेज 1857 की बगावत विफल होने के बाद भी चैन से सत्ता नहीं सँभाल सके।

सन् सत्तावन और उससे संबंधित घटनाओं का विवरण यदि कहीं मिलता है तो वह अंग्रेजों द्वारा लिखी गईं किताबों में है। क्योंकि मालूमात के स्रोतों तक उनकी पहुँच थी। जाहिर सी बात है कि अंग्रेज लेखकों ने एक विशेष धारणा के तहत इन घटनाओं का वर्णन किया है। ऐसे में उनसे निष्पक्षता की आशा करना व्यर्थ है और इन किताबों से सही जानकारी प्राप्त करना, दूध की नहर निकालने के बराबर है। इसके अलावा सन् सत्तावन का दूसरा स्रोत उर्दू पत्र-पत्रिकाएँ और उर्दू पुस्तकें हैं। इन किताबों से बड़ी हद तक सही जानकारी का पता लगाया जा सकता है। ऐसे में हिंदी भाषी शोधकर्ताओं को बड़ी कठिनाइयों का सामना करना पड़ता है। जिस समय श्रीकांतजी इस विषय पर शोध कर रहे थे, उन्हें भी इन परेशानियों से दो-चार होना पड़ा। प्रसन्न चौधरी और श्रीकांतजी की किताब '1857, बिहार-झारखंड में महायुद्ध' ने उसी समय मुझे प्रेरित किया कि बिहार-झारखंड से संबंधित 1857 के विद्रोह पर जो भी सामग्री उर्दू में मौजूद है, उसे हिंदी में हस्तांतरित करना एक अच्छा काम होगा। अत: उनके आदेशानुसार मैंने इस काम का बीड़ा उठाया। मैंने अपनी ओर से इसे अच्छे-से-अच्छा करने की भरपूर कोशिश की है। अब इसमें मैं कहाँ तक सफल रहा, वह पाठकों पर छोड़ता हूँ। यदि इसमें कोई त्रुटि नजर आए तो अवश्य अवगत कराएँ, ताकि भविष्य में इसमें संशोधन किया जा सके।

इस पुस्तक की तैयारी में बड़े भाई श्रीकांतजी, डॉ. ओम प्रकाश प्रसाद, रीडर, इतिहास विभाग, पटना विश्वविद्यालय, पटना, डॉ. सफदर इमाम कादरी, विभागाध्यक्ष, उर्दू विभाग, कॉमर्स कॉलेज, पटना, श्री मो. बदरुद्दीन फरीदी, खुदाबख्श पुस्तकालय, पटना और डॉ. फरदुल हसन फर्द ने कदम-कदम पर मेरा मार्गदर्शन किया। उनका शुक्रिया अदा कर इस एहसान से मुक्त होना नहीं चाहता हूँ। इसके साथ ही अपनी माता-पिता, भाई-बहन, पत्नी और बच्चों को भी धन्यवाद देना चाहता हूँ, क्योंकि उनसे मुझे पूरा-पूरा सहयोग मिला।

—मो. जाकिर हुसैन
खुदाबख्श लाइब्रेरी, पटना

भूमिका

बिहार शुरू से ही विभिन्न आंदोलनों का केंद्र रहा है। 1857 के स्वतंत्रता संग्राम में इस राज्य के योगदानों को भुलाया नहीं जा सकता, क्योंकि बिहार में 1857 के विद्रोह में लगभग आठ सौ लोगों को फाँसी पर चढ़ा दिया गया था। हजारों लोगों पर मुकदमा चलाया गया, सैकड़ों गाँव जलाए गए। विद्रोहियों ने गया और शाहाबाद में फौजदारी रिकॉर्डों को जला दिया। 210 बरकंदाजों को बर्खास्त कर दिया गया। मध्य बिहार के जिलों में विद्रोही गाँवों से हथियार जब्त करने के लिए बड़े पैमाने पर अभियान चलाए गए। तलवार, भाला और परंपरागत हथियारों को भी घरों में ऑपरेशन चलाकर निकलवाया गया। सोन के तटों पर पेट्रोलिंग की व्यवस्था की गई, इसके बावजूद दर्जनों अफीम गोदामों पर हमले हुए। विद्रोह में शामिल होनेवाले सिपाहियों और नामी नेताओं के अतिरिक्त बिहार में बड़ी संख्या में अनाम लोग लड़ाई में शामिल हुए, जिसमें सभी जाति और धर्मों के लोग शामिल थे। गाँव के गाँव बागी हो गए थे।

1857 की लड़ाई में शामिल विद्रोहियों की जमीन-जायदाद सरकार ने जब्त कर ली और उसे गद्दारों में बाँट दिया। इसकी लंबी सूची है—बिहार में जिस बड़े जमींदार का नाम आप जानते हो, वह इस सूची का नाम होगा। देखिए, 1857 की लड़ाई के बारे में एक 'पंवारा' में जमींदारों के बारे में क्या कहा गया है—

भर भोजपुर में कुँवर बिरजले, रीवाँ रहल सरनिया नू ।।
हाट बजरिया कवन बिसारे, के कहल सब गुनवा नू ।।
बेतिया अवरू दरभंगा बाड़े, आउर बाड़े अेकारी नू ।।
जैपुर, जोधपुर दूर बसेले, छोटे राजा मझवली नू ।।
भोजपुर में डुमराँव बसेला, उहों बाड़े फिरंगिये नू ।।

अंग्रेजों की 'बाँटों और राज करो' की नीति ने रातोरात जमीन के मालिकाने में

परिवर्तन कर दिया। दलालों और जमींदारों की फौज खड़ी हो गई, जो ज्यादा क्रूर और दमनकारी थी। पटना के अली करीम, पोरहाट के राजा अर्जुन सिंह, ठाकुर विश्नाथ शाही, गणपत राय, कुँवर सिंह, अमर सिंह, निशान सिंह आदि की पूरी संपत्ति जब्त की गई। जमीन जब्ती के इस अभियान में कुल 25,68,558 रुपए मूल्य की जमीन जब्त की गई। गया शहर में साहेबगंज के अली करीम के डुमरी और मखदुमपुर के स्टेटों तथा परगना मुनीर के दस शेयरों को कुल 92,261 रुपए में बेचा गया।

बिहार में 1857 में पटना, जहानाबाद, गया, नवादा, आरा, सासाराम, सुगौली और सारण में भारी आंदोलन शुरू हो गया। जुलाई महीने के बाद तो जैसे बिहार में आँधी आ गई थी। गया जेल को विद्रोहियों ने तीन बार तोड़ा और कब्जा कर लिया। आरा जेल पर दो बार हमला हुआ। आरा जेल के रिकॉर्डों को विद्रोहियों ने जला दिया। नवादा में विद्रोहियों ने कचहरी में आग लगा दी। एक तरफ विद्रोही अंग्रेजी राज के खिलाफ लड़ रहे थे तो दूसरी तरफ अंग्रेजों की मदद करनेवाले जमींदारों की कमी नहीं थी, उन्हें उनकी सेवाओं के बदले सनद और राजा बहादुर और खान बहादुर के तमगे और खिल्लत मिले।

कुँवर सिंह के बारे में जॉर्ज ओ. ट्रेवेलियन ने लिखा है—जो भी यूरोपियन उनके यहाँ जाते थे, उनसे कुँवर सिंह कहते थे कि मैं आपके राज में किस काम का हूँ। वे उस उम्र में पहुँच गए थे, जिस उम्र में इंग्लैंड में प्रधानमंत्री के अतिरिक्त अन्य किसी पद के अयोग्य समझे जाते थे। उन्हें उन दिनों की खूब याद थी, जब मराठे पूना और नागपुर में राज करते हैं, वे फोर्ट विलियम की कठपुतलियाँ नहीं थे। एक राजपूत सरदार ने कुछ हजार सैनिकों की सहायता से मध्य भारत की महत्ता सिद्ध की। जब दक्षिण वालों ने अपने कठोर और सुसंगठित आक्रमणों से उसे मिट्टी में मिला दिया, तब वह हॉलैंड सरदारों की तरह फुफकारने लगा। जिस देश के लोग 'लोचील' और 'रॉब रॉय मैकेग्रेगर' के समान वीरों की पूजा करते हैं, उन्हें इस सरदार के प्रति थोड़ी सहानुभूति निश्चय रूप से प्रकट करनी चाहिए, जिसने अपनी अस्सी साल की उम्र में अपने हथियारों को कसवाने और अपनी पगड़ी की लाज रखने के लिए अपने लोगों से कहा। जो स्वयं अपनी सेना लेकर लखनऊ गया। जिस युद्ध ने भारत के भाग्य का निबटारा कर दिया तथा यह जानते हुए कि गंगा नदी के उत्तर-विद्रोह की कोई आशा नहीं है। उसने अंतिम दिनों में अनोखे रण-कौशल का उदाहरण दिया।

बिहार में 1857 के महायुद्ध पर कई किताबें उपलब्ध हैं। मो. जाकिर साहब की इस पुस्तक की विशेषता यह है कि उन्होंने 1857 के दौरान उर्दू पत्र-पत्रिकाओं

में इस विद्रोह के बारे में जो कुछ लिखा गया, उसे संकलित किया है। किसी भी विद्रोह या आंदोलन को उस दौरान उपलब्ध रपटों और खबरों का अध्ययन कर समझा जा सकता है। समय और काल को समझने और उसकी गति-प्रकृति को आसानी से समझा जा सकता है। इसमें अखबार-ए-बिहार, दिल्ली उर्दू अखबार, अखबार-अल-जफर, सादिक-अल-अखबार और नदीम के बिहार विशेषांक में प्रकाशित 1857 से संबंधित खबरों और लेखों को शामिल किया गया है। इसके अतिरिक्त स्वतंत्रता प्राप्ति से पूर्व और उसके पश्चात् प्रकाशित उर्दू पुस्तकों में 1857 के बारे में जो कुछ लिखा गया है, उसे भी इसमें शामिल कर लिया गया है। सन् सत्तावन के विद्रोह के दो साल पहले पटना से हरकारा प्रकाशित हुआ था और 1856 में अखबार-ए-बिहार प्रकाशित होने लगा। 2 अगस्त, 1883 को पटना के कार्यकारी कलक्टर लिटलिडेल के अनुसार, इस समय तक पटना में कोई लिथियोग्राफिक प्रेस नहीं था। किताबें मुख्यतः लखनऊ, बंबई और कलकत्ता से आती थीं। (जटाशंकर झा-अर्ली प्रिंटिंग प्रेसेस, पृ. 99)। अखबार-ए-बिहार में 1857 की लड़ाई के पहले दौर में जब वारिस अली और पीर अली को फाँसी दे दी गई, उसकी छोटी-छोटी खबरें प्रकाशित हुई थी। उन अखबारों को देखकर समझा जा सकता है कि शुरुआती दौर में घटनाओं को देखने का नजरिया अखबार निकालने वालों का कैसा था? जाकिर साहब ने उर्दू की पत्र-पत्रिकाओं का अध्ययन कर 1857 से जुड़ी सामग्रियों को प्रस्तुत किया है। ऐसे में यह किताब जरूरी किताब बन जाती है।

–श्रीकांत

विषय-सूची

खंड-चार : चिनगारी से शोला तक

1

प्रस्तावना

पत्रकारिता के महत्त्व को हर युग में स्वीकार किया गया है। सामाजिक, राजनीतिक, सांस्कृतिक और आर्थिक जीवन पर जिस तीव्रता के साथ उसका सकारात्मक और नकारात्मक प्रभाव पड़ता है, वह आज किसी से छिपा हुआ नहीं है। पत्रकारिता संचार एवं प्रसार का इतना प्रभावी और शक्तिशाली साधन है और तत्कालीन सूचनाओं को उपलब्ध कराने का इतना उत्तम माध्यम है कि दुनिया के बड़े-से-बड़े राजनीतिक और सामाजिक नेताओं ने उसके सामने अपना शीश झुकाया है। इतिहास गवाह है कि पत्रकारिता ने बड़े-बड़े आंदोलनों और क्रांतियों को जन्म दिया। विश्व स्तर पर ऐसी घटना बार-बार घटी, जब पत्रकारिता की अपार शक्ति, उसकी लोकप्रियता और असकी आलोचना से भयभीत होकर उसे पाबंदी की जंजीरों से जकड़ दिया गया। पत्रकारिता की शक्ति का जिक्र करते हुए अकबर इलाहाबादी ने कहा था–

खींचो न कमानों को, न तलवार निकालो
जब तोप मुकाबिल हो तो अखबार निकालो

अर्थात् पत्रकारिता की शक्ति और प्रभाव के आगे तीर, कमान, बंदूक और तोप की भी शक्ति क्षीण हो जाती है।

पत्रकारिता का यही रूप हमें 1857 की बगावत के समय भी देखने को मिलता है। उस समय भारतीय पत्रकारों ने अपनी पत्रकारिता के माध्यम से अंग्रेजों की नींदें हराम कर रखी थीं। उन्होंने 1857 का वातावरण इतना गरम कर रखा था कि उसे सँभालना अंग्रेजों के वश से बाहर हो गया था। इस पर काबू पाने के लिए सख्त कानून का सहारा लेकर बागी पत्रकारों को फाँसी दी गई और पत्रिकाओं पर प्रतिबंध लगाया गया और उसके प्रकाशित अंक जब्त कर लिए गए। इस विद्रोह के समय पत्रकारों के दो गुट सक्रिय थे। एक गुट सरकार का वफादार था। वह अपनी पत्रिकाओं में वही खबरें प्रकाशित करता था, जो सरकार के हित के अनुरूप होती

थीं और उसके जुल्म और अत्याचार पर परदा डालना उसके जीवन का मुख्य उद्‌देश्य हो गया था। पटना का 'अखबार-ए-बिहार' इसी श्रेणी में आता है। दूसरा गुट बागी पत्रकारों का था। वह अंग्रेजों के कार्यों और उनके अत्याचार और तिरस्कार की आलोचना करना और उनके बुरे उद्‌देश्यों से जनता को अवगत कराना एक पत्रकार की हैसियत से अपना कर्तव्य समझता था और अपने आदर्शों से समझौता करना उसके सिद्धांत के विरुद्ध था। दिल्ली के 'देहली उर्दू अखबार', 'अखबार-उल-जफर' और 'सादिक-उल-अखबार' इसी श्रेणी में आते हैं। इस खंड में दोनों प्रकार की पत्रिकाओं को शामिल किया गया है। सर्वप्रथम पटना के 'अखबार-ए-बिहार' को सम्मिलित किया गया है। क्योंकि प्राप्त सूचना के अनुसार यह बिहार की एकलौती पत्रिका है, जो 1857 के विद्रोह के समय मौजूद थी और इसी पत्रिका में सन् सत्तावन से संबंधित बिहार-झारखंड की घटनाओं का विस्तार से विवरण मिलता है।

सूबा बिहार के प्राचीन अखबारों में 'पटना हरकारा' और 'अखबार-ए-बिहार' का नाम आता है। 'पटना हरकारा' का पहला अंक, जो 12 पृष्ठों पर सम्मिलित है, 21 अप्रैल 1855 को निकला। काजी अब्दुल वदूद के कथनानुसार यह 1856 के अगस्त तक इसी नाम से निकलता रहा। और 1 सितंबर 1856 को इसका नाम 'अखबार-ए-बिहार' हो गया। 'पटना हरकारा' की तरह 'अखबार-ए-बिहार' भी शाह अबू तुराब के प्रकाशन में छपता था और शाह विलायत अली इसके व्यवस्थापक थे। इसके 1, 11, 21 सितंबर 1856; 1, 11, 21 अक्तूबर 1856; 1, 11, 21 नवंबर 1856; 1, 11, 21 दिसंबर 1856; 1, 11, 21 जनवरी 1857; 1, 11, 21 फरवरी 1857; 1, 11, 21 मार्च 1857; 1, 11, 21 अप्रैल 1857; 1, 11, 21 मई 1857; 1, 11, 22 जून 1857; 1, 11, 21 जुलाई 1857 के अंक खुदाबख्श पुस्तकालय, पटना में सुरक्षित हैं। इस पुस्तकालय ने 'पटना हरकारा' और 'अखबार-ए-बिहार' की छायाप्रति प्रकाशित कर दी है। 'अखबार-ए-बिहार' में गदर 1857 से संबंधित बिहार के बारे में जो खबरें और सूचनाएँ मिलती हैं। उसको तिथिवार जमा कर दिया गया है। यह अखबार अंग्रेजों का पक्षधर था और हिंदुस्तानियों का कट्टर विरोधी था। इसलिए इसकी सारी खबरों में अंग्रेजी पक्षपात की गंध आती है। इस प्रकार की कुछ खबरें नीचे प्रस्तुत की जा रही हैं–

"ऐसा विद्रोह पलटनों में तो अंग्रेजी सरकार के आरंभ से आज तक कभी नहीं हुआ था। पता नहीं इस उपद्रव और विद्रोह का कारण क्या है।"[1]

"गवर्नमेंट इंडिया ने सदा ही अन्य धर्मों एवं जातियों का सम्मान किया है और नवाब गवर्नर जनरल बहादुर ने भी सदा ही इसका ध्यान रखा है। कदापि

गवर्नमेंट ऑफ इंडिया का ऐसा इरादा नहीं है कि किसी के धर्म में कुछ हस्तक्षेप करे। अबतक कोई बात सरकार की ओर से ऐसी नहीं हुई है, जिससे किसी के धार्मिक कार्यों में कोई बाधा उत्पन्न हुई हो। गवर्नमेंट ऑफ इंडिया ने आज तक अपने किसी नागरिक के साथ दगा नहीं किया है। सारांश यह है कि अब नवाब गवर्नर जनरल बहादुर आदेश देते हैं कि जिन लोगों के पास ऐसी निराधार सूचनाएँ पहुँचा करती हैं उन लोगों पर आवश्यक है कि पहले इस पर खूब विचार कर ले, उसके बाद ही उस सूचना को सही या गलत समझे। 19 मई 1857 ।[2]

"अतः नागरिकों को चाहिए कि बड़े इतमीनान(शांति) से जीवनयापन करें और किसी प्रकार के भय एवं शंका का विचार नहीं करें। इस समय जबकि उपद्रवी बवाल मचाने के लिए अपनी तैयारी कर रहे हैं सभी नागरिक सरकार की भलाई एवं सहायता में प्रयासरत रहें। क्योंकि शीघ्र ही यह उपद्रव समाप्त हो जाएगा। अतः इस हो-हल्ला के समाप्त होते ही जिन लोगों की खैरख्वाही सरकार के प्रति जाहिर होगी वह लोग सरकार की ओर से प्रशंसा के पात्र होंगे और सरकार में उनका सम्मान बढ़ेगा।"[3]

"पाठकगण यदि ध्यान से देखें तो उनपर जाहिर हो सकता है कि सरकार की ओर से किसी प्रकार का अत्याचार या किसी के धर्म में हस्तक्षेप नहीं हुआ है। इसके अलावा मेरी तहकीक में यह बात मालूम हुई कि ईसाई धर्म में किसी व्यक्ति को बलपूर्वक अपने धर्म में लाना बहुत बड़ा पाप है। इसके अतिरिक्त जब कोई व्यक्ति सच्चे दिल से इस धर्म को अपना ले। अतः स्पष्ट है कि जो कुछ हंगामा हुआ वह सिपाहियों की नादानी के कारण हुआ। वरन् वास्तव में कोई बात नहीं है।"[4]

"और वास्तव में उन बदजातों और कुलीनों का उपद्रव एवं बगावत लिखने लायक भी नहीं थी। मगर इस हंगामा में एक अधिकारी की जान व्यर्थ बरबाद हो गई। इसलिए जरूरी है कि यह घटना व्यापक विस्तार से लिखा जाए।"[5]

इसके बाद 1857 के समय में दिल्ली से निकलने वाले तीन अखबारों को सम्मिलित किया गया है। इन तीनों पत्रिकाओं में दानापुर और पटना से संबंधित एक-एक खबर प्रकाशित हुई।

'देहली उर्दू अखबार' मौलवी मोहम्मद हुसैन आजाद के पिता मौलवी मोहम्मद बाकर का अखबार था। बगावत शुरू होने के समय तक उसका अंदाज और अखबारों के विपरीत शांतिप्रिय था। खबरों का चयन और उनको प्रस्तुत करने का तरीका सीधा-सादा था। किसी खबर से न तो अंग्रेज दुश्मनी का पता चलता था और न किसी प्रकार की अशांति और व्याकुलता का इजहार होता था। बल्कि

कभी-कभी तो देशी अखबारों में प्रकाशित होने वाली गरम खबरों का खंडन करना भी वह जरूरी समझता था। बगावत शुरू होने के दो सप्ताह तक इस अखबार का यही अंदाज रहा। लेकिन दो सप्ताह बाद जब स्थिति में ठहराव आया और देहली उर्दू अखबार के प्रबंधक एवं संपादक को विश्वास हो गया कि अब अंग्रेजों का दिन जाने वाला है तो इस अखबार के अंदाज में भी अचानक क्रांति आ गई और वह अंग्रेजी अखबारों को ललकारने लगा; और बगावत के दो महीने के बाद इसका नाम बदल कर 'अखबार-उल-जफर' कर दिया गया। देहली उर्दू अखबार के 17, 24, 31 मई; 14, 21 जून; 5 जुलाई, 1857 और अखबार-उल-जफर के 12, 19 जुलाई; 2, 9, 16, 23 अगस्त और 13 सितंबर, 1857 के अंक National Archives of India, Delhi में मौजूद हैं। देहली उर्दू अखबार के 10 मई, 1857 के अंक में दानापुर का हाल और अखबार-उल-जफर के 9 अगस्त, 1857 के अंक में पटना (अजीमाबाद) का विवरण मिलता है।

'सादिक-उल-अखबार' अंग्रेज दुश्मन अखबार था। इसका अंदाज बहुत तीव्र और आवेगपूर्ण था। इसके संपादक सैयद जमीलुद्दीन थे। इस अखबार को बहादुर शाह के मुकदमे में विशेष रूप से प्रस्तुत किया गया था। एक सरकारी गवाह चुन्नी लाल के कथनानुसार यह दिल्ली का निर्भय अखबार था। और शहर के सारे हलकों में पसंद किया जाता था। मुंशी जकाउल्लाह के कथनानुसार बगावत फैलाने के आरोप में इसके संपादक सैयद जमीलुद्दीन को तीन वर्ष सश्रम कारावास की सजा हुई। इसके 6, 20, 27 जुलाई; 3, 10, 17 अगस्त, 1857 के अंक National Archives of India, Delhi में मौजूद हैं। 'सादिक-उल-अखबार' के 10 अगस्त, 1857 के अंक में पटना का हाल मिलता है।

'कशफ-उल-अखबार', बंबई के 6 फरवरी, 1862 के अंक में कुँवर सिंह के तीसरे भाई रनमस्त सिंह की गिरफ्तारी की सूचना दी गई है। मुझे यह पत्रिका नहीं मिली। गुलाम रसूल मेहर ने अपनी पुस्तक '1857 के मुजाहिद' में इस पत्रिका के स्रोत से लिखा है–

"अंत में वह गिरफ्तार हो गया और 1862 में उसे अंडमान भेजा गया। संभवतः वहीं उसकी मृत्यु हुई।"[6]

बीसवीं शताब्दी में चालीस के दशक में गया से निकलने वाली मासिक पत्रिका नदीम के 1940 के अंक में 1857 की बगावत पर दो अहम् लेख शामिल किए गए हैं। बिहार बल्कि पूरे हिंदुस्तान के महत्त्वपूर्ण पत्रिकाओं में इसकी गिनती होती है। यह जून 1929 में गया से निकली और 1948 तक जारी रही। इसके लेखकों में बिहार के अहम् विद्वान शामिल हैं। और इसमें सम्मिलित लेख बड़े

महत्त्वपूर्ण हैं। इसके संपादक- अंजुम मानपुरी, रियासत अली नदवी और हसन इमाम वारसी- अपने समय के बड़े विद्वान थे। 1935 और 1940 में इसके संपादकों ने बिहार विशेषांक निकाला। यह दोनों विशेषांक बहुत पसंद किए गए। और अभी तक यह Reference के तौर प्रयोग किए जाते हैं। 1857 से संबंधित इसमें दो लेख बहुत अहम् हैं। एक लेख ख्वाजा जलालुद्दीन का है। जिसका शीर्षक है- '1857 सूबा बिहार में: गदर में गया के राजनीतिक हालात'। यह 1940 के बिहार नंबर में प्रकाशित हुआ। दूसरा लेख ख्वाजा अब्दुलकैयूम का 'सूबा बिहार का एक बहादुर बागी' है। यह भी बिहार नंबर 1940 में प्रकाशित हुआ। ख्वाजा जलालुद्दीन इस घटना पर अपना विचार व्यक्त करते हुए लिखते हैं-

"विभिन्न सूबे संचार के साधनों की कमी और परिवहन के सीमित होने के कारण आपस में इतने करीब नहीं थे जितने कि आज हैं। लेकिन सांप्रदायिक आंदोलन और हंगामे अभी अस्तित्व में नहीं आए थे। इसलिए हिंदुस्तानी आम तौर पर आपस में बेगाने और एक-दूसरे से इतने दूर नहीं थे, ज़ितने आज हैं। लोग सेना की उदासी को देख रहे थे। देश के राजा-महाराजा की परेशानी की कहानियाँ सुन रहे थे। और अपने दिल में भय एवं आतंक के लक्षण महसूस कर रहे थे। साझे भय एवं आतंक और उद्देश्य एवं लक्ष्य ने एक ऐसा शांत और मजबूत एकता पैदा कर रखा था, जो प्राय: संयुक्त राष्ट्रीयता की बुनियाद हुआ करता है। कुछ राज्य छिन चुके थे और कुछ छीने जा रहे थे। हिंदुस्तानी सेना की निगाहें अपनी बहादुरी और साहस पर पड़ रही थीं। संयुक्त राष्ट्रीयता का अनुभव अँगड़ाई ले रहा था। शांति विरोधी ताकतें अपने कार्य में व्यस्त थीं कि लॉर्ड डल्हौजी 1856 में इंग्लैंड वापस चले गए और उनके स्थान पर लॉर्ड केनिंग गवर्नर जनरल बहाल हुए। जाने से पूर्व एक समारोह के अवसर पर लंदन में उन्होंने कहा कि-"हिंदुस्तान के वातावरण में शांति तो नजर आ रही है। लेकिन एक छोटे से बादल का टुकड़ा भी सारे आकाश पर फैल कर हमें नष्ट कर सकता है।" क्या इतना बड़ा राजनीति का माहिर परखने में गलती कर सकता है? लॉर्ड केनिंग हिंदुस्तान आए और एक बादल का टुकड़ा आकाश पर छा गया और जो सारे देश के वातावरण को अँधेरा कर गया।"[7]

गया के मजिस्ट्रेट ए. मनी ने कमिश्नर पटना को लिखे एक पत्र में उल्लेख किया है कि मुसलमानों के नीच तबके के सदस्यों ने इस विद्रोह में खुलकर भाग लिया। वह लिखता है-

"विशेष रूप से नुकसान उठाने वाले बदनसीब हिंदू महाजन थे। शहर के निम्न भाग के रहने वाले मुसलमानों के नीच तबके के सदस्यों ने और ऊपरी भाग के इन पंडों ने उनको एक ही समय में अपना शिकार बना लिया।"[8]

1857 के महायुद्ध के समाप्त होने के बाद और स्वतंत्रता प्राप्त होने से पूर्व केवल छह उर्दू पुस्तकों में बिहार-झारखंड की घटनाओं का जिक्र मिलता है। उनमें चार बिहार के लेखकों की किताबें हैं और शेष अन्य लेखकों की। उनमें बिहार-झारखंड से संबंधित सन् सत्तावन की घटनाओं का उल्लेख सर्वप्रथम पंडित कन्हैयालाल ने अपनी पुस्तक 'मुहारबह-ए-अजीम' में किया है।

पंडित कन्हैयालाल के जीवन के संबंध में अधिक जानकारी किताबों में उपलब्ध नहीं है। इस किताब के अध्ययन से केवल इतना मालूम होता है कि वह चीफ कमिश्नरी विभाग में अंग्रेजी के अनुवादक रह चुके थे और वर्षों से अंग्रेजी सरकार की पूरी ईमानदारी के साथ सेवा कर रहे थे, लेकिन अचानक उनको सेवा से मुक्त कर दिया गया। इस बेकारी के दिनों में अपने मित्रों के इच्छानुसार उन्होंने 1857 के संग्राम की घटनाओं की छानबीन शुरू कर दी और हर घटना की तह तक पहुँच कर उसका वास्तविक रूप तलाश किया। जिस समय उन्होंने इस किताब पर काम करना शुरू किया उस समय उनकी आयु उनके अनुसार चालीस वर्ष थी। इस लिहाज से उनका जन्म 1820 में हुआ। इस पुस्तक की सबसे बड़ी विशेषता यह है कि उन्होंने उस समय इस विद्रोह को महासंग्राम कहा था, जब अंग्रेज पूरे दल-बल के साथ सत्ता पर काबिज हो चुके थे और 1857 के विद्रोह को बगावत और गदर के अलावा कोई और नाम देना नहीं चाहते थे। अंग्रेजों की धारणा के विपरीत 1857 के गदर को महासंग्राम कहना लेखक की बहुत बड़ी वीरता थी। इसी से लेखक की निष्पक्षता का प्रमाण मिल जाता है। और हकीकत भी यही है कि उन्होंने पूरी छानबीन के साथ इन घटनाओं को अपनी किताब में प्रस्तुत किया है और एक इतिहासकार की जो जिम्मेदारी होती है, उसको पूरी ईमानदारी के साथ निभाया है। इस पुस्तक में 1857 की घटना को, जिस प्रकार प्रस्तुत किया गया है, वह साधारण गदर से बढ़कर एक महासंग्राम का नक्शा पेश करती है। इस किताब के अध्ययन से यह प्रतीत होता है कि पूरा हिंदुस्तान युद्ध की लपेट में था। बड़े शहर और बड़े सैनिक केंद्र में तो बगावत का व्यापक प्रभाव था ही छोटे-छोटे गाँवों में भी लोग अंग्रेजी सरकार के विरुद्ध उठ खड़े हुए थे। लेखक ने यद्यपि निष्पक्षता से काम लिया है लेकिन बीच-बीच में जब घटनाओं की समीक्षा करता है तो बागियों की आलोचना भी करता है। शायद यह उस समय के वातावरण के अनुसार था। यह उर्दू की पहली पुस्तक है, जिसमें इतने विस्तार से 1857 की घटनाओं को प्रस्तुत किया गया है। इसमें बिहार-झारखंड के रोहिणी, देवघर, दानापुर, आरा और मुंगेर में 1857 की गतिविधियों का उल्लेख किया गया है।

मोईनुद्दीन हसन खान (मृत्यु 1885) नवाब कुदरतुल्लाह बेग के बेटे और

दिल्ली के रहनेवाले थे। उनके पूर्वज समरकंद और बुखारा से अहमद शाह के जमाने में हिंदुस्तान आए थे और सरदारी और सात हजारी के पदों पर आसीन थे। 1803 में जब अंग्रेजों की हुकूमत स्थापित हुई तो उसके परिवार के सदस्य अच्छे पदों पर आसीन रहे। 10 मई, 1857 को जब बगावत शुरू हुई तो मोईनुद्दीन हसन खान पहाड़गंज दिल्ली के थाने में बादशाह की ओर से कोतवाल थे। इस हंगामें में उन्होंने सी. टी. मिटकॉफ की जान बचाई थी। लेकिन हिंदुस्तानी सेना के पराजय के बाद स्वयं उनका घर-बार सबकुछ लुट चुका था। और उनके सिर की कीमत भी लग चुकी थी। इसलिए वह दिल्ली से बंबई और वहाँ से हिजाज चले गए। हिंदुस्तान वापस आने के बाद उनपर गद्दारी का आरोप लगाया गया। छानबीन हुई। मुकदमा चला। लेकिन वह मिटकॉफ की कोशिशों से बरी हो गए। मोईनुद्दीन हसन खान स्वयं इस महासंग्राम के पात्र रह चुके थे, इसलिए मिटकॉफ ने उनसे इस घटना पर कलम उठाने को कहा। शुरू में वह टालते रहे, लेकिन बार-बार निवेदन के बाद इस शर्त पर तैयार हुए कि इसका प्रकाशन मेरी मृत्यु के बाद होगा। मिटकॉफ ने अपने वचन का मान रखा और 1 फरवरी, 1885 को जब मोईनुद्दीन हसन खान का निधन हो गया तो मिटकॉफ ने 1878 में उससे जो वादा किया था, उससे आजाद हो गया। अत: मिटकॉफ ने इसका अंग्रेजी अनुवाद 1892 में प्रकाशित करा दिया। लेकिन मूल किताब, जो उर्दू भाषा में थी, वह *India Office, London* में सुरक्षित थी। 1972 में यह उर्दू संस्करण सामने आया। मिटकॉफ ने इसके अंग्रेजी अनुवाद में बहुत गड़बड़ी की है। उसने अपने अंग्रेजी अनुवाद में मूल ग्रंथ से ऐसे भाग निकाल दिए हैं, जो उसके अनुसार आपत्तिजनक थे और कहीं-कहीं उन्होंने अपनी ओर से कुछ वाक्यों की वृद्धि भी कर दी है। इस प्रकार से इसका महत्त्व और बढ़ जाता है। 1857 का विवरण एक ऐसे व्यक्ति का लिखा हुआ है, जो स्वयं इस खूनी दरिया का तैराक था। इसलिए कुल मिलाकर यह पुस्तक महत्त्वपूर्ण है और 1857 के साहित्य में एक लाभदायक वृद्धि है।

यह विचारणीय है कि पंडित कन्हैयालाल इसी विषय पर किताब लिखते हैं और अंग्रेजों के विपरीत इस विद्रोह को महासंग्राम की संज्ञा देते हैं। हालाँकि वह चीफ कमिश्नरी विभाग में अंग्रेजी अनुवादक की हैसियत से सरकार की सेवा कर चुके थे। फिर भी उनका साहस कम न हुआ और विपरीत परिस्थितियों के बावजूद इसे प्रकाशित कराया। इसके विपरीत मोईनुद्दीन हसन खान एक अंग्रेज अधिकारी के निवेदन पर आमादा होते हैं, फिर भी वह अपने जीवन में उसके प्रकाशन पर राजी नहीं होते हैं। इसका मूल कारण यह था कि वह बड़ी मुश्किल से बगावत के आरोप से मुक्त हुए थे। बगावत के समय उन्होंने मिटकॉफ की जान बचाई थी,

इसलिए मिटकॉफ ने भी उन्हें आरोप-मुक्त कराने में कोई कमी नहीं की। इसी वजह से वह कोई जोखम उठाने से डरते थे। मोईनुद्दीन हसन खान ने अपनी इस पुस्तक में पक्ष-विपक्ष दोनों के गुण-अवगुण का पूरी निष्पक्षता के साथ उल्लेख किया है। इसीलिए उन्होंने उसका नाम 'खदंग-ए-गदर' अर्थात् 'गदर के तीर' रखा है। और इस तीर की चुभन दोनों पक्षों को महसूस होती है। एक स्थान पर वह लिखते हैं–

"अंग्रेजी सेना के सारे अधिकारी अपनी सब रेजीमेंटों से बदगुमान हो गए। उधर सब रेजीमेंटों का अंग्रेजी सेना के अधिकारियों के कथन पर विश्वास न रहा। अंग्रेजों ने राजनीति पर नजर रखी। जिन सिपाहियों के दिल में बुरा इरादा नहीं था, वह भी इस राजनीति से निराश होकर बगावत पर उतारू हो गए। अपने-अपने उपायों में दोनों लग गए। दोनों के बीच स्वच्छ वातावरण नहीं रहा। अपने अवसर एवं घात को देखने लगे। अंग्रेजों को जहाँ गोरी फौज और तोपखाने का बल मिला, मामूली संदेह में भी उन्होंने सेना से हथियार लेकर राजनीतिक सजा जारी की। उधर हिंदुस्तानी सेना को जो अवसर मिला, अपने जीवन से निराश होकर अपने अधिकारियों को कत्ल किया और निकल गई। सआदी के कथनानुसार कि जब कोई अपने प्राण की चिंता नहीं करता है, तो दिल में जो आता है, वही कहता है। अधिकांश छावनियों में नवयुवक अधिकारियों की बदमिजाजी और व्यवस्था की खराबी के कारण हंगामा हुआ। जहाँ अधिकारी वयोवृद्ध, बहुदर्शी, बुद्धिमान और सहनशील थे, वहाँ उपद्रव होकर रुक गया।"[9]

इन दोनों लेखकों के विपरीत बिहार के उर्दू इतिहासकारों ने इस विद्रोह को अंग्रेज अधिकारियों की दृष्टि से देखा और उसी की शैली और अंदाज में उसका उल्लेख किया है। इन इतिहासकारों ने अपना सारा क्रोध बागी सिपाहियों और बिहार की जनता पर निकाला है। बिहार के लेखकों–शाद अजीमाबादी, सैयद औलाद हैदर फौक बिलग्रामी, मुस्लिह सहसरामी और फसीहुद्दीन बल्खी– की किताबों में बिहार-झारखंड से संबंधित 1857 की घटनाओं का विवरण मिलता है।

शाद अजीमाबादी (1846- 1927) उर्दू के एक महान् कवि थे। लेकिन कविता के अतिरिक्त उन्होंने दूसरे विषयों पर भी लिखा है और बड़ा अच्छा लिखा है। उन्होंने उपन्यास भी लिखा। जीवनियाँ भी लिखीं और इतिहास पर भी कलम उठाई। इतिहास से संबंधित उनकी पुस्तक का नाम 'तारीख सूबा बिहार' है, जो पहली बार 1876 में प्रकाशित हुई। इसका दूसरा संस्करण 1890 और तीसरा 1893 में निकला। इस पुस्तक के पृष्ठ 160-200 में 1857 के गदर के हालात का वर्णन किया गया है। शाद अजीमाबादी मूल रूप से एक कवि थे, जिसमें भावनाओं से

अधिक काम लिया जाता है। इसके विपरीत, इतिहास भावनाओं से परे होता है। इसमें ऐतिहासिक घटनाओं की छानबीन करनी पड़ती है और यह शाद के वश का न था। शाद एक अंग्रेजभक्त थे और उनके सब कार्यों को वह उचित मानते थे। 1857 से संबंधित घटनाओं के वर्णन में उनका यह रूप और खुलकर सामने आ गया है। फिर इसका एक ऐतिहासिक महत्त्व है। इसलिए इस अध्याय को शामिल किया गया है। शाद अजीमाबादी ने 'बदजात हिंदुस्तानी सिपाही' और फौक बिलग्रामी ने 'नमकहराम' जैसे कुशब्दों से बागियों को संबोधित किया है। इस घटना का आरंभ करते हुए शाद अजीमाबादी लिखते हैं–

"यह एक दर्दनाक कहानी है। यहाँ तक कि मुझे अपनी तारीख में इसको लिखते हुए (इस खयाल से कि हिंदुस्तानी जनता की मूर्खता की पहचान है) बहुत लज्जा आती है। गदर 1857 ने हिंदुस्तानी सिपाहियों की सच्चाई में बड़ा दाग लगा दिया।··· और बेचारे अंग्रेजों ने इन नमकहराम बागी सिपाहियों के हाथों क्या-क्या जुल्म एवं अत्याचार न सहे। हजारों महिला-पुरुषों की हत्या की गई। चार दिन की हुकूमत में इन बागियों ने चंगेज और नादिर की बर्बरीयत को दिलों से भुला दिया।··· मुझे बहुत शर्म आती है कि अपने राज्य बिहार के कुछ क्षेत्रों की बगावत के बारे में लिखूँ। वास्तविकता की जानकारी देना इतिहासकारों की मजबूरी होती है। इसलिए इसका आरंभ करता हूँ।"[10]

शाद अजीमाबादी जिस वास्तविकता की बात करते हैं, वह उनकी किताब में कहीं नजर नहीं आती है। शायद वास्तविकता उनके लिए केवल अंग्रेजों को देवता सिद्ध करना है। इसके अतिरिक्त उनके यहाँ वास्तविकता का कोई अर्थ नहीं है। इस लिहाज से उनकी यह किताब इतिहास की कसौटी पर पूरी नहीं उतरती है। यहाँ इसका भी उल्लेख जरूरी है कि शाद अजीमाबादी ने भी मोईनुद्दीन हसन खान की तरह एक अंग्रेज अधिकारी सी. टी. मिटकॉफ के आदेशानुसार इस किताब की रचना की थी।

सैयद औलाद हैदर फौक बिलग्रामी (मृत्यु 1942) उर्दू के एक अच्छे कवि, लेखक और इतिहासकार थे। सासाराम में बहुत दिनों तक Honorary Magistrate रहे। 'खान बहादुर' की उपाधि से सम्मानित हुए। वह कुवाथ जिला भोजपुर, आरा के रहनेवाले थे। अंग्रेज अधिकारियों से उनका संबंध बहुत मधुर था और पटना के उस समय के कमिश्नर के कहने पर उन्होंने बिहार का इतिहास लिखा। उन्होंने अपनी किताब में 1857 के युद्ध का विस्तारपूर्वक उल्लेख किया है। यहाँ उसको शामिल कर लिया गया है। फौक बिलग्रामी, शाद अजीमाबादी से प्रभावित नजर आते हैं। उनकी किताब शाद अजीमाबादी की छायाप्रति मालूम होती है। बागियों

और विद्रोहियों का जिक्र करते हुए वह एक स्थान पर लिखते हैं–

"देश में असंतोष और विद्रोह के लक्षण प्रकट होने लगे। यहाँ तक कि 10 मई को मेरठ में स्पष्ट रूप से सेना के देशी सिपाही बागी हो गए। धीरे-धीरे यह विद्रोह देशव्यापी हो गया। मेरठ, दिल्ली, लखनऊ समेत पूरे पश्चिमी और उत्तरी जिलों में अशांति फैल गई और अंग्रेजों ने बड़े-बड़े जुल्म एवं अत्याचार इन नमकहराम और उपद्रवी सिपाहियों के हाथ से उठाए। हजारों यूरोपियन, पुरुष एवं महिला और लड़कों की जानें बेकसी में नष्ट हुईं। चार दिन की हुकूमत में बागियों ने चंगेजी और नादिरी अत्याचारों को भी दिलों से विस्मृत कर दिया। जब यह बगावत हिंदुस्तान के कोना-कोना में फैल गई तो अंततः उसकी दुर्दशा और दुर्भाग्य का मुँह हमारे सूबे की ओर भी फिर गया।"[11]

वजीर अली खान मुस्लिह सहसरामी (1877-1968) उर्दू के बड़े लेखकों में जाने जाते हैं। उर्दू पत्रकारिता के क्षेत्र में भी उनका योगदान बहुमूल्य है। उन्होंने उर्दू की विभिन्न पत्रिकाओं का संपादन भी किया। वह उर्दू में कविता की रचना भी करते थे। सासाराम के इतिहास पर उन्होंने एक अहम किताब लिखी। यह इतनी लोकप्रिय हुई कि शीघ्र ही इसके दूसरे संस्करण की जरूरत महसूस होने लगी, और 1925 में इसका दूसरा संस्करण निकला। इस किताब में एक अध्याय 1857 से संबंधित है, जिसमें दानापुर, आरा और सासाराम की घटनाओं का संक्षिप्त में वर्णन किया गया है। लेखक ने 1857 में सासाराम की भूमिका को थोड़े विस्तार से बयान किया है और सासाराम वासियों की अंग्रेजों के प्रति वफादारी का प्रमाण प्रस्तुत किया है। इस किताब में भी बागियों की आलोचना की गई है और खानकाह सासाराम के उस समय के सज्जादानशीं शाह कबीरुद्दीन अहमद को अंग्रेजी सरकार की ओर से दिए गए वफादारी के इनाम का बड़े गर्व से वर्णन किया गया है। इस संबंध में वह लिखते हैं–

"सासाराम वासियों ने अपनी स्वाभाविक वीरता से काम लेकर बागियों का पूरा-पूरा मुकाबला किया और उनका किसी प्रकार पाँव जमने न दिया। बागियों के किला रोहतास पर कब्जा करने में उनकी बहादुरी और वफादारी ने बड़ी कठिनाइयाँ उत्पन्न कर दीं।"[12]

फसीहुद्दीन बल्खी (1885-1962) साहित्य की दुनिया में इतिहासकार, शोधकर्ता, जीवनी-लेखक, आलोचक, कवि और निबंधकार के रूप में जाने जाते हैं। इतिहास पर उनकी दो पुस्तकें बहुत प्रसिद्ध हैं। एक 'तारीख-ए-मगध' और दूसरी 'Wahabi Movement'। जिस समय प्रो. क्यामुद्दीन अहमद वहाबी आंदोलन पर शोध कर रहे थे, उस समय बल्खी साहब की किताब प्रकाशित नहीं हुई थी

और वह पांडुलिपि के रूप में मौजूद थी। इस पांडुलिपि से क्याम साहब ने बहुत लाभ उठाया। क्याम साहब की किताब 1966 में और बल्खी साहब की किताब 1983 में प्रकाशित हुई। यदि क्याम साहब चाहते तो अपने स्रोत का प्रयोग करके इसको प्रकाशित करवा सकते थे। लेकिन ऐसा न हो सका। 'तारीख-ए-मगध' सूबा बिहार के इतिहास पर आधारित है, जिसमें 642 BC से 1943 तक की ऐतिहासिक घटनाएँ सम्मिलित हैं। 1857 की घटनाओं का संक्षिप्त विवरण भी इसमें मौजूद है। 1857 से संबंधित भाग को यहाँ शामिल किया गया है। यह पुस्तक पहली बार 1944 में अंजुमन तरक्की उर्दू, दिल्ली से प्रकाशित हुई और 2001 में खुदाबख्श लाइब्रेरी, पटना से इसका दूसरा संस्करण निकला।

फसीहुद्दीन बल्खी बड़ी हद तक स्वयं को शाद अजीमाबादी, फौक बिलग्रामी और मुस्लिह सहसरामी के प्रभावों से बचाने में सफल रहे और घटनाओं को असली रूप में प्रस्तुत करने की कामयाब कोशिश की है और दोनों पक्षों की कमी-बेशी को उजागर करते हुए लिखा है–

"वास्तव में बागियों में शाहाबाद के अतिरिक्त किसी जगह कोई संगठन न था। इसलिए उनको सफलता न मिली। उनकी लूट-मार के कारण जनता को भी उनके साथ कोई सहानुभूति न थी।"[13]

फसीहुद्दीन बल्खी ने मौलवी अली करीम के बारे में लिखा है–

"उसके पास कोई पत्र प्राप्त हुआ, जो उसने बगावत के बारे में मौलवी अली करीम, जमींदार मौजा डुमरी, जिला पटना को लिखा था। इस पत्र के कारण मौलवी अली करीम की गिरफ्तारी हुई।"[14]

जबकि इनके अलावा सारे इतिहासकारों ने लिखा है कि मौलवी अली करीम को अंग्रेज गिरफ्तार न कर सके।

19वीं शताब्दी में 1857 के विद्रोह के विषय पर लिखी गई किताबों के अध्ययन से अंदाजा हो गया होगा कि आमतौर पर उस समय के अधिकांश इतिहासकारों ने एक विशेष धारणा से प्रेरित होकर 1857 की घटनाओं को प्रस्तुत किया है। इन इतिहासकारों ने अंग्रेजों से भयभीत होकर, वास्तविकता से अपना नाता तोड़कर, उन्हीं हकीकतों को उजागर किया, जिससे अंग्रेजों की लोकप्रियता और उनके आदर एवं सम्मान में कोई अंतर न आए। इसके विपरीत, कुछ इतिहासकारों ने सच्चाई का साथ दिया और अपनी रचनाओं में 1857 की घटनाओं का असली रूप प्रस्तुत किया। आजादी के बाद जब इतिहासकारों को अनुकूल वातावरण मिला, सोचने-समझने पर से प्रतिबंध हटा, धारणाओं में परिवर्तन आया और व्यापक स्तर पर विचारों का आदान-प्रदान शुरू हुआ, तो नई-नई हकीकतें खोजी जाने लगीं और

उन अभिलेखों का अध्ययन किया जाने लगा, जो पहुँच से बाहर थे।

1857 के सौ वर्ष पूरा होने पर जब 1957 में उसकी 100वीं वर्षगाँठ मनाई गई, तो इस अवसर पर उर्दू की तीन महत्त्वपूर्ण किताबें प्रकाशित हुईं। यह तीनों पाकिस्तानी लेखकों द्वारा लिखी गई थीं। इनमें दो गुलाम रसूल मेहर की और एक मियाँ मो. शफी की है। इसके अलावा, अस्सी और नब्बे के दशक में सैयद बदरुद्दीन और तकी रहीम ने इस अध्याय को अपनी किताबों में शामिल किया। ये उर्दू के गिने-चुने लेखकों में आते हैं। इन्होंने पूरे प्रमाणों और सबूतों के साथ अपनी तहकीकात को विद्वानों के समक्ष प्रस्तुत किया है। गुलाम रसूल मेहर (1895-1971) एक महान् विद्वान्, लेखक, कवि और पत्रकार थे। 1913 में जब वह I.A के छात्र थे, उस समय वह मौलाना अबुल कलाम आजाद की जमाअत 'हिज्बुल्लाह' के सदस्य बने। उस दिन से मौलाना अबुल कलाम आजाद से प्रायः उनका संपर्क रहा। उन्होंने लगभग 150 किताबें लिखी हैं। इतिहास पर भी उन्होंने अच्छा लिखा है। 1857 के स्वतंत्रता संग्राम से संबंधित उनकी दो पुस्तकें बहुत मशहूर हैं। उनमें बिहार का भी उल्लेख किया गया है। पीर अली की बुद्धिमानी का उल्लेख करते हुए वह एक जगह लिखते हैं–

"पीर अली खान अधिक पढ़ा-लिखा न था और अधिक अनुभवी भी संभवतः न हो । उसकी बहादुरी और भेदों को प्रकट न करने का मामला भी हो सकता है; क्योंकि इन गुणों के लिए किताबी ज्ञान की जरूरत नहीं। लेकिन देखिए, उसने कितना अच्छा और कितना उत्तम बिंदु बयान कर दिया, जिसे असत्य के अस्तित्व एवं नाश के सिलसिले में बुनियादी हैसियत हासिल है। पीर अली खान ने क्यों कहा कि अंग्रेजों के लिए शांति से हुकूमत करने का अवसर कभी न आएगा और लोग उनके विरुद्ध उठते रहेंगे? इसलिए कि वह जानता था कि अजनबी हुकूमत का अस्तित्व बिलकुल अप्राकृतिक है और देशवासी उसे अधिक समय तक सहन नहीं कर सकेंगे। वह प्रायः उठते रहेंगे, यहाँ तक कि यह शीश महल टुकड़ा-टुकड़ा हो जाएगा। जिस हुकूमत की बुनियाद अवाम की राय एवं इच्छा पर स्थिर न हो, वह कितने ही उपाय करती जाए, लेकिन वह स्थिर न रह सकेगी और उसका बंधन जरूर तितर-बितर हो जाएगा। जनता में जितनी जागरूकता पैदा होगी, उसी अनुपात से अजनबी या नापसंद हुकूमत के लिए खतरा बढ़ेगा। यह जीवन की बुनियादी सच्चाइयाँ हैं। लेकिन बहुत कम लोग हैं, जिन्हें इनका अहसास हो। विशेषकर हुकूमत का नशा, जिसे वास्तव में खुमार से ताबीर करना चाहिए, आँखों पर ऐसी पट्टी बाँध देता है कि हकीकत नजर आ ही नहीं सकती। इस अंधेपन की मिसालें इतनी अधिक हैं कि उनकी ओर इशारे की भी आवश्यकता नहीं। फिर

देखिए कि जीवन के संबंध में पीर अली खान ने साधारण शब्दों में वही बात कह दी, जिसे इकबाल ने ऐसे कहा है–

बरतर अज अंदेश-ए-सूद-उ-जियाँ है जिंदगी
है कभी जाँ और कभी तस्लीम-ए-जाँ है जिंदगी।

अर्थात् 'कभी जान बचा लेना ही असल काम होता है। लेकिन कभी जान दिए बिना आदमी अपने मानवीय कर्तव्यों का पालन नहीं कर सकता।'[15]

मियाँ मो. शफी (मृत्यु 12 दिसंबर, 1966) पाकिस्तान के फीरोजपुर के निवासी थे। लाहौर और मुल्तान के डिप्टी कमिश्नर और Planing के Additional Secretary के पदों पर आसीन रहे। सरकारी कार्यों के साथ-साथ वह लिखने-पढ़ने का काम भी किया करते थे। '1857 : पहली जंग-ए-आजादी' उनकी बड़ी अहम किताब है। यह पुस्तक 1957 में प्रकाशित हुई। यह वह वर्ष है, जब 1857 के संग्राम को सौ साल हो चुके थे। इस पुस्तक में 1857 की घटनाओं का विस्तारपूर्वक उल्लेख किया गया है। बिहार से संबंधित घटनाओं का विवरण भी बहुत अच्छे तरीके से परोसा गया है। मियाँ मो. शफी ने अपनी पुस्तक में एक रहस्य से परदा उठाते हुए सैयद अहमद शहीद के बिहार आगमन पर पटना के सादिकपुर परिवार के संबंध में एक अजीब सूचना दी है। वह लिखते हैं–

''मुंगेर में अपने जिहादी साथी को ठहरने की (सैयद अहमद शहीद ने) अनुमति दी। यह मोहम्मदी अंसारी थे जिन्होंने शादी की। एक बच्चा पैदा हुआ। मोहम्मद यहया नाम रखा। यही वह बच्चा है जिसने पटना में रहकर जिहाद के आंदोलन को आगे बढ़ाया और गदर के बाद तक रुपया, हथियार और मुजाहिद एवं सिपाही भेजता रहा। यही वह मौलवी यहया हैं, जिन पर मोहम्मद शफी और जाफर थानेसरी के साथ अंग्रेज ने बगावत का मुकदमा चलाया।''[16]

मौलवी अब्दुर रहीम सादिकपुरी ने अपनी पुस्तक 'तज्किरा सादिका' में मुंशी मो. जाफर थानेसरी की किताब 'काला पानी' के स्रोत से लिखा है–

''जब मुकदमा का निर्णय हुआ, और तीन व्यक्तियों को फाँसी का आदेश हुआ अर्थात् मौलाना यहया अली व मुंशी मो. जाफर और मो. शफी।''[17]

गोया जिस मौलवी यहया के बारे में मियाँ मो. शफी सूचना दे रहे हैं, वह सादिकपुर (पटना) के परिवार के सदस्य थे, उनके अनुसार वह मोहम्मदी अंसारी के पुत्र थे, जबकि मौलवी अब्दुर रहीम सादिकपुरी ने उन्हें इलाही बख्श का पुत्र बताया है।

मियाँ मो. शफी ने कुँवर सिंह की वीरता और उनकी बुद्धिमत्ता पर प्रकाश डालते हुए इस हकीकत का एतराफ किया है कि–

"बड़ी मुसीबत यह थी कि जो सरदार भी थोड़ी-बहुत सेना उसके (कुँवर सिंह) पास लाता था, वह चाहता था कि उसी का विचार चले और उस पर कार्य भी होता था। यह कारण भी योजनाओं में रुकावट डालता था। फिर भी कुँवर सिंह ने दुश्मन की ताकत और अपनी सेना की विशेषताओं का सही आकलन कर लिया था। वस्तु की कमी भी उसके सामने था। यही कारण था कि उस दूरदर्शी ने आजमगढ़ के घिरे हुए जनरल पर अंतिम आक्रमण न किया और साथियों की कमजोरी से हर स्थान पर फूँक-फूँककर कदम रखा। बूढ़े शेर ने अपनी विभिन्न प्रकार की सेना में से उच्च कोटि की सेना का चयन करके एक बड़ा भाग ताँव नदी के पुल की सुरक्षा के लिए भेज दिया, ताकि वह जनरल लुगार्ड को रोक दे, जो आजमगढ़ में अंग्रेजों को छुड़ाने के लिए आ रहा था। वास्तव में कुँवर सिंह की योजना यह थी कि वह दुश्मन को पूर्णतः आजमगढ़ पर उलझा दे और स्वयं जगदीशपुर जा पहुँचे। यह योजना युद्ध की दृष्टि से बेमिसाल थी।"[18]

सैयद बदरुद्दीन अहमद बदर अजीमाबादी (1901-11 अगस्त, 1983) का व्यक्तित्व बहुआयामी था। वह अजीमाबाद के सम्मानित एवं प्रतिष्ठित परिवार के सदस्य थे। राजनीति उन्हें विरासत में मिली थी। वह स्वयं बिहार विधानसभा के सदस्य रहे। जिस वातावरण में उन्होंने अपनी आँखें खोलीं, वह साहित्यिक एवं सांस्कृतिक था। साहित्य एवं कविता उन्हें घुट्टी में पिलाई गई थी। वह एक अच्छे लेखक भी थे। उनकी किताब 'हकीकत भी कहानी भी' का प्रथम संस्करण 1988 में बिहार उर्दू अकादमी ने प्रकाशित किया। इसमें लेखक ने अजीमाबाद के सांस्कृतिक दास्तान को बड़ी खूबी के साथ बयान किया है। लेखक की दूरदर्शी निगाहों से जीवन का कोई भाग अछूता नहीं रहा। जहाँ एक ओर उन्होंने नवाबों, राजाओं, सूफियों और शरीफ महिलाओं का उल्लेख किया है, वहीं दूसरी ओर दबे-कुचले लोग और तवायफ भी उनकी नजरों से बच नहीं पाए हैं। अतः उन्होंने बीते अजीमाबाद पर ऐसा प्रकाश डाला है कि हर भाग उजागर हो गया है। हालाँकि यह पुस्तक 1857 के बाद के अजीमाबाद पर प्रकाश डालती है, फिर भी पीर अली पर एक अच्छा लेख इसमें सम्मिलित है। जो पीर अली के बहुआयामी व्यक्तित्व को अच्छे ढंग से प्रस्तुत करता है।

तकी रहीम (अक्तूबर 1918-5 मार्च, 1999) बिहार के उन महान् व्यक्तियों में गिने जाते हैं, जिन्होंने अपना पूरा जीवन साहित्य और राजनीति की सेवा में लगा दिया। 1936 से ही वह विभिन्न राजनीतिक दलों के सरगरम सदस्य रहे। 1974 में उन्होंने जे.पी. आंदोलन में बहुत सरगरमी से भाग लिया। उस समय वे जयप्रकाश बाबू के करीबी लोगों और आंदोलन के बड़े नेताओं में थे। उर्दू को बिहार की

दूसरी सरकारी भाषा का दरजा दिलाने में उनका अहम् योगदान रहा है। उनको जिन महत्त्वपूर्ण विद्वानों के साथ कार्य करने का अवसर मिला, उनमें विशेष रूप से जयप्रकाश नारायण, राम मनोहर लोहिया, नंबूदरी, ज्योति बसु, अली अशरफ, बहुगुणा, गुलाम सरवर, राजनारायण, कर्पूरी ठाकुर, रजी अहमद, मजहर इमाम, शाह मो. उस्मानी और अहमद यूसुफ उल्लेखनीय हैं। उन्हें किताबें पढ़ने का बहुत शौक था। कोई समय उनका खाली नहीं जाता था। खुदाबख्श लाइब्रेरी के पूर्व निदेशक डॉ. आबिद रजा बेदार, जो स्वयं अच्छे लेखक और महान् विद्वान् हैं, जब तक इस लाइब्रेरी में रहे, यहाँ के विद्वानों से बड़ा-बड़ा काम लिया। इस संदर्भ में उन्होंने डॉ. ओम प्रकाश प्रसाद से औरंगजेब पर एक अच्छा काम कराया, जो 'औरंगजेब: एक नई दृष्टि' के नाम से 1987 में प्रकाशित हुआ। इसका पाँचवाँ संस्करण 2000 में निकला। स्वतंत्रता संग्राम में बिहार के मुसलमानों ने जो योगदान दिया था, इस पर कोई कार्य उस समय तक नहीं हुआ था। इस कार्य के लिए बेदार साहब की नजर तकी रहीम साहब पर पड़ी। जिसको उन्होंने बड़े अच्छे तरीके से पूरा किया। 'तहरीक-ए-आजादी में बिहार के मुसलमानों का हिस्सा' के शीर्षक से खुदाबख्श लाइब्रेरी से यह किताब प्रकाशित हो चुकी है। इसका एक अध्याय 1857 से संबंधित है। लेकिन उनका यह कहना कि–

"देश की स्वतंत्रता के लिए कंपनी से लोहा लेनेवाला अगर पहला वीर सपूत मीर कासिम था, तो खोई हुई स्वतंत्रता की प्राप्ति के लिए पहला जनांदोलन वास्तविक रूप से वहाबी आंदोलन था, और इन दोनों का संबंध बिहार से था। कंपनी की दमनात्मक काररवाइयों और लूट-खसोट से इस राज्य के लोग चूँकि बहुत अधिक प्रभावित हुए थे, इसलिए बिहारवासियों में दूसरों की तुलना में कंपनी के विरुद्ध अधिक आक्रोश पाया जाना स्वाभाविक था। यही कारण है कि जब भी कोई साधन उपलब्ध होता, कंपनी के विरुद्ध उठ खड़े होते। इस बीच विभिन्न प्रकार के संघर्ष कंपनी के विरुद्ध लगातार होते रहे। डॉ. दत्ता ने Freedom Movement In Bihar के प्रथम भाग में भारतीय मामले के एक अनुभवी अधिकारी के 1857 के बयान के हवाले से उल्लेख किया है कि मीर कासिम के काल से ही पटना एक विद्रोही शहर रहा।"[19]

पटना के वहाबियों के बारे में उनका यह कथन इतिहास की दृष्टि से विचारणीय है; क्योंकि सुरेंद्रनाथ सेन का शोध कुछ और ही हकीकत बयान करता है। वह लिखते हैं–

"वहाबियों ने एक कौम की हैसियत से इस बगावत में भाग नहीं लिया। देश के दूसरे व्यक्तियों की भाँति व्यक्तिगत रूप से कोई वहाबी शायद ही 1857 की

बगावत में शामिल हुआ हो।'''फ्रोजिट, जिसने बंबई में सैनिकों के षड्यंत्र को बेनकाब किया, वह भी यह प्रमाण उपलब्ध कराता है कि उच्च कोटि के वहाबियों से उसे कितना सहयोग मिला। मुझे यह लिखते हुए अफसोस हो रहा है कि बंबई भी वहाबियों के प्रभाव से मुक्त नहीं था। लेकिन मुझे यह कहते हुए खुशी हो रही है कि मुझे वहाबियों से हर प्रकार का सहयोग मिला। बंबई का काजी, जो यहाँ के मुसलमानों का सबसे बड़ा प्रतिनिधि था, वह स्वयं भी कट्टर वहाबी था। लेकिन उसने दिन-रात के किसी भी भाग में आवश्यकता पड़ने पर निस्संकोच अपनी सेवाएँ पेश कीं। इसी प्रकार पुलिस का सूबादार मो. बुदन भी वहाबी था, लेकिन उसी ने मुझे सोनापुर में सैनिकों के षड्यंत्र को बेनकाब करने में पूरी सहायता दी। यदि उनके नेताओं ने बिहार में किसी और प्रकार का निर्णय लिया होता तो बंबई के बागियों के लिए यह संभव नहीं था कि वह पुलिस कमिश्नर का इतना सहयोग करते! बंगाल के लेफ्टिनेंट गवर्नर ने 30 सितंबर, 1858 को अपनी डायरी में लिखा–'इस समय कोई भी न तो ऐसा प्रमाण सामने आया और न वहाबियों के विरुद्ध किसी प्रकार का कोई आरोप।'[20]

हकीकत भी यही है कि 1857 के महायुद्ध में वहाबियों का कोई योगदान नहीं था। उनकी जंग तो सिखों से थी। अंग्रेजों से उनका सीधा मुकाबला नहीं था। वह तो सिखों ने अंग्रेजों का सहयोग प्राप्त कर लिया था, इसलिए जब भी सिखों से वहाबियों का युद्ध होता तो सहयोगी मित्र के रूप में अंग्रेजों का भी सामना करना पड़ता।

1857 के महासंग्राम के कारणों के बारे में बहुत कुछ लिखा जा चुका है। लेकिन मुख्य कारण यह था कि देश की बड़ी संख्या अंग्रेजी सरकार से नाखुश थी और उससे मुक्ति प्राप्त करने की इच्छुक थी। इस घृणा और नाखुशी के कारण विभिन्न क्षेत्रों और समुदायों में अलग-अलग थे। कोई राज्य छीने जाने से खिन्न था, कोई पेंशन बंद होने पर नाराज था, किसी को संपत्ति निकल जाने का दुःख था, कोई अदालत और जेल के नए कानून को नापसंद करता था, किसी को अंग्रेजों की वादाखिलाफी पर क्रोध था, किसी को फारसी के स्थान पर अंग्रेजी भाषा को महत्त्व देने की शिकायत थी। धार्मिक गुरु अंग्रेजों को अपने धर्म का शत्रु समझते थे और अंग्रेज पादरियों और अधिकारियों की ईसाई बनाने के मिशन को लोगों के लिए खतरे का कारण समझते थे। जनता मालगुजारियों के नीचे कराह रही थी, देशी सैनिक अंग्रेज अधिकारियों के दुर्व्यवहारों से क्रोधित थे। शुरुआत उन्होंने की, क्योंकि अंग्रेजों से सीधा वास्ता उन्हीं को पड़ता था और घृणा की भावना उनमें काफी दिनों से परवरिश पा रही थी। अतः बहुत सारे कारण थे, जो धीरे-धीरे लोगों

में घृणा और बगावत की चिनगारी को हवा दे रहे थे। कारतूस की चरबी तो एक बहाना बनी, वरना हकीकत यह थी कि लोगों के दिलों में अंग्रेजों के विरुद्ध घृणा तो आरंभ से ही पल रही थी।

जिस प्रकार 1857 की बगावत भड़कने के कई कारण थे, उसी प्रकार इस युद्ध में हिंदुस्तानियों की नाकामी के भी कई कारण थे। लेकिन मूल कारण यह था कि अंग्रेजी सरकार एक विकसित समाज का प्रतिनिधित्व कर रही थी। एक ओर सदियों की गली-सड़ी जमींदारी व्यवस्था थी और दूसरी ओर तरो-ताजा पूँजीवादी व्यवस्था थी, जो हर प्रकार से उससे अच्छी थी। लेकिन इन सबके बावजूद इस युद्ध की सबसे अहम बात यह थी कि हिंदुओं और मुसलमानों ने एक प्राण-दो शरीर होकर अंग्रेजों का मुकाबला किया। अंग्रेज के जासूसों और गुप्तचरों ने एक-दो स्थानों पर धार्मिक घृणा को हवा देनी चाही, लेकिन उन्हें असफलता हाथ लगी, और अंतिम समय तक किसी क्षेत्र, किसी राज्य और किसी प्रांत में हिंदू-मुसलिम प्रश्न न उठ सका। हर समुदाय और गिरोह के लोगों ने बहादुर शाह को हिंदुस्तान का बादशाह स्वीकारा और एक होकर अंग्रेजों के विरुद्ध लड़ते रहे। राष्ट्रीय नेताओं में हिंदू भी थे और मुसलमान भी और इन दोनों ने पहली बार एक होकर दुनिया के सबसे शक्तिशाली देश से मुकाबला किया और अपने देशवासियों को बता दिया कि देश की आजादी के लिए बड़े-से-बड़े बलिदानों से कतराना राष्ट्रीय पाप है। इस युद्ध में देशभक्तों को पराजय का सामना करना पड़ा, लेकिन उनके दिलों से विदेशी शासकों का भय हमेशा के लिए निकल गया। इस युद्ध के बाद अंग्रेज कभी सँभल न सके और जब तक यहाँ रहे, लगातार जंग करते रहे और प्रायः पराजित होते रहे।

संदर्भ :

1. अखबार-बिहार, पटना (साप्ताहिक पत्रिका), खंड-2, अंक-11, 11 अप्रैल, 1857, इसके सुरक्षित अंकों की छायाप्रति खुदाबख्श लाइब्रेरी से 1996 में प्रकाशित हो चुकी है, पृ.-244
2. वही, खंड-2, अंक-16, 1 जून, 1857, पृ.-304
3. वही, खंड-2, अंक-17, 11 जून, 1857, पृ. 314-16
4. वही, खंड-2, अंक-19, 1 जुलाई, 1857, पृ.-335
5. वही, खंड-2, अंक-20, 11 जुलाई, 1857, पृ. 341-343
6. 1857 के मुजाहिद/ गुलाम रसूल मेहर, लाहौर, 1960, पृ. 290
7. नदीम, गया (मासिक पत्रिका), बिहार विशेषांक, 1940, पृ. 220

8. वही, पृ. 228
9. खदंग-ए-गदर/ मोइनुद्दीन हसन खान, दिल्ली, 1972, पृ. 167
10. तारीख सूबा बिहार/ शाद अजीमाबादी, पटना, 1880, पृ. 160
11. तारीख-ए-जदीद, सूबा उड़ीसा व बिहार/ फौक बिलग्रामी, पटना, 1915, पृ. 347
12. तारीख-ए-सहसराम/ मुस्लिह सहसरामी, सासाराम, 1918, पृ. 103
13. तारीख-ए-मगध/ फसीहुद्दीन बल्खी, पटना, 2001, पृ. 350
14. वही, पृ. 345
15. 1857 के मुजाहिद/ गुलाम रसूल मेहर, लाहौर, 1960, पृ. 300–301
16. 1857 : पहली जंग-ए-आजादी/मियाँ मो. शफी, सरगोधा, 1957, पृ.63
17. तज्किरा सादिका/ अब्दुर रहीम अजीमाबादी, पटना, तीसरा संस्करण, 1964, पृ. 69
18. 1857 : पहली जंग-ए-आजादी/ मियाँ मो. शफी, सरगोधा, 1957, पृ. 246
19. तहरीक-ए-आजादी में बिहार के मुसलमानों का हिस्सा/ तकी रहीम, पटना, 1998, पृ. 73
20. 1857/ सुरेंद्रनाथ सेन, अनुवाद खुरशीदा परवीन, दिल्ली, 2001, पृ. 214

□

2

सन् सत्तावन में बिहार-झारखंड की पत्रकारिता

भारत में पत्रकारिता का जन्म जुल्म, अत्याचार, शोषण और तिरस्कार के विरुद्ध आवाज बुलंद करने और सच की स्थापना, प्रेस एवं समाचार-पत्रों की आजादी की जंग के साथ हुआ। निस्संदेह इसका श्रेय जेम्स ऑगस्ट हिकी के सिर जाता है। हिक्की ने न केवल भारत में पत्रकारिता की बुनियाद डाली, बल्कि अन्याय एवं अत्याचार, शोषण और तिरस्कार के विरुद्ध बेबाक, निडर और बेलाग पत्रकारिता का आरंभ भी किया। यह पत्रिका 'बंगाल गजट' या 'हिक्की गजट' के नाम से जानी जाती है। हिक्की ने 29 जनवरी, 1780 को जिन सिद्धांतों और आदर्शों को बुनियाद बनाकर भारतीय पत्रकारिता का शुभारंभ किया, यही उसका मूल आधार बना और बाद के पत्रकारों ने इन सिद्धांतों का पूरा-पूरा अनुसरण किया, और उनके बताए हुए रास्ते पर चलकर भारतीय पत्रकारिता को वह बुलंदी प्रदान की, कि उस समय के अंग्रेज भी घबरा उठे और उसकी शक्ति और प्रभाव को समाप्त करने का षड्यंत्र करने लगे। भारतीय पत्रकारिता अपनी गति तेज कर ही रही थी कि 1857 के विद्रोह ने दस्तक दे दी, और साथ-ही-साथ अंग्रेजों का प्रकोप भी बढ़ता चला गया। भारतीय पत्रकारिता को भी अंग्रेजों का यह प्रकोप झेलना पड़ा।

इस संदर्भ में जब हम सन् सत्तावन की भारतीय पत्रकारिता की समीक्षा करते हैं, तो हमें उसकी गहराई में विदेशी सरकार के विरुद्ध घृणा एवं शत्रुता के भड़कते हुए शोले नजर आते हैं। जब 1857 की आग सुलगने लगी तो भारतीय पत्र-पत्रिकाओं ने विदेशी सत्ता के खिलाफ बगावत की भावनाओं को भड़काने और उसके प्रचार-प्रसार में अपना पूरा बल लगा दिया। लॉर्ड केनिंग ने भी स्पष्ट शब्दों में इस हकीकत को स्वीकारा कि–

"इस बात को लोग न तो जानते हैं और न समझते हैं कि बीते कुछ दिनों से

देशी अखबारों ने समाचार प्रकाशित करने की आड़ में हिंदुस्तानियों के दिलों में वीरता की सीमा तक बगावत की भावनाएँ पैदा कर दी हैं। यह काम बड़ी तत्परता, चालाकी और धूर्त्तता के साथ किया गया है।"[1]

गारसाँ द तासी ने भी इसकी पुष्टि करते हुए लिखा है कि–

"इन अशुभ कारतूसों के वितरण के अवसर पर हिंदुस्तानी अखबारों ने, जो बेदिली और खिन्नता फैलाने में पहले ही से तत्परता दिखा रहे थे, अपनी असीमित आजादी से लाभ उठाया और हिंदुस्तानियों को कारतूसों को हाथ लगाने से इनकार करने पर आमादा किया और यह विश्वास दिलाया कि इस बहाने से अंग्रेज हिंदुस्तानियों को ईसाई बनाना चाहते हैं।"[2]

इन दोनों कथनों से यह अवश्य सिद्ध होता है कि अंग्रेज जिस प्रकार भारतवासियों को अपने जुल्म एवं अत्याचार का निशाना बनाए हुए थे, उसी प्रकार उनकी प्रकोपित एवं अत्याचारी निगाहें भारतीय पत्रकारिता पर भी लगी रहती थीं। यही कारण है कि 1857 की बगावत बरपा होते ही उत्तरी-पश्चिमी प्रांतों के अधिकांश उर्दू अखबार बंद हो गए। 1853 में उर्दू पत्रिकाओं की संख्या 35 थी और 1857 आते-आते केवल 12 अखबार ही रह गए। इन में छह पूर्व के अखबार थे और छह नए।[3]

इसी भयावह वातावरण में भारतीय पत्रकारिता के आगाज के 73 वर्ष पश्चात 1853 में बिहार में पत्रकारिता का शुभारंभ हुआ और 1857 के महायुद्ध से पूर्व 'नूरुल अनवार', आरा (जुलाई 1853), 'पटना हरकारा' (अप्रैल 1855), 'वीकली रिपोर्ट', गया (मई 1856) और 'अखबार-ए-बिहार', पटना (सितंबर 1856) अपनी उपस्थिति का अहसास कराते हैं। नूरुल अनवार के मालिक सैयद मोहम्मद हाशिम बिलग्रामी और संपादक सैयद खुर्शीद अहमद थे। इस पत्रिका का एक भी अंक किसी पुस्तकालय या निजी संग्रह में मौजूद नहीं है। 'पटना हरकारा' के मालिक और संपादक शाह अबू तुराब थे। इसके अंक खुदाबख्श लाइब्रेरी में मौजूद हैं और इसके पूर्व निदेशक डॉ. आबिद रजा बेदार ने इसकी छायाप्रति प्रकाशित कर दी है। 'वीकली रिपोर्ट', गया के मालिक मुंशी जयराम मुखतार थे। इसके भी अंक उपलब्ध नहीं हैं। 'अखबार-ए-बिहार', पटना के संपादक लाला बिंदा प्रसाद हसरती और शाह विलायत अली व्यवस्थापक थे। इसके अंक खुदाबख्श लाइब्रेरी में मौजूद हैं और इसके पूर्व निदेशक डॉ. आबिद रजा बेदार ने इसकी भी छायाप्रति प्रकाशित कर दी है।

बिहार की राजनीतिक, सामाजिक और आर्थिक हालात के साथ-साथ यहाँ की पत्रकारिता पर भी 1857 के विद्रोह का गहरा प्रभाव पड़ा। इसी का नतीजा था कि 1856 से 1858 तक बिहार से एक भी पत्रिका नहीं निकल सकी। जुलाई

1859 में अब्दुल जलील और सैयद शमसुद्दीन के प्रयासों से 'अजीमुल अखबार' नामक पत्रिका जारी हुई। इसके बाद अखबार निकलने का क्रम चल पड़ा। उर्दू अखबार के बाद अंग्रेजी अखबार Bihar Herald बाबू गुरु प्रसाद सेन के संपादन में और दो वर्ष बाद हिंदी पत्रिका 'बिहार बंधु' मुंशी हसन अली के संपादन में पटना से निकली।

1857 के महायुद्ध के समय बिहार की पत्रकारिता की आयु केवल तीन-चार वर्ष ही थी। उसने नवजात शिशु के समान अभी खिसकना ही आरंभ किया था और वह भी ऐसे समय में, जब पत्रकारिता पर अंग्रेजों के जुल्म एवं अत्याचार की तलवार लटक रही थी। ऐसी परिस्थिति में जो भी पत्रिकाएँ बिहार से निकलीं, वह अपने अंदर अंग्रेजों के विरुद्ध बगावत की हिम्मत और साहस नहीं जुटा सकीं, बल्कि इसके विपरीत, उन्हें अंग्रेजों का वफादार बनना पड़ा। हालाँकि जैसे ही 1857 के आरंभ में भारत के आकाश पर विद्रोह और बगावत के बादल मँडरा रहे थे, वैसे ही भारतीय पत्रकारों ने तल्खी और बेबाकी के साथ सरकार पर आलोचना की गति तेज कर दी थी। इस संबंध में दिल्ली, लखनऊ और कलकत्ता की पत्रिकाएँ विशेष रूप से उल्लेखनीय हैं। सरकार के वफादार अंग्रेजी पत्रकारों को देशी अखबारों का यह अंदाज पसंद नहीं आया और उन्होंने सरकार से शिकायत करना शुरू कर दिया। इस संबंध में 'सादिक-उल-अखबार', दिल्ली 20 अप्रैल, 1857 के अंक में लिखता है-''अंग्रेजी पत्रिकाओं ने लिखा है कि हिंदुस्तानी अखबारों को प्रेस की आजादी नहीं देनी चाहिए। क्योंकि यह लोग इसका मूल्य नहीं जानते और कभी ऐसी आग लगा देते हैं कि बुझाए नहीं बुझती...इसलिए जिस तरह और बातों में अंग्रेज और हिंदुस्तानियों के लिए दो कानून हैं, उसी प्रकार इसमें भी चाहिए।''[4]

देश के अन्य क्षेत्रों के विपरीत 1857 में बिहार की पत्रकारिता का साहसी रूप सामने नहीं आ सका। इसका कारण विलियम टेलर की दमनात्मक काररवाई है। उसने जहाँ बिहार के नागरिकों पर तरह-तरह की पाबंदी लगा रखी थी, वहीं अखबार भी सख्त पाबंदी के घेरे में रखे गए थे। इसका उदाहरण 1857 का कानून 15 है, जो 'अखबार-ए-बिहार' के 11 जुलाई, 1857 के अंक में छपा-

कानून 15, 1857

1. कोई व्यक्ति बिना अनुमति नवाब गवर्नर जनरल बहादुर या गवर्नमेंट प्रेसीडेंसी के, छापाखाना नहीं जारी कर सकता है।
2. और यदि बिना अनुमति जारी करना सिद्ध होगा तो 5 हजार जुरमाना या दो

साल की कैद या दोनों सजाओं के योग्य होगा और छापाखाना के सामान को जब्त कर नवाब गवर्नर जनरल की अनुमति से बेच दिया जाएगा।

3. अत: जिस व्यक्ति को इच्छा हो, वह साहब मजिस्ट्रेट की सेवा में शपथ-पत्र के साथ अपना आवेदन जमा करें।
4. मजिस्ट्रेट साहब, नवाब गवर्नर जनरल बहादुर के पास भेजेंगे और वह उचित समझेंगे तो लाइसेंस प्रदान करेंगे, और उनको अधिकार होगा कि जब चाहें, उसको रद्द कर दें।
5. और जो व्यक्ति लाइसेंस की शर्तों के विरुद्ध कार्य करेगा वह धारा-2 के तहत सजा का पात्र होगा।
6. अखबार में छापने वाले, प्रचार करनेवाले और स्थान का नाम, जहाँ छापा जाए, स्पष्ट शब्दों में दर्ज होगा और एक अखबार प्राय: साहब मजिस्ट्रेट बहादुर की सेवा में भेजा जाएगा। यदि इन शर्तों का पालन नहीं किया गया तो एक हजार का जुरमाना होगा और अगर जुरमाना अदा न हुआ तो छह महीने की कैद होगी।
7. और अगर कोई व्यक्ति मना करने के बाद भी अखबार जारी रखेगा तो उस पर एक हजार रुपया जुरमाना होगा या दो वर्ष कैद या दोनों सजा होंगी।

अत: लाइसेंस के इस कानून के अनुसार जरूरी है कि अखबार में कोई बात ऐसी न लिखी जाए, जिससे गवर्नमेंट इंडिया या इंग्लैंड पर आरोप या इलजाम आयद (सिद्ध) होता हो या जिससे लोगों के दिलों में ऐसा बिगाड़ पैदा हो कि वह सरकार से बागी हो जाएँ और न कोई बात ऐसी लिखनी चाहिए कि जिससे लोगों को इस बात का संदेह हो कि सरकार हमारे धर्म में हस्तक्षेप कर रही है और न कोई ऐसा लेख लिखना चाहिए कि जिससे सरकार और देश के दूसरे शासकों की एकता में कुछ अंतर आ जाए। यदि इसके खिलाफ होगा तो वह सजा का हकदार होगा।[5]

ऐसे में अनुमान लगाया जा सकता है कि अंग्रेजी सरकार के कार्यों की आलोचना कैसे होती? यदि कोई साहस भी करता तो अखबार का अस्तित्व ही नहीं रहता, फिर आलोचना कैसे होती? फिर भी यह बड़े खेद की बात है कि 1857 में बिहार में एक भी साहसी पत्रकार अपनी उपस्थिति दर्ज नहीं करा सका।

संदर्भ :

1. History of law and sedition/Donogh, p.183
2. 1857, अखबार और दस्तावेजें/ अतीक सिद्दीकी, दिल्ली, 1966, पृ. 24

3. History of Indian Journalism/J. Natarajan, Delhi, 1955 , p. 54
4. सादिक-उल-अखबार, दिल्ली, 20 अप्रैल, 1857 (1857, अखबार और दस्तावेजें/ अतीक सिद्दीकी, दिल्ली, 1966, पृ. 24)
5. अखबार-बिहार, पटना (साप्ताहिक पत्रिका), खंड-2, अंक-20, 11 जुलाई, 1857, इसके सुरक्षित अंकों की छायाप्रति खुदाबख्श लाइब्रेरी से 1996 में प्रकाशित हो चुकी है, पृ.-340-341।

□

~खंड : एक~

उर्दू पत्र-पत्रिकाओं में 1857 का बिहार-झारखंड

3

'अखबार-ए-बिहार'

अचानक

फेंकस के संपादक कहते हैं कि उल्लिखित स्थान की छावनी के सिपाहियों ने सरकार का इरादा ये समझकर कि कारतूस का ढक्कन, जो कागज का हुआ करता है, चमड़े का हुआ करे, बहुत उत्पात और विरोध किया। और उनके उत्पात और विरोध के कारण शहर में तहलका मच गया; यहाँ तक कि शहर के नागरिक अपना मकान छोड़कर श्रीरामपुर और कलकत्ता चले गए। लेकिन अधिकारियों को समय रहते इस विरोध एवं षड्यंत्र की खबर हो गई और सुरक्षा की ऐसी पूरी व्यवस्था की गई कि इससे पूर्व ऐसी नहीं की गई। समाचार लेखक के नजदीक तो यह बात है कि सरकार का इरादा ऐसा कदापि नहीं होगा, क्योंकि चमड़े के ढक्कन से कुछ लाभ नहीं, बल्कि कागज का ढक्कन बहुत ठीक है, और आवश्यकता के अनुसार सरलता से खुल सकते हैं। निस्संदेह इस प्रकार का उत्पात किसी षड्यंत्रकारी के षड्यंत्र पर नहीं हुआ होगा।[1]

अचानक छावनी के सिपाहियों का उपद्रव

पूर्व अंक में उल्लिखित स्थान के सिपाहियों के उपद्रव के कारणों को दरशाया गया है। अब फेंकस के संपादक अपनी पत्रिका के 17 तारीख के अंक में लिखते हैं कि–सरकार की ओर से सिपाहियों को मनाने की बहुत कोशिश की गई है, इस आशय पर कि सरकार को किसी के धर्म में हस्तक्षेप का इरादा कदापि नहीं है। अतः वह लोग भी संतुष्ट हुए और उपद्रव एवं विद्रोह से रुक गए।[2]

वेतन में कमी की अनुशंसा

विलायत के समाचार-पत्र 'इंगलिशमैन' के कथनानुसार, भारतीय कर्मचारियों

के वेतन में कमी की अनुशंसा की गई है और यह तय हुआ है कि हिंदुस्तान के गवर्नर जनरल का वेतन बारह हजार महीना के हिसाब से मिले और इसी अनुपात में और अधिकारियों के वेतन में कमी की जाए।[3]

बैरकपुर

पूर्व अंक में इस छावनी के सिपाहियों के उपद्रव का उल्लेख संक्षिप्त में लिखा गया है। अब जो कुछ एक पत्रिका 'फ्रंडाफ इंडिया' दिनांक 19 फरवरी से मालूम हुआ, वह इस प्रकार है कि कैदी ने एक सिपाही से पानी पीने को लोटा माँगा। उसने जात पूछी, वह बोला, अबतक जात का भेदभाव बाकी है? गाय और सूअर की चरबी से कारतूस पर रोगन दिया जाता है, उसकी कुछ खबर है नहीं। इस बात को सुनते ही सिपाही के होश उड़ गए और जब चर्चा फैली, सभी फौज स्तब्ध रह गई। एक-एक करके दिल से सरकार विरोधी हो गए और सरकार से लड़ने के लिए तैयार हो गए। सारांश यह कि सभी ने स्वयं ही एक बैठक बुलाकर यह निर्णय लिया कि फौज के पदाधिकारियों को मार डालना चाहिए और किला को खजाने के साथ अपने कब्जा और अधिकार में लाया जाए। अभी इस षड्यंत्र को सफलता भी नहीं मिली थी कि सरकार को इस षड्यंत्र की सूचना मिल गई तथा समय रहते ऐसा उपाय किया गया कि उपद्रव नहीं होने पाए। विशेषकर ब्रिगेडियर मैरसी ने बड़े परिश्रम और तरह-तरह से लोगों को समझा-बुझाकर इस हंगामे से रोका। और भविष्य के लिए यह आदेश दिया कि चरबी के स्थान पर घी (रोगने गाव) का प्रयोग किया जाए, संवाददाता लिखता है कि सरकार की ओर से ऐसा कदापि आदेश नहीं दिया गया था कि गाय और सूअर की चरबी कारतूस में प्रयोग की जाए। बल्कि हमेशा यह ताकीद थी कि बकरी और खस्सी की चरबी उसमें प्रयोग किया जाए। मगर ताज्जुब नहीं है कि इस कारखाने के ठेकेदारों की कमखर्ची और बदमाशी से यह काम हुआ हो! अतः अब सरकार को लेहाज और सुरक्षा उचित है। उल्लेख छावनी में गोरों की दो पलटनें भी रखनी जरूरी हैं।[4]

सेना का उपद्रव

'इंगलिशमैन' पत्रिका का संवाददाता लिखता है कि अब तक केवल बंगाल की सेना ही बगावत पर तुली थी, परंतु अब सुनने में आया है कि मद्रास की सेना के भी बगावत की खबर सुनी जाती है। और सरकारी पदाधिकारियों का इरादा है कि इस मुद्दे की सच्चाई जानने के लिए कि सेना की बगावत का क्या कारण है, इसके लिए एक समिति गठित की जाए और उन लोगों के विचार में यह बात

ठहरी है कि कारतूस इत्यादि का कारण, जो सिपाहियों की ओर से स्पष्ट की जाती है, केवल एक अफवाह है। वास्तव में यह बात ज्ञात होती है कि किसी विरोधी की ओर से जगह-जगह सेना में लोग पहुँचते हैं और सिपाहियों को उपद्रव के लिए तैयार करते हैं।[5]

बैरकपुर

फेंकस के संवाददाता 'फ्रैंड ऑफ इंडिया' के माध्यम से लिखते हैं कि उल्लिखित स्थान के सिपाहियों ने ही उपद्रव आरंभ किया है। अत: उनके ऊपर अनुशासन स्थापित करने के लिए रेजीमेंट-1 दानापुर से बुलाई गई है और 'फ्रैंड ऑफ इंडिया' के संपादक भी उसके ऊपर अनुशासनात्मक काररवाई के लिए राय देते हैं। इस प्रकार से कि अब समझाने-बुझाने का अवसर नहीं रहा और 'इंगलिशमैन' में लिखा है कि 29 मार्च को रेजीमेंट-24 के कुछ सिपाही सशस्त्र होकर मार-काट के लिए तैयार हुए। उन्हीं में से ब्राह्मण ने सार्जन मेजर साहब को तलवार से घायल कर दिया और अजेटन साहब सूचना मात्र ही से पधारे और उन्होंने ये सोचकर बंदूक उठाई कि उस ब्राह्मण को गोली मार दें, तो निशाना चूक गया और उस ब्राह्मण ने अवसर पाकर उन पर भी कई वार किए। जब सिपाहियों को अफसरों की ओर से इशारा हुआ कि सार्जन मेजर को बचाओ तो, वे लोग बचाने गए, तो बचाते क्या कि उलटे उसकी बंदूक के कुंदे से उसे मारने लगे। अंतत: जब जनरल साहब और ब्रिगेडियर साहब आए तो उस ब्राह्मण ने बंदूक का मुँह अपनी तरफ किया और चाहा कि अपने हाथ से अपनी जान दे दे, मगर निशाना नहीं बैठ सका और गिरफ्तार हो गया। जब कलकत्ता में ये समाचार पहुँचा तो दो अंग्रेजी पलटन भेजी गई तथा पलटन-19 के सिपाहियों को पदमुक्त कर दिया गया और यकीन है कि रेजीमेंट-34 के सिपाहियों की सजा इससे कुछ अधिक हो। ऐसा विद्रोह पलटनों में तो अंग्रेजी सरकार के आरंभ से आज तक कभी नहीं हुआ था। पता नहीं इस उपद्रव और विद्रोह का कारण क्या है ?[6]

संपादकीय (दानापुर के बैरक में आग)

पहली मई को दानापुर में दोपहर तीन बजे सिपाहियों के बैरक में ऐसी धुआँधार आग लगी कि पूरा बैरक जलकर खाक हो गया और सभी सामान जल गया। करॉस्पोंडेंट साहब लिखते हैं–'यद्यपि इस अगलगी का इलजाम, विद्रोह एवं उपद्रव' जो इन दिनों हर जगह के पलटनों में हो रहा है, के कारणों से चौथी रेजीमेंट के सिपाहियों पर लगाया जा रहा है। परंतु हमारे नजदीक यह अनुमान

लगाना मिथ्या मात्र है। इस रेजीमेंट के सिपाहियों का इसमें कुछ कसूर नहीं है।[7]

बैरकपुर

उल्लिखित जगह से समाचार प्राप्त हुआ है कि 24 वें रेजीमेंट में फिर कुछ अधिक विद्रोह होने वाला है। जिस व्यक्ति ने सिपाहियों के विद्रोह के समय लेफ्टिनेंट वॉह साहब की जान बचाई और इस खैरख्वाही के बदले हवलदारी के पद पर तरक्की पाया था, सिपाहियों ने उसका भी द्वेष के कारण वध कर दिया और कत्ल का इलजाम अपनी गरदन पर ले लिया। अब सरकार से 27वें रेजीमेंट को आदेश दिया गया है कि 24वें रेजीमेंट के विद्रोह और उपद्रव को समाप्त करने के लिए तैयार रहें। यद्यपि कॉरस्पोंडेंस साहब इस स्थान पर लिखते हैं कि–रेजीमेंट–24 के एक जमादार और एक सिपाही को दो आदमियों समेत जुर्म के आरोप में फाँसी पर लटकाया गया। अब इस रेजीमेंट में ऐसा कौन है, जो सर उठाए इसके जवाब में और तो हम कुछ नहीं लिख सकते, मगर इस प्रकार हर जंगल को ये नहीं समझना चाहिए कि शेर से खाली है।[8]

हटाए गए सिपाहियों का उपद्रव

19वें रेजीमेंट के सिपाही, जो अपने पदों से हटा दिए गए थे, उन लोगों ने रानीगंज में आग लगा दी तथा पूरे शहर को लूट लिया।[9]

अजीमाबाद

गरमी जोरों पर है, बीमारी फैलने की भी कुछ–कुछ शिकायत सुनी जा रही है। हर जगह दिल्ली एवं मेरठ के उपद्रव की चर्चा है। कोई कहता है कि इस अव्यवस्था का क्या कारण है? कोई कहता है कि अंग्रेजी सरकार के आरंभ काल से अब तक ऐसा नहीं हुआ।[10]

गवर्नर जनरल बहादुर का घोषणा-पत्र

धारा–1 : सरकार के सभी सेना को सूचित किया जाता है कि उपद्रवियों के किस्से, जो अपने धर्म एवं जाति के संबंध में उन लोगों ने सुना है, वह पूरी तरह झूठ है, इसका वास्तविकता से कोई संबंध नहीं है।

धारा–2 : बहुत अफसोस है कि यह निराधार भय केवल सेना में ही नहीं है, बल्कि और भी हिंदू–मुसलमानों के दिलों में उसने जगह बना ली है।

धारा–3 : मालूम हुआ कि बहुत से आदमी सरकारी सेना के हिंदू और मुसलमान

को बहकाते हैं, इस बात को व्यक्त करके कि सरकार का जाहिरी और बातनी इरादा यही है कि किसी प्रकार दोनों कौमों को बेदीन (नास्तिक) बना दिया जाए। अफसोस है कि ऐसी-ऐसी खबरों पर लोग पूरी तरह विश्वास कर लेते हैं। दोबारा यह बात कही जाती है कि यह सब बातें दुश्चिंतकों की तरफ से केवल उपद्रव और दगाबाजी के उद्देश्य से कही जाती है। 'गवर्नमेंट ऑफ इंडिया' ने सदा ही अन्य धर्मों एवं जातियों का सम्मान किया है और नवाब गवर्नर जनरल बहादुर ने भी सदा ही इसका ध्यान रखा है। कदापि 'गवर्नमेंट ऑफ इंडिया' का ऐसा इरादा नहीं है कि किसी के धर्म में कुछ हस्तक्षेप करे। अब तक कोई बात सरकार की ओर से ऐसी नहीं हुई है, जिससे किसी के धार्मिक कार्यों में कोई बाधा उत्पन्न हुई हो। 'गवर्नमेंट ऑफ इंडिया' ने आज तक अपने किसी नागरिक के साथ दगा नहीं किया है। सारांश यह है कि अब नवाब गवर्नर जनरल बहादुर आदेश देते हैं कि जिन लोगों के पास ऐसी निराधार सूचनाएँ पहुँचा करती हैं, उन लोगों पर आवश्यक है कि पहले इस पर खूब विचार कर लें, उसके बाद ही उस सूचना को सही या गलत समझें। 19 मई, 1857 ।[11]

अखबार-ए-बिहार (संपादकीय)

29 मई को कलकत्ता से यह समाचार प्राप्त हुआ कि इलाहाबाद एवं लखनऊ में कोई बगावत नहीं है। लाहौर से यह समाचार प्राप्त हुआ कि चारों ओर से सरकारी फौज पहुँच गई और दिल्ली को घेर लिया गया है; और इस महीने की आठ तारीख बागी सिपाहियों की सजा के लिए तय की गई थी। विश्वास है कि बागियों को किए की सजा मिल गई हो। और बंगाल सरकार से सिद्ध होता है कि लाहौर के सिपाहियों ने भी कुछ हंगामा खड़ा किया था, लेकिन रेजीमेंट-61 के सवार सिपाहियों के हाथों से उनको उचित दंड दिया गया था। अतः अब करीब है कि उपद्रवियों को अंतिम सजा दे दी जाए। मल्लिका (महारानी) का 64वाँ रेजीमेंट भी दिल्ली की ओर चल पड़ा है और जो फौजें चीन की ओर चली गई थीं, उनको भी दिल्ली पहुँचने का आदेश दिया गया है। इसके अतिरिक्त और भी जल सेना एवं थल सेनाएँ भी दिल्ली को चल पड़ी हैं।[12]

अजीमाबाद

हर जगह दिल्ली और मेरठ की चर्चा है। नगरवासियों को अपनी इज्जत आबरू

(सम्मान) की फिक्र (चिंता) है। दानापुर का यह हाल सुना जाता है कि अधिकांश स्थानों पर तोपें लगाई गई हैं और जगह-जगह गोरों के पहरे हैं। बैरक की सुरक्षा का उचित प्रबंध किया गया है। 7 जून की घटना है कि एक चिट्ठी दानापुर में नियुक्त रेजीमेंट से जिले के सिपाहियों के नाम पहुँची है, जिसमें उन लोगों ने अपनी सहमति एवं तैयारी के विषय में लिखा था। वह चिट्ठी जिला के सिपाहियों ने मेजर साहब बहादुर और कमिश्नर रेवेन्यू बहादुर की खैरख्वाही में उनकी सेवा में प्रस्तुत किया। उस समय से सभी अधिकारियों एवं नागरिकों में अफरा-तफरी मच गई है। बहुत से अधिकारियों ने वह रात कमिश्नर रेवेन्यू बहादुर की कोठी में बड़ी सतर्कता एवं सुरक्षा के साथ गुजारी। बहुत से अधिकारियों ने अफीम के गोदाम में रात गुजारी और आठवीं तारीख को प्रातः सिखों की पाँच कंपनियाँ भी पहुँच गईं और वह अफीम गोदाम और कलक्ट्री में नियुक्त की गईं। अब तक बहुत से अधिकारी रात को अफीम गोदाम में रहा करते हैं तथा बड़ी सुरक्षा एवं सतर्कता बरत रहे हैं, ताकि नागरिकों को किसी प्रकार का आघात नहीं पहुँचे एवं अपनी भी जान की सुरक्षा हो। सरकारी संपत्ति की भी हानि नहीं होने पाए। सारांश यह कि अब तक फौजी सिपाहियों की ओर से कोई अनुचित घटना प्रकाश में नहीं आई है। अब जैसाकि सुरक्षा व्यवस्था कमिश्नर रेवेन्यू बहादुर ने किया है और जैसा आदेश जनरल लॉयड साहब बहादुर की ओर से प्राप्त हुआ है उससे विश्वास है कि कुछ बदनीयती (बेईमानी) सिपाहियों की ओर से प्रकट नहीं होगी। जिला के सिपाहियों ने जो उल्लिखित चिट्ठी खैरख्वाही के रूप में कमिश्नर रेवेन्यू बहादुर की सेवा में प्रस्तुत की थी, वह अधिकारियों के नजदीक पुरस्कार के योग्य माना गया। अतः कल होकर, जोकि इस महीने की 12वीं तारीख है, उन लोगों को परेड के दौरान सभी अधिकारियों की उपस्थिति में पदानुसार पुरस्कार दिया जाएगा। अतः नागरिकों को चाहिए कि बड़े इतमीनान (शांति) से जीवनयापन करें और किसी प्रकार के भय एवं शंका का विचार नहीं करें। इस समय जबकि उपद्रवी बवाल मचाने के लिए अपनी तैयारी कर रहे हैं, सभी नागरिक सरकार की भलाई एवं सहायता में प्रयासरत रहें। क्योंकि शीघ्र ही यह उपद्रव समाप्त हो जाएगा। अतः इस हो-हल्ला के समाप्त होते ही जिन लोगों की खैरख्वाही सरकार के प्रति जाहिर होगी, वह लोग सरकार की ओर से प्रशंसा के पात्र होंगे और सरकार में उनका सम्मान बढ़ेगा।[13]

अफवाह की तहकीक

कुछ दिन से उपद्रवियों ने धर्म में हस्तक्षेप की झूठी खबरें इस ढंग से फैला

रखी हैं कि अवाम के दिल में भय, निराशा, शंका और डर पूरी तरह घर कर गया है। हिंदू और मुसलमान इन बातों को सुनकर क्रोध प्रकट कर रहे हैं और असल हाल की तहकीक न होने के कारण दुःखी होते हैं। आरंभ में बैरकपुर कैंप के हिंदुस्तानी सिपाहियों और अधिकारियों को मालूम हुआ कि नई कारतूसों में गाय और सूअर की चरबी का प्रयोग हुआ है और कागज के रंग में भी गड़बड़ है। धीरे-धीरे यह आपत्ति सारे हिंदुस्तानी सेना में फैल गई। छावनी मेरठ और दिल्ली की सेना के सिपाहियों ने इस शोक और क्रोध से पिछले महीने में बगावत करके अंग्रेज अधिकारियों, औरतों और बच्चों को मारना शुरू किया। और जब अंग्रेजी सेना के गोरे सिपाहियों और कुछ हिंदुस्तानी पलटन बागियों के दमन के लिए तैनात हुई तो गाजियुद्दीन नगर से सटे इलाकों में बागियों को पराजित कर भगा दिया; और बागियों को अपने पापों की सजा मिली। परलोक का हाल ऊपरवाला जाने! बल्कि विजयी सेना के अतिरिक्त जमींदारों ने भी कुछ बागियों को सजा दी। उसकी तफसील इस छोटी पत्रिका में नहीं लिखी जा सकती।

इसके बाद अवध और बनारस के स्थान पर कुछ सैनिकों ने बगावत किया जिसकी उनको उचित सजा मिली और नवाब गवर्नर जनरल हिंदुस्तान के आदेश से कमांडर-इन-चीफ ग्रांट साहब बागियों की सजा के लिए बंबई से दिल्ली पधारे। और कलकत्ता से प्रतिदिन सैकड़ों गोरे सिपाही पानी जहाज के रास्ते इलाहाबाद की ओर चले जाते हैं। थोड़े समय में 15 हजार गोरे सिपाही विभिन्न स्थानों के कैंप में पहुँच जाएँगे। और जो गोरे सिपाही चीन युद्ध के लिए इंग्लैंड से रवाना हुए थे, वह बंगाल और आगरा के क्षेत्रों में तैनात रहेंगे और व्यवस्था एवं इंतजाम चुस्त हो जाएगा। जिन जमींदारों और रईसों ने उस समय सरकार की सहायता की, वह सरकार की कृपा के पात्र होंगे। खेद है कि इन घटनाओं में अकारण सैकड़ों लोगों की जानें गईं।

देखो यह कारतूस का हंगामा किस-किस देश में कहाँ तक पहुँचा! मगर इस शहर और दानापुर कैंप में विलियम टेलर साहब कमिश्नर और जनरल लॉयड साहब के अच्छे उपायों के कारण हर तरह से अमन एवं शांति है। आरंभ में यहाँ भी हिंदुस्तानी अधिकारी और सिपाही नाराज हुए थे। मगर समझाने और हालात से अवगत कराने के बाद वह लोग मान गए। अगर इन लोगों ने सूझ-बूझ से काम न लिया होता तो यहाँ के मैदानों में भी शवों का ढेर ही नजर आता। इस वक्त हम इसी पर बस करते हैं।[14]

अजीमाबाद

इन दिनों प्रजा का इतमीनान और इंतजाम मंजूर है, इसलिए साहब कमिश्नर के प्रस्ताव के अनुसार यह आदेश दिया जाता है कि जो व्यक्ति अपने पास बंदूक और तलवार आदि रखे हों, चौबीस घंटे के भीतर साहब मजिस्ट्रेट बहादुर के पास जमा कर दें। साहब उसको नंबर के अनुसार अपने पास सुरक्षित रखेंगे और पूरी संतुष्टि के बाद वापस कर देंगे। और अगर कोई व्यक्ति इस प्रकार के औजार साहब मजिस्ट्रेट बहादुर के पास प्रस्तुत नहीं करेगा और छानबीन एवं तलाशी के बाद उसके पास से इस प्रकार के औजार प्राप्त होंगे, तो वर्तमान नियम के अनुसार वह सजा के योग्य होगा और रईसों में से यदि किसी को अपनी सुरक्षा के लिए इस प्रकार के औजार अपने पास रखना मंजूर हो तो उनको चाहिए कि औजारों को अपने आदमियों के साथ, जो सुरक्षा पर तैनात हैं, साहब बहादुर के पास प्रस्तुत करें। साहब बहादुर इसकी असल हकीकत मालूम करके इसकी वापसी का उचित आदेश जारी करेंगे। दिनांक 20 जून, 1857।[15]

विज्ञापन

इन दिनों इस जिला के साहब कमिश्नर बहादुर लोगों के इतमीनान और इंतजाम को देखते हुए एक विज्ञापन जारी किया है कि शहरवासी रात को नौ बजे के बाद विशेष अनुमति और आदेश के बिना अपने-अपने घर से न निकला करें, और यदि इसके विपरीत कोई काम करेगा, तो सजा का योग्य होगा। दिनांक 22 जून, 1857।[16]

मुकदमा, कानून, 11, 1857

1. सरकार बनाम कुतबुद्दीन सिपाही (कारण) सिखों की कंपनी को बहकाना और गुमराह करना।
2. सरकार बनाम नारायण सिंह रामदास सिंह (कारण) आतंक, भय और व्याकुलता की बातें करना।

यह दोनों मुकदमे आरंभ से विचाराधीन थे। साहब कमिश्नर और साहब मजिस्ट्रेट बहादुर के विचारानुसार आला (उच्च) अधिकारियों ने इन दोनों मुकदमों का फैसला कानून 11, 1857 के तहत किया। अत: दोनों अधिकारियों ने आज के दिन, अर्थात् इस महीने के 22 को मुकदमा नंबर एक में प्रतिवादी पर बगावत को भड़काने का आरोप सिद्ध करके फाँसी देने का आदेश दिया। चुनांचे कल अर्थात् 23 जून को इस आदेश का पालन होगा। और मुकदमा नं.-2 में आतंक, भय और

व्याकुलता की बातें करने का आरोप सिद्ध करके प्रतिवादियों को छह-छह महीने कारावास की सजा हुई। 'अखबार-ए-बिहार' के सम्मानित पाठकों पर जरूरी है कि वह इन मुकदमों से सीख लें और अपनी-अपनी जबानों पर खामोशी की मुहर लगा लें।[17]

कानून, 12, 1857

जो व्यक्ति सरकार के साथ बगावत रखता हो या बागियों का मित्र हो या सहायक व मददगार, या ऐसी बात करे जिससे सरकार का अपमान होता है। प्रमाण मिलने पर साहब कमिश्नर के आदेशानुसार निम्नलिखित सजा का योग्य होगा–

	जुर्म	सजा
1.	जो व्यक्ति सरकार के साथ बगावत रखता है।	आजीवन काररावास और फाँसी
2.	जो व्यक्ति मित्र हो या ऐसी बात करे जिससे सरकार का अपमान होता है।	सात साल कैद
3.	जो व्यक्ति बागी का सहयोगी हो	14 साल कैद

'अखबार-ए-बिहार' के सम्मानित पाठक इस कानून पर विशेष ध्यान दें और हर समय इसका खयाल रखें कि इस प्रकार की कोई गलती उनसे प्रकट न हो।[18]

गया

अंग्रेजी पलटन खजाना और जेलखाना की सुरक्षा के लिए गया पहुँची। और राजा बेतिया, हथवा, डुमराँव और टिकारी अपनी-अपनी सीमाओं में सहायता देने के लिए सरकार की अनुमति की प्रतीक्षा कर रहे हैं।[19]

शाहाबाद

इस जिला के रेलवे के बहुत से पदाधिकारी गाजीपुर और बक्सर की खबरें सुनकर परेशान दानापुर आए थे। हालाँकि वह सब खबरें गलत थीं और बिना तहकीक के इस बेचैनी के साथ उनका आना बेकार था। अंततः जनरल लॉयड साहब ने कहा कि इस समय साहस और वीरता की आवश्यकता है, न कि व्याकुलता और बेचैनी। और वह लोग फिर अपनी-अपनी जगह चले गए। और अब तक आराम से हैं और साहब मजिस्ट्रेट की इस जिले में अच्छी व्यवस्था है।[20]

अजीमाबाद

अधिकांश स्थानों पर सेना के उपद्रव और बगावत के बारे में सुना गया और दानापुर सेना की नाराजगी और व्याकुलता भी कुछ-कुछ सुनी जाती थी। मगर खुदा का शुक्र कि जनरल लॉयड साहब का समझाना बहुत कारगर सिद्ध हुआ और अब तक कोई हंगामा न हुआ, लोग बड़े आराम से रह रहे हैं। और अधिकारी अर्थात् साहब जज बहादुर, साहब मजिस्ट्रेट बहादुर और साहब कमिश्नर बहादुर रात-दिन शहर और उसके आस-पास के इलाकों का निरीक्षण कर रहे हैं। खजाना कलेक्टरी और अफीम गोदाम की रक्षा सिख कंपनी और अन्य सिपाही अच्छी तरह कर रहे हैं। ऐसी स्थिति में संभव नहीं है कि कोई किसी को हानि पहुँचाए या खजाना आदि पर हाथ साफ करे।[21]

पुरस्कार-वितरण

पिछले महीने के 12 को मैदान लेन में, जो रमना फौजदारी के पास स्थित है, सिखों और सरकारी सिपाहियों की परेड लगाकर सरकारी सिपाहियों में से उन तीन आदमियों, जिन्होंने दानापुर कैंप में प्राप्त साजिशी पत्र को साहब कमिश्नर और मेजर साहब बहादुर की सेवा में प्रस्तुत कर अपनी खैरख्वाही सिद्ध की थी, और इसको पूर्व के अंक में विस्तार से बयान किया गया है, को छह सौ रुपया से पुरस्कृत किया गया और नमकहलाली तथा नमकहरामी के परिणामों से अच्छी तरह अवगत कराया गया, ताकि और सिपाहियों में भी सरकार की खैरख्वाही (शुभेच्छा) का हौसला हो। पाठकगण यदि ध्यान से देखें तो उनपर जाहिर हो सकता है कि सरकार की ओर से किसी प्रकार का अत्याचार या किसी के धर्म में हस्तक्षेप नहीं हुआ है। अत: यह बात धारा-5, 6, 7 और 8, विज्ञापन नवाब जनरल बहादुर दिनांक 29 मई से जाहिर है, अर्थात् इन धाराओं से साफ स्पष्ट है कि नई कारतूस के प्रयोग पर हिंदुस्तानी सेना में मुकम्मल मना कर दिया गया है और उन कारतूसों में से एक कारतूस भी किसी हिंदुस्तानी सिपाही को नहीं दिया गया। इसके बाद सिपाहियों को कारतूस के कागज में संदेह हुआ। वह भी इस तरह दूर किया गया कि यह वही कागज है, जो सेना के लिए हमेशा से जारी है और अगर रंग में कुछ अंतर आ गया है तो यह बात स्पष्ट है कि हर वस्तु प्राय: एक समान तैयार नहीं हो सकती। विशेष रूप से उस स्थिति में कि, जब उसका खयाल न किया गया हो। इसके अलावा मेरी तहकीक में यह बात मालूम हुई कि ईसाई धर्म में किसी व्यक्ति को बलपूर्वक अपने धर्म में लाना बहुत बड़ा पाप है। इसके अतिरिक्त जब कोई व्यक्ति सच्चे दिल से इस धर्म को अपना ले। अत: स्पष्ट है कि जो कुछ हंगामा हुआ, वह

सिपाहियों की नादानी के कारण हुआ। वरना वास्तव में कोई बात नहीं है।[22]

सारांश कवानीन 1857

कानून 15, 1857

1. कोई व्यक्ति बिना अनुमति नवाब गवर्नर जनरल बहादुर या गवर्नमेंट प्रेसिडेंसी के छापाखाना नहीं जारी कर सकता है।
2. और यदि बिना अनुमति जारी करना सिद्ध होगा तो 5 हजार जुरमाना या दो साल की कैद या दोनों सजाओं के योग्य होगा और छापाखाना के सामान को जब्त कर नवाब गवर्नर जनरल की अनुमति से बेच दिया जाएगा।
3. अत: जिस व्यक्ति को इच्छा हो, साहब मजिस्ट्रेट की सेवा में शपथ-पत्र के साथ अपना आवेदन जमा करे।
4. मजिस्ट्रेट साहब, नवाब गवर्नर जनरल बहादुर के पास भेजेंगे और वह उचित समझेंगे तो लाइसेंस प्रदान करेंगे और उनको अधिकार होगा कि जब चाहें उसको रद्द कर दें।
5. और जो व्यक्ति लाइसेंस की शर्तों के विरुद्ध कार्य करेगा, वह धारा-2 के तहत सजा का पात्र होगा।
6. अखबार में छापने वाले, प्रचार करनेवाले और स्थान का नाम, जहाँ छापा जाए, स्पष्ट शब्दों में दर्ज होगा और एक अखबार प्राय: साहब मजिस्ट्रेट बहादुर की सेवा में भेजा जाएगा। यदि इन शर्तों का पालन नहीं किया गया, तो एक हजार का जुरमाना होगा और अगर जुरमाना अदा न हुआ तो छह महीने की कैद होगी।
7. और अगर कोई व्यक्ति मना करने के बाद भी अखबार जारी रखेगा तो उस पर एक हजार रुपया जुरमाना होगा या दो वर्ष कैद या दोनों सजा होंगी।

अत: लाइसेंस के इस कानून के अनुसार जरूरी है कि अखबार में कोई बात ऐसी न लिखी जाए, जिससे गवर्नमेंट ऑफ इंडिया या इंग्लैंड पर आरोप या इलजाम आयद (सिद्ध) होता हो। या जिससे लोगों के दिलों में ऐसा बिगाड़ पैदा हो कि वह सरकार से बागी हो जाए। और न कोई बात ऐसी लिखनी चाहिए कि जिससे लोगों को इस बात का संदेह हो कि सरकार हमारे धर्म में हस्तक्षेप कर रही है और न कोई ऐसा लेख लिखना चाहिए कि जिससे सरकार और देश के दूसरे शासकों की एकता में कुछ अंतर आ जाए। यदि इसके खिलाफ होगा तो वह सजा का हकदार होगा।[23]

संपादकीय (दानापुर)

दानापुर में अब तक किसी प्रकार के हंगामे का अनुमान नहीं है। इसीलिए जनरल लॉयड साहब बहादुर ने ये उचित समझा कि सिपाहियों से उनके हथियार न लिये जाएँ। और उनको अपने इलाके के रेजीमेंट पर पूरा विश्वास है कि उनसे कुछ हंगामा और फसाद उत्पन्न नहीं होगा। विशेष रूप से रेजीमेंट-40 पर, जिसमें अधिकांश सिपाही भोजपुर के रहनेवाले हैं, इसलिए और भी अधिक विश्वास है कि वह कभी भी बगावत नहीं करेंगे, क्योंकि उनका निवास दानापुर से बहुत करीब है। अत: उनको हर प्रकार के भय का खतरा है।

खास पटना

इसमें कुछ शक नहीं कि इस जिला के कुछ बागियों ने हंगामा करने का इरादा किया था और बागियों के साथ मिल भी गए थे। मगर साहब कमिश्नर ने इस होशियारी से समय पर उन लोगों को गिरफ्तार किया और अपने कब्जा में ले आए कि वे लोग थोड़ा सा भी अपना काम न कर सकें। शहर की सुरक्षा भी उन्होंने अच्छे तरीके से की थी और विश्वास था कि किसी प्रकार का कोई हंगामा नहीं होगा। लेकिन 3 जुलाई की रात में यह सानिहा हुआ कि लगभग 60-65 आदमी जमा होकर एक कूचा से डंका बजाते हुए और 'या अली' 'या अली' कहते हुए निकले और नाहक उचित व्यवस्था में बाधक बने। अभी इसकी तहकीक नहीं कि वह उपद्रवी इसी शहर के रहनेवाले थे या किसी और शहर के। और वास्तव में उन बदजातों और कुलीनों का उपद्रव एवं बगावत लिखने लायक भी नहीं थी। मगर इस हंगामे में एक अधिकारी की जान व्यर्थ बरबाद हो गई। इसलिए जरूरी है कि यह घटना व्यापक विस्तार से लिखी जाए।

सूरत यह हुई कि जब वह बदमाशों का गिरोह उसी हालत से फायर करता हुआ शहर के पूरब ओर रवाना हुआ, तो पुलिस दल बाधक हुआ और तुरंत साहब मजिस्ट्रेट बहादुर को सूचना दी। चूँकि डॉक्टर लॉयड साहब अफीम गोदाम में मौजूद थे, इसलिए उनको सबसे पहले सूचना मिली। वह साहस और बहादुरी दिखाते हुए घोड़े पर सवार होकर सिखों को आवाज देते हुए शहर की ओर रवाना हुए और घटनास्थल पर पहुँच गए। सिख सिपाही, जिनको उन्होंने आवाज दी थी, बहुत तेजी से निकले, मगर पैदल थे, इसलिए समय पर नहीं पहुँच सके। इस बीच साहब बहादुर को एक गोली ऐसी लगी कि उससे बच न सके और बेजान होकर जमीन पर गिर पड़े। (अफसोस अफसोस) इसके बाद सिख सिपाही वहाँ पहुँच गए और बंदूकों से दो-तीन फायर किया, मगर उस समय तक उपद्रवियों का निशान तक

बाकी न था, बिलकुल भाग चुके थे। इसके बाद सिखों की सवार और पैदल सेना भी सशस्त्र बाँकीपुर से वहाँ पहुँची। वह भी बेकार था और अंग्रेजी पलटन के 60 जवान भी दानापुर से बेकार पहुँचे। और यह भी सुना गया कि जनरल लॉयड साहब बहादुर दो तोपों के साथ रवाना होने को तैयार थे। मगर यह सब बेकार था। केवल कैप्टन रैट्रे साहब और जॉन मैंग्लस लुईस साहब बहादुर मजिस्ट्रेट इस दंगा की रोक-थाम के लिए काफी थे। और जाहिर है कि आज तक जो कुछ शहर की रक्षा हुई है, वह साहब कमिश्नर बहादुर द्वारा हुई है और विश्वास है कि जब तक वह अपनी दूरदर्शिता और अच्छी व्यवस्था से शहर की रक्षा करेंगे, किसी प्रकार का दंगा और हंगामा न होगा। इस शहर के अलावा और भी जिले हैं, जो इस कमिश्नरी में आते हैं, जैसे शाहाबाद और सारण आदि, हर प्रकार से सुरक्षित रहेंगे। यहाँ यह लिखना भी जरूरी है कि पुलिस दल में से किसने साहस और वीरता से काम लिया और किसने सुस्ती और काहिली से। सुनते हैं कि शेख सादुद्दीन अहमद दारोगा कोट गश्त ने बहुत हिम्मत और वीरता दिखाई और उन्हीं की बंदूक की गोली से उपद्रवियों में से एक व्यक्ति मारा गया और एक घायल होकर गिरफ्तार हुआ और स्वयं वह भी बहुत घायल हुए हैं। खुदा उनको बचाए। पीर बख्श ने भी हिम्मत का काम किया, इसलिए वह भी घायल हुए। इनके अतिरिक्त और लोगों ने आलस्य से काम लिया और उसका प्रमाण यह है कि जिस समय बागी भाग रहे थे, उनका पीछा करना जरूरी था और किसी तरह उनका सुराग लगाकर गिरफ्तार करना उचित था, न कि ऐसे समय में जी चुराना! उन लोगों के इस रंग-ढंग से विश्वास होता है कि यदि ऐसा दूसरी बार हुआ तो बदनामी का कारण होगा।

सरकार के बागियों की सजा

23 जून से 6 जुलाई तक इस जिला में दस आदमियों को बगावत के कारण साहब कमिश्नर और साहब मजिस्ट्रेट के आदेश से धारा-11, 1857 के तहत फाँसी दी गई। मीर वारिस अली जमादार थाना, जिला तिरहुत को सेशन जज के आदेशानुसार धारा-11, 1857 के तहत फरार घोषित किया गया।[24]

मौलवी अली करीम

सुनते हैं कि मौलवी अली करीम पुत्र, मौलवी मोहम्मद अली, वकील सदर दीवानी, कलकत्ता, बगावत के मुकदमे में फरार है और सरकार ने उनकी गिरफ्तारी के लिए ऐलान किया है कि जो व्यक्ति उनको गिरफ्तार करके हाजिर करेगा, दो हजार का पुरस्कार पाएगा।[25]

थानेदारों की तरक्की

जिला सारण में बाबू बैजनाथ पंडित, दारोगा श्रेणी-2 और मीर इनायत हुसैन, दारोगा श्रेणी-3 ने साहब डिप्टी मजिस्ट्रेट सीवान की बहुत रक्षा की और बागियों की गिरफ्तारी में महत्त्वपूर्ण भूमिका निभाई। इसलिए मीर इनायत हुसैन और बाबू बैजनाथ पंडित को श्रेणी-1 में तरक्की दी गई।[26]

संपादकीय (खास पटना)

शहर अजीमाबाद में जो घटना 3 जुलाई की रात घटी, उसकी सूचना पाठकों को पूर्व अंक में दी जा चुकी है। लेकिन अब जो कुछ हकीकत सामने आई है, उसकी भी सूचना बहुत जरूरी है। इसमें कोई शंका नहीं कि अजीमाबाद में एक व्यापक हंगामा होने वाला था और हर प्रकार से इसकी तैयारी हुई थी। लेकिन केवल इतना हुआ कि लगभग 60-65 बदमाश जमा हुए। वह एक हरा झंडा उठाए हुए डंका बजाते हुए और 'या अली', 'या अली' कहते हुए एक कूचा से निकलकर सर्वप्रथम गिरजा में गए, जो पादरी की हवेली कहलाता है। उन लोगों ने पादरी को नुकसान पहुँचाना चाहा। लेकिन वह हर तरह सुरक्षित रहे। इसके बाद जब वहाँ से नाकाम और मायूस लौटे तो शहर के पूरब की ओर बढ़े। इस बीच सिखों की सेना पहुँची और उन लोगों ने अपना-अपना रास्ता लिया और मालूम ही न हो सका कि कौन किधर गया। और यह बात भी सुनी गयी कि जिस समय वह लोग कूचा से निकले थे, बाजार में दुकानदारों और यात्रियों को यह आवाज देते जाते थे कि यारों मदद करो। मदद करने का समय है।' मगर कोई व्यक्ति उनके साथ न आया, बल्कि भय से अपनी दुकानें बंद करते जाते थे। मेरे विचार से उन लोगों के शामिल न होने का कारण इसके सिवा और कुछ मालूम नहीं होता कि विलियम टेलर कमिश्नर बहादुर की अच्छी व्यवस्था और धारा-11, 1857 के तहत उनको जो अधिकार प्राप्त थे, उनके डर से उन्हें हिम्मत नहीं हुई कि इनका साथ दें। 4 जुलाई को मौलवी मौलाबख्श, डिप्टी मजिस्ट्रेट और अन्य पुलिस अधिकारियों की कोशिश से उन बागियों और उपद्रवियों में 31 आदमी गिरफ्तार हुए और उनका मुकदमा कमिश्नर साहब की उपस्थिति में दो घंटे तक चला और धारा-11, 1857 के तहत उन 31 व्यक्तियों में से 14 को फाँसी का आदेश दिया गया और 16 आदमियों को दस साल की कैद और एक व्यक्ति को कोड़े मारने की सजा हुई। यहाँ यह भी लिखना जरूरी है कि उन 14 व्यक्तियों को जिनको फाँसी का आदेश दिया गया था, उनमें से 12 को उसी दिन चार बजे फाँसी दे दी गई। कमिश्नर साहब बहादुर के आदेशानुसार उनमें से दो व्यक्तियों की फाँसी में कुछ विलंब

किया गया, ताकि उनसे कुछ और बागियों का नाम-पता मालूम किया जा सके। उनमें एक पीर अली था, जो बागियों का सरदार था और जिसके हाथ से डॉक्टर लॉयड मारे गए। दूसरा घसीटा, जो सैयद लुत्फ अली खान का जमादार था। यह इस शहर का लखपति है और किसी फरार सिपाही को अपने घर में शरण देने के कारण कैद में है। इन दोनों बागियों ने और किसी बागी का नाम नहीं बताया और उनको भी फाँसी दे दी गई। पीर अली के बयान से केवल इतना मालूम हुआ कि इस शहर में भी व्यापक हंगामा होने वाला था। मगर चिंता की कोई बात नहीं, क्योंकि कमिश्नर साहब बहादुर ने इस शहर की व्यवस्था बड़ी खूबी से की है और जैसे-जैसे उनके आदेश जारी होते रहे, उनके भय से बदमाश और उपद्रवी स्वयं शहर को छोड़कर फरार हो गए। अत: विश्वास है कि कभी उनकी व्यवस्था में रुकावट न होगी और लोग आराम और शांति से जीवन व्यतीत करेंगे।[27]

शेख सईदुद्दीन अहमद

शेख सईदुद्दीन अहमद दारोगा कोट गश्त। पश्चिमी 'नमकहलाली और अपनी जान न्योछावर करने के बदले में, जो उनसे गदर के समय में प्रकट हुई, और जिसका उल्लेख पूर्व अंक में किया गया है, सरकारी अधिकारियों ने रिपोर्ट किया है कि उनको तीन सौ रुपया नकद इनाम दिया जाए और उनकी तरक्की श्रेणी-2 में हो । अन्य पुलिस दल को भी सरकारी कार्य में दिलोजान से कोशिश करनी चाहिए, ताकि उनकी भी तरक्की हो सके। अच्छे का परिणाम अच्छा होता है।[28]

मीर वारिस अली जमादार

बगावत के मुकदमे में मीर वारिस अली जमादार को फाँसी दिए जाने का आदेश, जो साहब मजिस्ट्रेट बहादुर ने धारा-11, 1857 के तहत दिया था, उसका उल्लेख पूर्व के अंक में किया गया है। अब इतना मालूम हुआ कि वह फाँसी के समय तक बराबर कलमा पढ़ते रहे। अंत में यह बोले कि "यदि कोई दिल्ली के बादशाह का रिश्तेदार हो तो हमारी सहायता करे। मैं दिल्ली के बादशाह का रिश्तेदार हूँ।" मालूम नहीं इसका क्या अर्थ था? कहाँ कलमा, कहाँ बादशाह का खयाल![29]

शेख अली हसन

शेख अली हसन नाजिर फौजदारी जिला पटना कैद में हैं। अभी कोई जुर्म उनका सिद्ध नहीं हुआ है। देखिए क्या आदेश होता है! खुदा खैर करे![30]

कमिटी

4 जुलाई को साहब कमिश्नर बहादुर की कोठी में एक बैठक हुई और जितने अंग्रेज उसमें उपस्थित थे, सबने एक मत से यह प्रस्ताव पास किया कि हम लोग कमिश्नर बहादुर के सारे आदेशों से प्रसन्न हैं, जो उन्होंने शहर की व्यवस्था, बागियों के दमन और लोगों की शांति के लिए लागू किए हैं।[31]

दानापुर

दानापुर में आज तक सिपाहियों की ओर से किसी प्रकार का हंगामा नहीं हुआ और शहर पटना में उपर्युक्त घटना के अतिरिक्त और कभी किसी प्रकार का हंगामा नहीं हुआ। फिर भी लोगों को होशियार रहना चाहिए।[32]

दीनापुर (दानापुर)

देहली उर्दू अखबार, 10 मई, 1857

वहाँ के लेखों से स्पष्ट होता है कि इस महीने की पहली तारीख को एक बजे के करीब हिंदुस्तानी पैदल रेजीमेंट-8 के दाईं ओर आग लग गई और पछुआ हवा बहुत तेज चल रही थी। तमाम लेन को अचानक जलाकर राख कर दिया। विश्वास किया गया कि यह आग संयोग से लग गई थी। लेकिन कारतूसों और सिपाहियों की नाराजगी के कारण लोगों का यह भी खयाल है कि किसी ने आग लगा दी होगी। सुना जाता है कि इस आग से रेजीमेंट-8 का बहुत नुकसान हुआ, मगर शेष दो रेजीमेंटों को अपने सामान उठा ले जाने का अवसर मिल गया और उन्होंने आग बुझाने की बड़ी कोशिश की। लेकिन हवा बहुत तेज चल रही थी, इसलिए उनकी कोशिश नाकाम रही। शस्त्र और सरकारी सामान बचा लिया गया।[33]

पटना (अजीमाबाद)

अखबार-उल-जफर, 9 अगस्त, 1857

वहाँ के हालात भी विपरीत सुने जाते हैं। अंग्रेजों का अपमान और तिरस्कार सब पर स्पष्ट है। वहाँ एक रुपया को दस आने-आठ आने पर बहुत लोगों ने खरीदा।[34]

पटना

सादिक-उल-अखबार, 10 अगस्त, 1957

पटना और सागर में भी अंग्रेजों को दीनदारों (धार्मिक लोगों) ने कत्ल कर डाला।[35]

संदर्भ :

1. अखबार–ए-बिहार, पटना (साप्ताहिक पत्रिका), खंड-2, अंक-5, 11 फरवरी, 1857, इसके सुरक्षित अंकों की छायाप्रति खुदाबख्श लाइब्रेरी से 1996 में प्रकाशित हो चुकी है, पृ.-178
2. वही, खंड-2, अंक-5, 21 फरवरी, 1857, पृ.-185
3. वही, खंड-2, अंक-6, 21 फरवरी, 1857, पृ.-191
4. वही, खंड-2, अंक-7, 1 मार्च, 1857, पृ.-200
5. वही, खंड-2, अंक-10, 1 अप्रैल, 1857, पृ. 232-233
6. वही, खंड-2, अंक-11, 11 अप्रैल, 1857, पृ.-244
7. वही, खंड-2, अंक-15, 21 मई, 1857, पृ.-289
8. वही, खंड-2, अंक-15, 21 मई, 1857, पृ.-290
9. वही, खंड-2, अंक-16, 1 जून, 1857, पृ.-209
10. वही, खंड-2, अंक-16, 1 जून, 1857, पृ.-303
11. वही, खंड-2, अंक-16, 1 जून, 1857, पृ.-304
12. वही, खंड-2, अंक-17, 11 जून, 1857, पृ.-314
13. वही, खंड-2, अंक-17, 11 जून, 1857, पृ. 314-16
14. वही, खंड-2, अंक-17,11 जून, 1857, पृ. 320-21
15. वही, खंड-2, अंक-17, 22 जून, 1857, पृ.-327
16. वही, खंड-2, अंक-18, 22 जून, 1857, पृ.-328
17. वही, खंड-2, अंक-17, 22 जून, 1857, पृ.-328
18. वही, खंड-2, अंक-19, 22 जून, 1857, पृ.-331
19. वही, खंड-2, अंक-19, 1 जुलाई, 1857, पृ.-331
20. वही, खंड-2, अंक-19, 1 जुलाई, 1857, पृ. 334-335
21. वही, खंड-2, अंक-19, 1 जुलाई, 1857, पृ. 332-333
22. वही, खंड-2, अंक-19, 1 जुलाई, 1857, पृ.-335

23. वही, खंड-2, अंक-20, 11 जुलाई, 1857, पृ. 340-341
24. वही, खंड-2, अंक-20, 11 जुलाई, 1857, पृ. 341-343
25. वही, खंड-2, अंक-20, 11 जुलाई, 1857, पृ.-344
26. वही, खंड-2, अंक-20, 11 जुलाई, 1857, पृ.-345
27. वही, खंड-2, अंक-21, 21 जुलाई, 1857, पृ.-348-350
28. वही, खंड-2, अंक-21, 21 जुलाई, 1857, पृ.-350
29. वही, खंड-2, अंक-21, 21 जुलाई, 1857, पृ.-350
30. वही, खंड-2, अंक-21, 21 जुलाई, 1857, पृ.-350
31. वही, खंड-2, अंक-21, 21 जुलाई, 1857, पृ.-351
32. वही, खंड-2, अंक-21, 21 जुलाई, 1857, पृ.-351
33. देहली उर्दू अखबार, 10 मई, 1857, (1857-अखबार और दस्तावेजें/ अतीक सिद्दीकी, पृ. 31-32)
34. अखबार-उल-जफर, 9 अगस्त, 1857, (1857-अखबार और दस्तावेजें/ अतीक सिद्दीकी, पृ. 228)
35. सादिक-उल-अखबार, 10 अगस्त, 1857, (1857-अखबार और दस्तावेजें/ अतीक सिद्दीकी, पृ. 235)

□

4

1857 सूबा बिहार में : गदर में गया के राजनीतिक हालात

हिंदुस्तानी इतिहास की घटनाओं की वह अहम कड़ी, जो केवल 1857 में हिंदुस्तानी सिपाहियों का गदर कहलाती है। क्या वास्तव में केवल हिंदुस्तानी सेना तक सीमित थी या क्षमता और हालात के अनुसार हिंदुस्तानियों के और तबकों ने भी इसमें भाग लिया? क्या यह केवल चरबी वाले कारतूसों का मामला था या कुछ और शिकायतें भी थीं, जिनसे आम हिंदुस्तानी उत्तेजित हो रहे थे? घटनाएँ गवाह हैं कि गदर में व्यावहारिक रूप से भाग लेने वाली केवल हिंदुस्तानी सेना ही नहीं थी, बल्कि पदानुसार और हिंदुस्तानी तबकों ने भी इसमें स्पष्ट रूप से भाग लिया था।[1]

इसमें कुछ संदेह नहीं कि अंग्रेज सेना की श्रेष्ठता का वह इंद्रजाल जो प्लासी और अरकाट के मैदानों में स्थापित हुआ था, एक शताब्दी की विस्तृत अवधि में पंजाब के मैदानों, अफगानिस्तान की पहाड़ियों और किरीमिया के किनारों पर टूट चुका था। हिंदुस्तानी सेना ने अंग्रेज सेना को देखा, फिर अपने आपको देखा, एक और पाँच का अंतर पाया। उसने अपने सामने एक नया फौजी कानून देखा, जिसकी धाराओं के अनुसार उसकी सेवाओं का दायरा हिंदुस्तान की सीमाओं से बाहर निकल चुका था। उसने सोचा कि आरंभ में यह शर्त नहीं लगाई गई थी। यह तो साफ बदअहदी है। वह अभी सोच ही रही थी कि वह अशुभ राइफल उसके हाथ में दे दी गई, जिसके कारतूस के एक किनारे पर चरबी लगी हुई थी और उस किनारे को दाँत से काटना पड़ता था। बस, वह बिगड़ गई कि हिंदुस्तान के इतिहास में एक नए अध्याय की वृद्धि हुई, जो महत्ता की दृष्टि से किसी और अध्याय से कम नहीं था।[2]

हिंदुस्तान के विभिन्न भागों में ऐसे तत्त्व भी सरगर्म थे, जो यदि लॉर्ड

डल्हौजी के देश हथियाने का लोभ न होता तो शायद कभी जाहिर न होते। वाजिद अली शाह से अवध का विस्तृत एवं उपजाऊ क्षेत्र छीनकर उनको मटया बुर्ज की कुछ बीघा जमीन जीवन के शेष दिन काटने के लिए दे दी गई थी। और यह खबर तो दिल्ली में आम थी कि बहादुर शाह मर जाएँ तो उनके परिवार को शाही महलों से निकाल दिया जाएगा। बाजीराव पेशवा अपदस्थ किए गए थे और आठ लाख सालाना उनकी पेंशन तय की गई थी। लेकिन उनके मारे जाने के बाद उनके पालक नाना साहब को इस पेंशन से वंचित कर दिया गया था। झाँसी की नौजवान रानी[3] अहिल्या बाई, जिनकी वीरता, साहस और बहादुरी की कथाएँ अब भी मध्य हिंदुस्तान में खून को गरमा देती हैं, उन्हें लड़का गोद लेने की अनुमति नही दी गई और झाँसी राज्य का विलय कर लिया गया। अरकाट के नवाब और तंजूर के राजा दोनों की मृत्यु हुई तो उनके परिवार पर वजीफा और खिताब का सिलसिला बंद कर दिया गया। निजाम हैदराबाद के जिम्मे सहायक सेना के खर्च का कुछ रुपया बाकी था। इसके लिए सूबा बरार का विलय कर लिया गया। इस प्रकार के और बहुत से विलय और बेईमानी की घटनाएँ थीं, जिन्होंने देश के राजा-महाराजाओं और उनके शुभचिंतकों के दिलों में अंग्रेजी हुकूमत की नीयत, प्रतिज्ञा और वचन के बारे में संदेह एवं शंकाएँ पैदा कर रखी थीं।[4]

हिंदुस्तान के अवाम को भी कुछ विशेष शिकायतें थीं। अंग्रेजी फौजी छावनियों के आस-पास की बस्तियों में हर जगह अंग्रेजी सिपाही उच्चतम स्वभाव एवं व्यवहार का पात्र नहीं समझा जाता था। उसका व्यक्तित्व कानून की गिरफ्त से थोड़ा ऊँचा रहता था। आम तौर पर उनका विजयी हाव-भाव उनके जीवन के हर भाग पर छाया हुआ था। ईसाई मिशनरी, हुकूमत के राजनीतिक प्रभुत्व एवं श्रेष्ठता को स्थिर रखने और एक ऐसा गिरोह पैदा करने की नीयत से, जो किसी विशेष जरूरत की स्थिति में सहधर्मी होने की बुनियाद पर उसकी सहायक हो सके, अध्यात्मवाद (रूहानियत) का सुंदर और सुनहरा जाम(शराब) लगातार हर ओर बढ़ा रही थी और हुकूमत सुधार और संशोधन की आड़ में धीरे-धीरे रीति-रिवाज में हस्तक्षेप कर रही थी।[5]

विभिन्न सूबे संचार के साधनों की कमी और परिवहन के सीमित होने के कारण आपस में इतने करीब नहीं थे, जितने कि आज हैं। लेकिन सांप्रदायिक आंदोलन और हंगामे अभी अस्तित्व में नहीं आए थे। इसलिए हिंदुस्तानी आमतौर पर आपस में बेगाने और एक-दूसरे से इतने दूर नहीं थे, जितने आज हैं। लोग सेना की उदासी को देख रहे थे। देश के राजा-महाराजा की परेशानी की कहानियाँ सुन रहे थे और अपने दिल में भय एवं आतंक के लक्षण महसूस कर रहे थे। साझे भय एवं

आतंक और उद्देश्य एवं लक्ष्य ने एक ऐसा शांत और मजबूत एका पैदा कर रखा था, जो प्रायः संयुक्त राष्ट्रीयता की बुनियाद हुआ करता है।[6]

कुछ राज्य छिन चुके थे और कुछ छीने जा रहे थे। हिंदुस्तानी सेना की निगाहें अपनी बहादुरी और साहस पर पड़ रही थीं। संयुक्त राष्ट्रीयता का अनुभव अँगड़ाई ले रहा था। शांत विरोधी ताकतें अपने कार्य में व्यस्त थीं कि लॉर्ड डल्हौजी 1856 में इंग्लैंड वापस चले गए और उनके स्थान पर लॉर्ड केनिंग गवर्नर जनरल बहाल हुए। जाने से पूर्व एक समारोह के अवसर पर लंदन में उन्होंने कहा कि–"हिंदुस्तान के वातावरण में शांति तो नजर आ रही है। लेकिन एक छोटे से बादल का टुकड़ा भी सारे आकाश पर फैलकर हमें नष्ट कर सकता है।" क्या इतना बड़ा राजनीति का माहिर परखने में गलती कर सकता है? लॉर्ड केनिंग हिंदुस्तान आए और एक बादल का टुकड़ा आकाश पर छा गया और जो सारे देश के वातावरण में अँधेरा कर गया।[7]

गदर की पहली चिनगारी 10 मई को मेरठ में भड़की। बहाना कुछ सिपाहियों का चरबी वाले कारतूसों के प्रयोग से इनकार कर देना था। वह कैद कर लिये गए। उनके साथी बिगड़ गए। अधिकारियों की हत्या और कैदियों को रिहा किया गया। बेचारे बहादुर शाह द्वितीय, जो बुढ़ापे और बेकसी की अवस्था में पीरी व मुरीदी और काव्य कार्यों में अपने दिन काट रहे थे, इनकार के बावजूद उनको तख्त पर बैठाया गया। उनकी बादशाहत का ऐलान किया गया। बगावत की आग भड़की और फैली, जो लखनऊ, कानपुर होती हुई बनारस और दानापुर पहुँची और बनारस और दानापुर में आग लगी हो, तो क्या उसकी गरमी गया में महसूस नहीं होगी?[8]

18वीं शताब्दी के मध्य में जो आपा-धापी सारे हिंदुस्तान में फैली हुई थी, एक प्रकार से गया उसके प्रभाव से सुरक्षित नहीं रहा था, गया और मानपुर के रास्ते कई बार मराठा सवारों की यलगार और विनाश के दृश्य देख चुके थे। राजा सुंदर सिंह[9] ने टिकारी में और नामदार खान मोईन एक मशहूर जमींदार ने घने जंगलों और पहाड़ों में मुगलों की केंद्रीय हुकूमत के विरुद्ध बगावत का परचम बुलंद किया था, तो सूबा बिहार के नायब नाजिम अली वरदी खान की सेनाएँ 1730 में उनका सिर कुचलने के लिए इस जिला में आ चुकी थीं। 1740 के अंत में कुछ जमींदारों ने एकजुट होकर रामगढ़ के राजा पर आक्रमण कर दिया। संयुक्त सेनाओं, जिनकी बागडोर राजा टिकारी, नरहट और समाइ के जमींदार कामगार खान और नामदार खान, सरेस और कुटुंबा के जमींदार बिशन सिंह के हाथों में थी, ने रामगढ़ में विजयपूर्ण मुद्रा में प्रवेश किया। और रामगढ़ के जंगलों और पहाड़ों में अधिक पेशकदमी नहीं कर पाई थी कि 1743 में पेशवा बाजीराव के पचास हजार सवार

बंगाल पर आक्रमण करने के लिए इस जिला से गुजरे और जहाँ पहुँचे, जमींदारों ने अपना सिर झुका लिया। केवल एक अहमद खान, जो दाऊद खान के पोते थे और अंछह और गोह में उनकी जमींदारी थी, उन्होंने गौसगढ़ में नाममात्र कुछ मुकाबला किया। लेकिन उन्होंने भी पचास हजार रुपया जुरमाना देकर अपनी जान बचा ली। दो-तीन साल के बाद मराठा सेना बंगाल के युद्ध से वापसी के समय गया होती हुई टिकारी पहुँची और टिकारी का विनाश करते हुए सोन नदी पार करके इस जिले से बाहर निकल गई। 1761 में जब मराठा और अफगान एक निर्णायक युद्ध के लिए पानीपत की ओर आगे बढ़ रहे थे, शहजादा अली गौहर (जो कुछ दिनों के बाद शाह आलम के नाम से मशहूर हुए) बिहार और बंगाल में खोई हुई प्रतिष्ठा और सत्ता प्राप्त करने के लिए इस जिले को अपनी कोशिशों का केंद्र बनाया था। कामगार खान, जिनका नाम स्थानीय लोककथाओं में अब भी जबान पर आ जाता है, उनके फौजी सलाहकार थे।[10]

15 जनवरी, 1761 को अली गौहर शहजादा ही नहीं थे, बल्कि दिल्ली तख्त के मालिक शाह आलम हो चुके थे। लेकिन वह तिथि और यह जिला दोनों उनके लिए शुभ सिद्ध नहीं हुए। उस दिन मानपुर की दीवारों के पास उन्हें अंग्रेजों के हाथों से एक युद्ध में पराजय का सामना करना पड़ा। इस घटना के बाद लगभग एक सौ वर्ष तक गया सोता रहा। और जब 1857 में बनारस और दानापुर में बगावत हुई, तो गया में भी बेचैनी और अशांति के लक्षण प्रकट होने लगे। लेकिन स्पष्ट विरोध की कोई घटना जुलाई के अंत तक नहीं घटी।[11]

उस समय मिस्टर फ्रेडरक हैलिडे[12] बंगाल के लेफ्टिनेंट गवर्नर, मिस्टर विलियम टेलर कमिश्नर पटना प्रमंडल और मिस्टर एंलोंजो मनी गया में कलक्टर[13] और मजिस्ट्रेट थे। मिस्टर हैलिडे सरकारी कार्यों से संबंधित कोई स्वतंत्र राय नहीं रखते थे। दोस्तों और मित्रों की राय प्रायः उनकी रहनुमाई किया करती थी। मिस्टर टेलर ठोस विचार, साहस और वीरता जैसे गुणों से सुसज्जित थे, लेकिन साथ ही आतंक और हिंसा की धारणा से सहमत थे और हर बागी की सजा उनके विचार से मौत ही हुआ करती थी। और मिस्टर मनी के स्वभाव में दिखावा, रंग बदलना, उतावलापन था। उनका मस्तिष्क शीघ्र विचार व्यक्त करने से असमर्थ था और निर्णय-शक्ति प्रायः डगमगती रहती थी। उसी समय में जगदीशपुर (जिला आरा) का एक राजपूत जमींदार कुँवर सिंह, जो अस्सी जाड़ों की बर्फ की चादर में लिपटा हुआ, दिल में अंग्रेजी नश्तर की चुभन महसूस कर रहा था, बागी सिपाहियों के पक्ष में युद्ध के मैदान में उतर चुका था। आरा में 15 अंग्रेज, 50 सिख और एक मुसलमान डिप्टी कलक्टर सैयद अजीमुद्दीन खान घिरे हुए थे, और उनकी

सहायता के लिए 343 यूरोपियन और 70 सिख सिपाहियों की एक टुकड़ी कैप्टन डनबर की अगुवाई में पटना से भेजी गई थी। 30 जुलाई को यह टुकड़ी नष्ट कर दी गई। कैप्टन डनबर और उनके साथ कई अधिकारी मारे गए। 31 जुलाई को मिस्टर टेलर का एक आदेश मिस्टर मनी के नाम प्राप्त हुआ, कि आरा के निकट अंग्रेजी टुकड़ी पराजित हो गई है, अब केंद्रीय स्थान की रक्षा के लिए हर वस्तु का बलिदान कर देना चाहिए। कलक्टर और अन्य अधिकारी शीघ्र पटना चले आएँ। और अगर जान का खतरा न हो तो खजाने का रुपया भी साथ लेते आएँ। उस समय 45 अंग्रेज सिपाही और 100 सिख सिपाही गया में मौजूद थे। सारे अंग्रेज एक समारोह में आमंत्रित किए गए। मिस्टर मनी ने कमिश्नर का आदेश उनको सुनाया। कुछ अंग्रेजों ने उनको मशविरा दिया कि खजाने का रुपया ले जाने के लिए बैलगाड़ियों की व्यवस्था की जाए और रुपया साथ लेकर रवाना हों। लेकिन मिस्टर मनी इस विचार से सहमत नहीं हुए। हालाँकि तीन दिन पूर्व अर्थात् 28 जुलाई को स्वयं उन्होंने एक रिपोर्ट पटना भेजी थी कि शहरवालों से मुझे कोई डर नहीं है और यदि बागी भी गया की ओर बढ़ेंगे, तो उनके मुकाबले के लिए मैं तैयार हूँ। फिर भी दारोगा और नजीब[14] सुरक्षाकर्मियों के सूबेदार के जिम्मे सरकारी खजाने का सात लाख रुपया देकर, अपराधियों से भिड़ते हुए, कैदखाना[15] और सारे शहर की इज्जत एवं प्रतिष्ठा और जान एवं माल छोड़कर फौजी सिपाहियों के साथ शाम को दो बजे शहर से रवाना हो गए।[16]

इस गिरोह में एक अंग्रेज मिस्टर होलिंग्स भी थे, जिनका संबंध अफीम विभाग से था। उनको अपने गिरोह की इस बुरी हरकत पर लज्जा सी आने लगी और अपमान का अहसास होने लगा। और जब यह गिरोह शहर से तीन मील अर्थात् मौजा बेथू से कुछ आगे उत्तर की ओर गया होगा कि वह व्याकुल होकर मिस्टर मनी के पास आए। उनको समझाया। इस हरकत के अपमान का अहसास दिलाया। मिस्टर मनी के विवेकहीन और कुधारणा का प्रमाण इससे बढ़कर और क्या हो सकता है कि उन्होंने अपना विचार बदला और मिस्टर होलिंग्स के साथ वापस लौटे। तीन घंटे की अनुपस्थिति के बाद शहर की हालत में कोई परिवर्तन नहीं पाया। शहरवासियों ने स्वागत किया। जमींदारों और ग्यावाल तबकों ने शहर की सुरक्षा के लिए तीन-चार हजार आदमी जमा करने का वचन दिया। लेकिन इस पर भी शहर की हालत दयनीय थी। नजीब सुरक्षाकर्मियों के दिलों में बागियों की सहानुभूति की लहर दौड़ रही थी। सरकारी खजाने में अधिक धन मौजूद था। जिस पर नजीब की ललचाई हुई निगाहें बच-बचकर पड़ रही थीं। शहर खुला हुआ था और असुरक्षित। बागियों के लिए रास्ता साफ था। आलसी ग्यावाल तबके से

सहायता की अधिक आशा नहीं थी। और इस पर उन्हें विश्वास था कि गया एक पवित्र शहर है। बागी इस शहर पर हवस एवं लोभ की दृष्टि नहीं डाल सकते थे। जमींदार कुछ निराश थे और कुछ उपेक्षा कर रहे थे। और कुछ ऐसे भी थे जो परिस्थितियों का गहराई से अध्ययन कर रहे थे और अवध के जमींदारों की तरह अवसर की तलाश में लगे हुए थे।[17]

ईद-उल-अजहा का अवसर था और मुसलमान आजादी के साथ सिर उठा सकते थे। उन्हें मालूम था कि डेढ़ महीने पूर्व 19 जून को मिस्टर टेलर ने पटना में शहर की स्थिति पर विचार करने के लिए उच्च अधिकारियों का एक सम्मेलन बुलाया था। जिसमें तीन प्रतिष्ठित उलेमा मौलवी शाह मोहम्मद हुसैन, मौलवी अहमदुल्लाह और मौलवी वाइजुल हक भी आमंत्रित किए गए। लेकिन सम्मेलन में भाग लेने के बाद यह तीनों महाशय धोखे से हिरासत में ले लिये गए और नजरबंद कर दिए गए। उन्हें यह भी मालूम था कि 3 जुलाई को दो सौ मुसलमानों ने गुजरी के एक गरीब कुतुब फरोश पीर अली के नेतृत्व में जेहाद का परचम बुलंद किया था। और इस संबंध में पीर अली सूली पर अपनी जान दे चुके थे। और नवाब लुत्फ अली खान पर बगावत से संबंधित एक मुकदमा पटना में चल रहा था। इन परिस्थितियों को देखते हुए मिस्टर मनी ने अंग्रेजी रेजीमेंट के एक दस्ते को शेरघाटी से गया आने का आदेश दिया। 2 अगस्त को 80 गोरे सिपाहियों का एक दस्ता बैलगाड़ियों से शेरघाटी से गया पहुँचा। लेकिन यह दस्ता भी गया की रक्षा के लिए पर्याप्त न था। 1 अगस्त को यह खबर अधिकारियों को मिल चुकी थी कि बागियों ने आरा शहर लूट लिया है। जो बंगाली उनकी गिरफ्त में आया, कत्ल कर दिया गया है और अंग्रेज घिरे हुए हैं। 2 अगस्त को गया के जमींदारों ने जनता की सेवा और शहर की रक्षा के लिए एक सौ आदमियों का एक गिरोह उपस्थित किया। लेकिन यह भी देहातों के बूढ़े, बीमार और निकम्मे व्यक्तियों पर सम्मिलित था। 3 अगस्त को एक शीघ्र संदेश मिस्टर मनी के पास दानापुर से पहुँचा कि "8वीं देशी प्यादा रेजीमेंट दानापुर से गया की ओर जा रही है। खबर मिली है कि एक तोप भी उसके साथ है। खुदा के लिए सावधान हो जाओ।" इन परिस्थितियों में 80 गोरे सिपाही गया की रक्षा के लिए काफी नहीं मालूम होते थे। तूफान समीप पहुँच रहा था, इसलिए मिस्टर मनी ने गया में मौजूद अंग्रेजों की बैठक का आयोजन किया और यह निर्णय लिया गया कि 80 गोरे सिपाही गया की रक्षा नहीं कर सकते हैं, इसलिए उचित है कि खजाने का रुपया साथ लेकर ग्रांड ट्रंक रोड की ओर निकल जाना चाहिए।[18]

3 अगस्त, 1857 की शाम को छह बजे यह लोग गया की ओर रवाना हुए

और रुपया बैलगाड़ियों पर लादकर साथ ले चले। यह पश्चिम की ओर चले और मिस्टर मनी कुछ कीमती वस्तु लेने के लिए अपनी कोठी पर वापस आए। वह अभी पहुँचे ही थे कि शोर सुनाई देने लगा। नौकर चिल्लाता हुआ दौड़ा आया कि जेलखाना के दरवाजे खोल दिए गए हैं और कैदी निकट आ पहुँचे हैं। मिस्टर मनी अपने अस्तबल की ओर लपके। उनका सौभाग्य था कि घोड़ा कसा हुआ तैयार था। सवार हुए, ऐड़ लगाई और पश्चिम की ओर निकल भागे और कुछ दूर जाकर अंग्रेजी सेना से जा मिले।[19]

1 अगस्त ही से मिस्टर मनी का व्यवहार इस प्रकार का हो गया था कि जिससे विरोधी तत्त्वों को यह समझने का अवसर मिल रहा था कि शहर की रक्षा और शांति स्थापित करने की नीयत से मिस्टर मनी वापस नहीं आए हैं, बल्कि उनका मूल उद्देश्य यही है कि खजाने का रुपया अपने साथ ले जाएँ। 1 अगस्त की सुबह को उन्होंने खजाना में जितने स्टाम्प मौजूद थे, सबको अवाम की नजरों के सामने जला डाला था और 3 अगस्त की शाम को जब खजाने का रुपया रवाना कर दिया गया तो बागी तत्त्व अधिक समय तक खामोश नहीं रह सकते थे। नजीबों ने जेलखाना के दरवाजे खोल डाले और कैदियों को रिहा कर दिया गया। लेकिन यह शस्त्रहीन चार-पाँच सौ कैदी एक व्यवस्थित और सशस्त्र फौजी टुकड़ी के 80 सिपाहियों का क्या बिगाड़ सकते थे? लेकिन नजीबों ने भी उसका साथ दिया और दोनों डूभी रोड में वर्तमान जेलखाना के समीप उस जगह आक्रामक हुए, जहाँ छोटे–छोटे पहाड़ी टीला के बीच सड़क टेढ़ी-मेढ़ी होती हुई डूभी रोड की ओर निकल जाती है। आक्रामणकारी कुछ नुकसान उठाकर पराजित हुए और यह टुकड़ी ग्रांड ट्रंक रोड होती हुई रानीगंज स्टेशन पहुँची। वहाँ मिस्टर मनी रेलगाड़ी पर कलकत्ता पहुँचे। जहाँ उन्होंने वह रुपया जमा कर दिया, जो इतनी कठिनाइयों के बाद वह बचाकर लाए थे, जबकि अगर वह चाहते और शीघ्रता से काम न लेते तो बहुत आसानी के साथ कई दिन पूर्व पटना पहुँचा सकते थे।[20]

कलकत्ता में सात लाख रुपया बचाकर ले आना कोई असाधारण कारनामा न था। हर पग पर असमंजस करनेवाला व्यक्ति अब मिस्टर मनी *Hero of Bihar* की प्रतिष्ठित उपाधि से याद किया जा रहा था। यदि उनके स्थान पर कोई दूसरा व्यक्ति कलेक्टर होता और भावनाओं से अधिक मस्तिष्क से काम लेता, तो जिस समय मिस्टर मनी गया से कलकत्ता की ओर रवाना हो रहे थे, उस समय से कई घंटा पूर्व सरकारी खजाने का सारा रुपया पटना पहुँच गया होता। लेकिन मिस्टर मनी के भाग्य में *Commander of the South* की उपाधि थी। इसको कोई कैसे रोक सकता था? और बेचारे मिस्टर टेलर, जिन्होंने कमिश्नर पटना प्रमंडल की हैसियत

से एक सीमा तक बिहार को बचा लिया था, उनपर मिस्टर हैलिडे लेफ्टिनेंट गवर्नर की प्रकोपित निगाहें पड़ रही थीं। मिस्टर हैलिडे ने मिस्टर टेलर के विरोधियों के षड्यंत्र से प्रभावित और सरकारी कार्यों में मिस्टर टेलर की बार-बार अपनी स्वतंत्र विचारों के हस्तक्षेप से मजबूर होकर उनपर एक अभियोग-पत्र जारी किया। 31 जुलाई को जो आदेश उन्होंने गया के कलेक्टर को भेजा था, वही आदेश उन्होंने मुजफ्फरपुर के कलेक्टर को भी भेजा था। मिस्टर हैलिडे के विचार में यह आदेश अंग्रेजी आबादी के दिल में अनुचित भय एवं आतंक पैदा करने का कारण हुआ। दूसरा आरोप बागियों पर अनुचित अत्याचार और सख्त इंतकाम के संबंध में था। इसलिए मध्य अगस्त 1857 में मिस्टर विलियम टेलर कमिश्नर पटना प्रमंडल के पद से निलंबित और सरकारी सेवा से हटाए गए और उनके स्थान पर सैमुअल्स कमिश्नर हुए।[21]

4 अगस्त से 15 अगस्त तक गया में उथल-पुथल का दौर रहा। मुक्ति प्राप्त कैदियों और नजीबों ने खजाना में जो कुछ रुपया बचा था, वह लूट लिया। और लूटकर कैदी अपने-अपने घर की ओर चले गए और नजीब आरा की ओर रवाना हो गए। गया में अब ऐसे लोगों का दौरा था, जो उपद्रव और हंगामे में अपने जीविका का साधन तलाश लेते हैं। अब उन्हीं की हुकूमत थी और उन्हीं का राजपाट था। अमन और शांति की कीमत तय की गई। महाजनों को जी भर लूटा गया। शहर को भारी नुकसान पहुँचाया गया। अंग्रेजों की कोठियाँ ध्वस्त कर दी गईं। जज और कलक्टर की कचहरियाँ भस्म कर दी गईं। मुहाफिज खाना जला दिया गया। और जितना सामान लुटेरों के काम का न निकला, वह नष्ट कर दिया गया।[22]

16 अगस्त को 230 सिखों और 35 गोरों के एक गिरोह ने बिना किसी रुकावट के शहर पर पुनः कब्जा कर लिया और ग्यारह दिन के बाद अंग्रेजी हुकूमत पुनः स्थापित हुई। 25 अगस्त को मिस्टर मनी कलकत्ता से वापस आए। शेरघाटी और नवादा पर पुनः कब्जा किया गया। टेहटा में बागियों ने अफीम कोठी का घेराव कर रखा था, वहाँ से वह तितर-बितर किए गए। एक सवार रेजीमेंट ने भागलपुर में बगावत की और इस जिले पर आक्रमण किया। नवादा में सरकारी भवनों को आग लगाती हुई वजीरगंज पहुँची। उसकी संख्या 600 थी। और उनके साथ एक बड़ी संख्या पैदल और सवार सिपाहियों की भी थी। उस समय गया में लगभग 200 सिख और गोरे सिपाही कैप्टन रैट्रे के मातहत में थे। मिस्टर मनी के बहुत कहने पर बागियों का रास्ता रोकने के असफल प्रयास के लिए वह गया से वजीरगंज की ओर बढ़े। जहाँ 8 सितंबर को सख्त मुठभेड़ हो गई। कैप्टन रैट्रे के दस्ते को व्यापक नुकसान पहुँचा। और बागी रास्ता काटकर उनसे पहले गया पहुँच

गए। जेलखाना के दरवाजे खोल दिए गए। कैदियों को रिहा कर दिया गया। शहर को लूटना चाहा, लेकिन कामयाब न हो सके। जज की कोठी के चारों ओर गड्ढा खोदकर अंग्रेजों के लिए एक सुरक्षित स्थान बना लिया गया था। उस पर बागियों ने आक्रमण किया। लेकिन असफल रहे। मुंसिफ[23] जज बिहार उनके सामने आ गए, वह कत्ल कर दिए गए। गया से आगे बढ़े और टिकारी के रास्ते से सोन नदी के पार निकल गए।[24]

अक्तूबर 1857 के अंत में दो देशी पैदल कंपनियाँ भागलपुर में बागी होकर इस जिला में यलगार करती हुई पहुँचीं। लेकिन शहर गया की ओर उन्होंने रुख किया। जहानाबाद के रास्ते से वह भी सोन नदी की ओर चली गईं। 22 अक्तूबर को अंग्रेजी रेजीमेंट का मेजर एक दस्ता लेकर गया की रक्षा के लिए आ गया और अधिकारियों को कुछ दिनों के लिए शांति नसीब हुई।[25]

1857 के हलचल ने कुछ नायाब गौहर को हमसे छीन लिया। कौन है जो मौलवी अहमदुल्लाह[26] ताल्लुकेदार फैजाबाद के बहुआयामी व्यक्तित्व, राजनीतिक गतिविधियों, उच्च जंगी योग्यता और देश-प्रेम की गहरी भावनाओं के आगे सिर नहीं झुका सकता? अवध में उनकी लगातार और मौन गतिविधियों ने कयामत का बिगुल बजाया था और उनके जंगी नक्शों की श्रेष्ठ और सर्वव्यापित, फौजों की व्यवस्था एवं प्रबंध, समय और युद्ध के स्थान का चयन और जंगी काररवाइयों से उचित मार्गदर्शन ने उच्च कोटि के अंग्रेज योद्धा को उनके सामने मुकाबला पर आने के लिए मजबूर कर दिया। कौन है जो जगदीशपुर के उस बूढ़े राजपूत कुँवर सिंह की साहसी काररवाइयों, राष्ट्रीय संग्रामों की कयामत और जंग के तरीकों से पूर्ण परिचित होने के कारण उनका नाम आदर एवं श्रद्धा से नहीं लेता? उनके फौजी दस्ते आजमगढ़ तक विजयी यलगार करते हुए पहुँचे। और एक समय वह भी आ गया था जब आरा से कलकत्ता तक कोई उनके मुकाबला की ताब नहीं ला सकता था। मौलवी अहमदुल्लाह अवध की फिजा पर छाए हुए थे। और कुँवर सिंह का प्रभाव बिहार में और एक बड़ी सीमा तक गया में स्पष्ट था। कुछ जमींदार खुलकर उनका साथ दे रहे थे और कुछ घटनाओं की गति को ध्यानपूर्वक देख रहे थे। उस समय जबकि गया की धरती देशी और अंग्रेजी रेजीमेंट के चरणस्पर्श में लगी हुई थी। उत्तर और पश्चिम में अरवल की ओर जिवधर सिंह नामी गया के इतिहास के पृष्ठों में अपना नाम धुंधली रौशनाई से लिखने में व्यस्त था। मौजा खोमैनी का रहनेवाला एक साधारण हैसियत का जमींदार ने जिला आरा के भोजपुरी जवानों की एक जमात तैयार कर ली। बगावत का परचम बुलंद किया और चारों ओर ऐलान कर दिया कि अंग्रेजी राज का अब अंत हो गया है। दूसरों की जमीनें छीन-छीन

कर अपने साथियों में बाँटने लगा। अरवल के आस-पास में शायद ही कोई जगह ऐसी हो जो उसके विनाश से सुरक्षित रही हो। जो कोई उसके विरोध में उठा, वह मौत के घाट उतारा गया। अंततः नजीबों का एक दस्ता उसका सिर कुचलने के लिए गया से भेजा गया। जिवधर सिंह ने मौजा खोमैनी में अपने मकानों की काफी मोरचाबंदी कर रखी थी और उसको एक छोटा सा मजबूत किला बना रखा था। 70-80 नवयुवकों का एक दस्ता और एक तोप और तोड़ेदार बंदूकें लेकर वहीं शरण ले लिया और नजीबों से युद्ध में व्यस्त हो गया। बहुत जोर लगाया, लेकिन नुकसान उठाकर पराजित हो गया। फिर उस मकान में आग लगा देने की योजना बनाई। लेकिन वह भी असफल हुई। विवश होकर नजीबों को अरवल नाकाम लौटना पड़ा। गया के अधिकारियों की केवल जिवधर सिंह के मुकाबले में अस्थायी नाकामी हुई। वरना हर ओर शांति स्थापित करने में वह अधिक सफल हुए। बागियों की एक बड़ी संख्या गिरफ्तार होती गई, उनपर मुकदमे चलाए गए और अधिकांश फाँसी पर लटका दिए गए। यूरोपियन सवार पुलिस का एक दस्ता तैयार किया गया। 250 कांस्टेबल अतिरिक्त सहायता के रूप में नवादा भेजे गए। जनवरी 1858 में हिंदुस्तानी बेड़ा के एक सौ अंग्रेज जलसेना के सैनिक और अधिकारी गया आ गए। 1858 के आरंभ से बगावत की आग हर ओर धीमी होने लगी। 26 अप्रैल को जगदीशपुर में कुँवर सिंह की मृत्यु हो गई और उनके भाई अमर सिंह ने व्यवस्था अपने हाथ में ले ली। जून में आरा के बागियों ने इस जिले पर आक्रमण किया। आमतौर पर यह खयाल किया जाता था कि बागी टिकारी पर आक्रमण करने की नीयत से आ रहे हैं, क्योंकि उस समय वहाँ लगभग 15, 20 लाख रुपया जमा किया गया था। लेकिन उन्होंने अरवल के आस-पास के इलाकों को लूटने और मिस्टर सोलानो[27] के परिवार की दो फैक्टरी को नष्ट कर देने पर ही बस किया; क्योंकि गया पर आक्रमण होने का पूरा विश्वास था। इसलिए कलेक्टर ने डेढ़ सौ खतरनाक कैदियों को हिरासत में शेरघाटी रवाना किया। लेकिन रास्ते में शेरघाटी से 6 मील इसी ओर कैदियों के रक्षक ही बागी हो गए। अपने अधिकारी पर आक्रामक हुए। उसको गोलियों का निशाना बनाया और कैदियों को रिहा कर दिया। 22 जून के अंधकार में अमर सिंह के 200 साथी दबे पैर जेलखाने के दरवाजे तक आ पहुँचे। किसी को खबर तक न हुई और कैदियों को रिहा कर दिया गया। 24 जून को जहानाबाद के थाने पर बागियों के एक गिरोह ने अचानक आक्रमण कर दिया। सरकारी भवनों में आग लगा दी गई। दारोगा टुकड़े-टुकड़े कर दिया गया और उसका धड़ उलटे पैर थाना के सामने एक पेड़ में लटका दिया गया। जिवधर सिंह का साहस बढ़ रहा था और वह खुल कर बकवास करने लगा

कि सोन नदी और मुंगेर के बीच जितने सरकारी भवन हैं, उनको नष्ट एवं ध्वस्त कर के दम लूँगा। हालत नाजुक हो रहे थे। जिवधर सिंह अमन एवं शांति के रास्ते में एक बहुत बड़ा और अंतिम काँटा था। इसलिए 300 पैदल सिपाही और 50 सवार का एक दस्ता उसके दमन के लिए गया से रवाना किया गया। अरवल के समीप जिवधर सिंह के साथियों के एक गिरोह से उस दस्ते की भिड़ंत हो गई। लेकिन पराजित होकर तितर-बितर हो गई। जिवधर सिंह की असली जंगी ताकत मौजा कसमा के पास जमा थी। वहाँ एक भयंकर युद्ध हुआ। जिवधर सिंह बुरी तरह पराजित हुआ। उसके एक सौ आदमी मारे गए। उसका गिरोह बिखर गया और उसकी ताकत की समाप्ति हो गई। अंग्रेजी हुकूमत के इस जंगी विजय ने इस जिला में बगावत की अंतिम चिनगारियों को बुझा दिया। अशांति के काँटे अलग किए गए। शांति के रास्ते साफ हो गए और गया चैन की नींद सो गया।[28]

मिस्टर मनी ने 1857 की घटनाओं को अपने रिपोर्ट में बड़ी स्पष्टता के साथ लिखा था। उनकी रिपोर्ट एक विशेष राजनीतिक धारणा पर आधारित है। गदर की जंगजू ताकतों की एक पंक्ति में वह भी मौजूद थे। और अपने प्रतिद्वंद्वी को पराजित करने की कोशिश में उन्होंने भी भाग लिया था। इसलिए दिलचस्पी के लिए उनके रिपोर्ट का अनुवाद नीचे प्रस्तुत किया जा रहा है[29]–

सेवा में, गया, 11, मार्च 1858

कमिश्नर, पटना

मैं अनुमति चाहता हूँ कि 1857 में जो घटनाएँ इस जिले में घटीं, उनकी संक्षिप्त रूदाद (कार्यवाही) आपके समक्ष प्रस्तुत करूँ। मैं यहाँ 28 अप्रैल, 1857 को कार्यवाहक कलेक्टर की हैसियत से आया। अधिक दिन नहीं बीते थे कि उत्तर और पश्चिम की फिजा में तूफान ने एक हलचल पैदा कर दी। दक्षिण में बिहार ऐसे दूर स्थान में इस तूफान के कभी पहुँचने की कोई संभावना नहीं थी, लेकिन वह निकट से निकट पहुँचता ही गया। और उसके पहुँचने के पूर्व दो कदम आगे ही, उस बेचैनी और व्याकुलता की आम भावनाएँ प्रकट होने लगीं, जो भौतिक हो या नैतिक, विशाल हंगामों के पथ-प्रदर्शक हुआ करते हैं। बनारस में फौज बिगड़ी तो उसकी सूचना इस जिले में बिजली की लहर की तरह दौड़ गई। मुझे पूरा विश्वास है और मेरे विचार की पुष्टि यहाँ के समझदार लोगों ने की है कि बनारस पर बिहार के भाग्य का फैसला निर्भर था। उन दिनों शंका के उचित कारण मौजूद थे। खतरा निकट आते देखकर प्रतिष्ठित लोग भय का इजहार करने लगे। गया के उपद्रवियों की जबान खुलने लगी और बकवास के शब्द सुनाई देने लगे। उनके दुस्साहस की यह हालत हो गई कि खुलकर कहने लगे कि आने वाली घड़ी

आले तो अंग्रेज पुरुषों की हत्या और उनकी औरतों का बलात्कार हमारे लिए खुशी का अवसर प्रदान करेगा। हंगामा की संभावना के निशानात प्रकट हो रहे थे और आम अफवाह थी कि 15 जून का दिन तय किया गया है। मुझे ऐसे अनुमान का कोई विशेष कारण न मिला। लेकिन आमतौर पर ऐसा ही विश्वास किया जाता था। तार से कलकत्ता खबर भेजी गई और वहाँ से महामहिम की 64वीं रेजीमेंट की एक कंपनी, जो उस समय शेरघाटी के रास्ते से प्रस्थान कर रही थी, को गया आने का आदेश दिया गया।[30]

उसी समय में मुझे अपने कर्तव्यों के अलावा मजिस्ट्रेट का कार्यालय भी अपने जिम्मे लेने का आदेश मिला। मेरा सर्वप्रथम उद्देश्य था कि उपद्रवियों और दुष्टों के दिलों में आतंक पैदा करूँ और उनको तितर-बितर कर दूँ। इसलिए हर संदिग्ध व्यक्ति के आजीविका के संबंध में मैंने कड़ी छानबीन शुरू कर दी। जब मुझे सरकार और कमिश्नर से पचास आदमी पुलिस में भरती करने का आदेश मिला तो मैंने उनको चार बड़ी सड़कों पर, जो उत्तर, दक्षिण और पश्चिम से शहर में आती हैं, पहरे के लिए संतरी के रूप में तैनात कर दिया। पूरब में दरिया सुरक्षा के लिए पर्याप्त था। इन संतरियों के जिम्मे यह काम था कि संदिग्ध व्यक्तियों को, जिनकी एक सूची तैयार की गई थी, उचित संख्या में गिरफ्तार करें और ऐसे सिपाहियों और संदिग्ध व्यक्तियों को, जो टोली बनाकर या शस्त्र लेकर शहर में प्रवेश करना चाहें, रोक लें। इस तरीके से शहर के आवारा दुष्टों पर व्यापक दबाव डाला गया और एक सप्ताह के भीतर या तो वह कैद कर लिये गए या शहर से बाहर कहीं निकल गए। 13 सिखों की कुमुक (सहायता) ने हमारी पोजीशन मजबूत कर दी। लेकिन सिखों को आरा आए हुए बहुत दिन नहीं हुए थे कि मुझे खबर मिली कि शहर वाले उनको ईसाई कहकर पुकारते और उनके साथ बैठने और तंबाकू[31] पीने से इनकार करते हैं। एक बढ़ई के खिलाफ इसका प्रमाण मिला कि उसने कुछ सिखों को संबोधित करके कहा था कि तुम्हारे खाने में सूअर की चरबी और बैल की पिसी हुई हड्डियाँ मिली होती हैं। दूसरे ही दिन वह कमीना सूली पर लटका दिया गया। और मैंने यह प्रचार किया कि यदि कोई व्यक्ति किसी सिख के साथ इस वजह से तंबाकू नहीं पीएगा कि वह ईसाई हो गया है, अर्थात् उस सिख के खाने में अपवित्र भोजन मिला हुआ है, तो उस व्यक्ति को कोड़े से पिटवाया जाएगा। इसके बाद कोई शिकायत और सुनने में नहीं आई।[32]

10 जुलाई थी या उसी के आस-पास कोई और तिथि को 64वीं रेजीमेंट के एक दस्ते को ग्रांड ट्रंक रोड पर प्रस्थान करने का आदेश हुआ। उसके प्रस्थान के एक दिन पूर्व कमिश्नर का एक महत्त्वपूर्ण पत्र मुझे मिला, जिसमें उस दस्ते को

उस समय तक रोक लेने की ताकीद की गई थी, जिस समय तक कि एक मुखबिर, जो टिकारी भेजा गया था, वापस न आए। मालूम होता है कि मिस्टर टेलर को सूचना मिली थी कि मूद[33] नारायण सिंह की 200 तोपें टिकारी किला पर चढ़ा दी गई हैं। मुझे यह आदेश दिया गया था कि यदि गुप्तचर टिकारी से लौटकर इस सूचना की पुष्टि करे तो सिख और अंग्रेज सेना को लेकर रातो-रात प्रस्थान करो और टिकारी किले पर अचानक आक्रमण कर दो। लेकिन गुप्तचर ने आकर इस सूचना को गलत बताया और वह दस्ता शेरघाटी रवाना हो गया। उस अंग्रेजी दस्ते के चले जाने से हमारी पोजीशन बहुत कमजोर पड़ गई। दानापुर की पलटनों पर किसी को विश्वास नहीं था। पाँचवीं असंबद्ध रेजीमेंट डाँवाँडोल हो रही थी। इसके अतिरिक्त वह अंग्रेजी सेना, जो ट्रंक रोड पर आ रही थी, ठीक उन्हीं दिनों उनको रुकने का आदेश मिला। कुछ दिन में ट्रंक रोड की हालत भी खराब होने वाली थी। मेरे विचार से अंग्रेज बच्चों और औरतों के लिए गया अब उचित स्थान बाकी नहीं रहा था। जज मेरे विचार से सहमत थे। इसलिए हम दोनों ने गश्ती पत्र द्वारा सबको मशविरा दिया कि बाल बच्चों को हटाने की व्यवस्था करें। लेकिन अंग्रेजी कौम में हिंदुस्तानी अंग्रेज घर की चारदीवारी से मानूस व्यक्ति का एक नमूना होता है। उनमें से किसी पुरुष या महिला ने हमारा शुक्रिया भी अदा नहीं किया और जब तक मेरी और जज की पत्नियों ने मार्गदर्शन नहीं किया, किसी ने हिलने का नाम भी नहीं लिया, और जब यह दोनों चलीं तो सब-के-सब चल खड़े हुए।[34]

मैं यह लिखना भूल गया कि हमारे पास 64वीं रेजीमेंट के 80 सिपाहियों के अलावा 84वीं रेजीमेंट के 45 सिपाही थे। 80 चले गए तो यह 45 हमारे पास रह गए। इस प्रकार हमारा फौजी दस्ता अब 120 सिखों और 45 अंग्रेजों पर सम्मिलित था।[35]

जुलाई के अंत तक हालात में एक अस्थायी शांति रही। देसी और अंग्रेज दोनो अपनी-अपनी जगह पर असमंजस को ध्यानपूर्वक देख रहे थे। इससे पूर्व आरा में कुँवर सिंह के षड्यंत्रों से मेरा ध्यान उधर भी केंद्रित हो चुका था। उसने अपने काश्तकारों को वक्त पर तैयार रहने के लिए जो ताकीद की थी और जिला गया के दो सबसे बड़े जमींदारों को जो पत्र उसने लिखे थे, उनका प्रतिवेदन मैं कमिश्नर के पास भेज चुका था। 25 जुलाई को दानापुर की तीन रेजीमेंटें बागी हो गईं। और कोई नुकसान उठाए बिना चल खड़ी हुईं। इस घटना का इंतजार बहुत दिनों से था। लेकिन इसके जाहिर होने की सूचना कमिश्नर ने मुझे पाँच-छह पंक्तियों के एक अहम् पत्र में दी, जिसके अंतिम शब्द यही थे कि "सावधान! सुना जाता है कि अधिक संख्या तुम्हारी ओर जा रही है।" अधिक संख्या के मुकाबले की ताकत तो हम में नहीं थी। इसलिए मिस्टर टेलर को मैंने लिखा कि "यदि अतिरिक्त आदमी

हों तो सहायता के लिए भेज दीजिए।" यदि छह सप्ताह पूर्व यह बगावत दानापुर में हो जाती तो यकीनी गया में भी एक हंगामा उत्पन्न हो जाता। लेकिन यहाँ के गुंडे, बदमाश और नीच जाति के सदस्य मारे जा चुके थे। उनका कोई मुखिया भी नहीं था। मशहूर बदमाश जेलखाना की चारदीवारी में बंद किसी को हानि पहुँचाने के लायक नहीं रहे थे। और जो उनका सरदार माना जाता था, वह पटना भेज दिया गया था। इसलिए तीन रेजीमेंटों की बगावत की आवाज का प्रभाव यहाँ नहीं पड़ सका। इस पर भी यह जमाना परेशानियों का था। दो नजीब कंपनियाँ 160 आदमियों की यहाँ मौजूद थीं और उनमें अधिकांश विश्वास के योग्य नहीं थे। मुझे खबर मिल चुकी थी कि उनमें बहुत से लोग गुप्त सभाओं में भाग लेते हैं। मैं जानता था कि जितनी फौजी ताकत हमारे पास उस समय थी, उसकी उपिस्थति में उन्हें खुल्लमखुल्ला बगावत पर उतरने की हिम्मत नहीं पड़ेगी। लेकिन यह असंभव भी नहीं था कि किसी दिन-रात के समय वह पश्चिम की ओर प्रस्थान कर जाएँ और प्रस्थान करने के पूर्व खजाने के कुछ भाग पर भी हाथ डाल दें, जिसकी सुरक्षा नजीब और सिख बारी-बारी से 24 घंटे के कालांतर पर किया करते थे।[36]

31 जुलाई को मैं नजीबों के सूबेदार से अपने कमरे में बातें कर रहा था कि कमिश्नर का एक पत्र, जिस पर शब्द 'तुरंत और जरूरी' लिखे हुए थे, मुझे दिया गया। मैंने पत्र खोला। लिखा था कि डनबर का दस्ता आरा में पराजित हो गया है। केंद्रीय स्थान को बचाने और मुल्क पर अधिकार रखने के लिए अब हर वस्तु का बलिदान कर देना चाहिए। मुझको और देसी अधिकारियों को यह निर्देश दिया गया था कि जितना फौजी बल हो, लेकर तुरंत गुप्त रूप से पटना चले आओ। अंत में यह आदेश था कि यदि जान का खतरा न हो तो खजाना हटा लो। सूबेदार ने मुझसे पूछा कि कमिश्नर साहब क्या कहते हैं? मैंने कुछ कहकर टाल दिया। और दो एक मिनट में उसको रवाना कर दिया। उसके जाने के बाद एक गश्ती पत्र भेजा और एक घंटे में सब लोग जमा हो गए। यह फैसला हुआ कि शाम के पाँच बजे हम सब लोग रवाना हो जाएँ।[37]

मिस्टर टेलर अब फरमाते हैं कि मेरा आशय था कि खजाना भी हटा लिया जाए। और खजाना हटाने में जितना समय लगता, उसका मैंने पहले ही अनुमान लगा लिया था। लेकिन उनके आदेश से ऐसा नहीं प्रतीत होता था। उस पत्र से यही अर्थ स्पष्ट रूप से निकलता था कि केंद्रीय स्थान की हैसियत से पटना की रक्षा की जाए और उसका साधन यही था कि जितनी जल्दी हो सके, सैन्य बल एक स्थान पर गुप्त रूप से एकत्र कर लिया जाए। और यदि इसमें थोड़ी देर लगती तो उन आदेश के शब्द और अर्थ दोनों की अवहेलना होती। यदि केंद्रीय स्थान पर

अधिकार जमाए रखने के लिए हर वस्तु का बलिदान जरूरी था तो यह स्पष्ट है कि खजाना का रुपया हटा लेने के लिए गाड़ियाँ जमा करने और उनपर रुपया चढ़ाने में जरूर कुछ समय लगता। और यह निस्संदेह कमिश्नर के उद्देश्य और उनकी योजना के विरुद्ध होता। हालाँकि मेरा यह खयाल जरूर था। उस समय भी मैंने यही समझा और इस समय भी यही समझता हूँ कि उच्च अधिकारी के आदेश से जो उद्देश्य जाहिर हो रहा था, उसी का पालन कर रहा था। छह बजे हम लोग रवाना हुए। दारोगा, सूबेदार और दो एक देसियों से मैंने बातें कीं और अमन एवं शांति बहाल रखने का निर्देश दिया।[38]

हम लोग शहर से बाहर एक मील जा चुके होंगे कि मुझे अचानक खयाल आया[39] कि मैं कमिश्नर के पास जितने सिपाही मिल सकें, भेजने के लिए मजबूर हूँ, लेकिन इसके लिए मजबूर नहीं किया गया हूँ कि केंद्रीय स्थान की रक्षा के संबंध में स्वयं मैं भी मदद करूँ। मिस्टर होलिंग्स और हम दोनों लौटे। और यही सोचते हुए लौटे कि आने वाले खतरा के मुकाबले के लिए हमें अभी से साहस भरा कदम उठाना चाहिए। मैं पहले जेलखाना गया। वहाँ अस्सी सिपाही गार्ड थे। उनको बाहर बुलाया। उनसे कुछ बातें पूछीं। जैसे सिपाहियों का आम तरीका होता है, उन्होंने शब्दों और चेहरे से वफादारी और आज्ञा-पालन का भरोसा दिलाया। वहाँ से मैं खजाना पहुँचा। रक्षक मेरे सामने आ गए। जेलखाना के सिपाहियों की तरह खाली हाथ नहीं, बल्कि बंदूकें लिये हुए। मैंने समझा कि वह कुछ नाराज हैं। उनके सामने मैंने हिंदुस्तानी में एक भाषण दिया। जवाब में सबने वफादारी की शपथ ली। यह सबकुछ हो चुका तो हम दोनों अपनी-अपनी कोठियों[40] में चले गए। मैंने एक सवार द्वारा संक्षिप्त संदेश शेरघाटी[41] भेजा। और राय पूछी कि मैं क्या करूँ? शेरघाटी से 64वीं रेजीमेंट बुलवाई जा चुकी थी। उसको एक दूसरे सवार ने वहाँ जाकर पकड़ा। और कैप्टन टाम्सन अपनी रेजीमेंट लेकर गया आ गए। उनके आने से पूर्व दो दिन और दो रातें बड़ी परेशानी में कटीं। मुझे डर लगा रहता था कि कहीं नजीब खजाना लेकर अपने बागी भाइयों के पास 'आरा न चले जाएँ! लेकिन इस अवधि में भी हम लोग बेखबर नहीं थे। बड़े-बड़े ग्यावाल जो यहाँ के पंडे हैं, उनको एक सभा में मैंने आमंत्रित किया। उन्होंने आदमी और शस्त्र से पूरी तरह सहायता एवं सहयोग का वादा किया। देसियों के मस्तिष्क में शांति पैदा करने के उद्देश्य से मिस्टर होलिंग्स और मैं, दोनों अपने-अपने कार्यालय में गए। लेकिन ग्यावाल तो फटी हुई बाँसुरी की तरह निकले। उनमें से एक देवनाथ सिज्वार ने तो कुछ आदमी काम के भेजे। लेकिन औरों ने आदमी तो जरूर भेजे, मगर बूढ़े, अंधे, लँगड़े, हाथ में कुछ नहीं, केवल तलवार और वह भी मोरचा खाई हुई। वास्तविकता

यह थी कि अवाम अपनी सहायता आप नहीं करना चाहती हैं और जब यह हकीकत स्पष्ट हो गई और इसके पूर्व कि 64वीं रेजीमेंट का दस्ता यहाँ पहुँचे, मैं इस पर विचार करने लगा कि करना क्या चाहिए! कलकत्ता से संचार का कोई साधन डाक के सिवा नहीं और उसमें भी देर लगती है। इसलिए परिस्थितियों को ध्यान में रखकर जो सही उपाय मेरी समझ में आए, उसी का मुझे पालन करना था। यह एक खुली हुई हकीकत थी कि यदि पटना का खतरा वास्तव में ऐसा ही था कि उसकी रक्षा के लिए सिखों और अंग्रेजों की जो थोड़ी सी संख्या गया में थी, उसको भी जाना पड़ा था, तो यह अस्सी आदमियों का दस्ता, जो यहाँ आया था, उसको निस्संदेह बुला लिया जाएगा। और मेरा यह कर्तव्य भी था कि जिस प्रकार पहले अपनी फौजी ताकत मिस्टर टेलर के पास भेज चुका था, उसी तरह इन अस्सी आदमियों को भी उनकी सहायता के लिए भेज दूँ। और ऐसी हालत में जबकि मैं देख चुका था कि अवाम पर कोई भरोसा नहीं किया जा सकता है, तो इस फौजी बल के साथ-साथ खजाना बचाने की रही सही उम्मीदों का भी त्याग करना पड़ता। इसलिए यह निर्णय लिया गया कि यह अस्सी सिपाही पटना रवाना हो जाएँ और अपने साथ खजाने का रुपया भी लेते जाएँ। प्रस्थान के समय से छह घंटे पूर्व कैप्टन टाम्सन को दानापुर के अपने एक साथी अधिकारी का एक पत्र मिला। जिसमें पेंसिल से यह शब्द लिखे हुए थे कि खुदा के लिए होशियार हो जाओ! देसी पैदल सेना फुल मार्च करती हुई गया जा रही है। खबर मिली है कि एक तोप भी साथ है। अब उत्तर की ओर जाना, उस रेजीमेंट से टकराना और खजाने का छिन जाना यकीनी था। इसलिए दक्षिण की ओर से कलकत्ता जाने का निर्णय लिया गया। पेंसिल से लिखी हुई कुछ पंक्तियों ने बहुत से इनसानों की जान बचाई। यदि हम लोग उत्तर की ओर प्रस्थान करते तो अभी शहर ही में होते और जेलखाने का दरवाजा खोल दिया जाता और लंबी-लंबी सड़कों और गलियों से हम लोगों पर आक्रमण किया जाता तो जान बचाकर भागना ही भाग्य का बड़ा कारनामा होता। और दक्षिण जाते हुए खजाने के दरवाजा से केवल मैदान ही का रास्ता था। छह बजे यह गिरोह रवाना हुआ। मैं पूर्व विस्तार से लिख चुका हूँ कि मैं पीछे रह गया। नजीबों ने जेलखाना के दरवाजे तोड़ डाले। और कैदी और रक्षक दोनों ने मिलकर मेरे बँगले पर आक्रमण कर दिया। सौभाग्य से मुझे एक घोड़ा कसा हुआ तैयार मिला और उस पर सवार हुआ और बचकर निकल गया। उस बदमाश भीड़ ने हम लोगों का पीछा शहर से लगभग तीन मील बाहर उस जगह तक किया, जहाँ सड़क छोटी-छोटी पहाड़ियों को चीरती हुई एक तंग रास्ते की सूरत में बाहर निकलती है। और दो बार हम लोगों पर आक्रमण किया और अंततः पाँच-छह

साथियों को मरा हुआ छोड़कर भाग निकला। बरसात का समय था। यह यात्रा कष्टदायक और लंबी, लेकिन अंग्रेजी सैनिकों की होशियारी और चालाकी से कलकत्ता के खजाने में 7 लाख रुपया जमा करने में हम लोग सफल हो गए।[42]

परास्त शत्रु, कैदी और रक्षक दोनों शहर की ओर लौटे और खजाने में थोड़ा सा रुपया जो जेल की रसद (खाद्य सामग्री) के लिए छोड़ दिया गया था, लूट लिया। और तितर-बितर होकर रक्षकों ने आरा का रुख किया और अपने-अपने घर चले गए। रात के समय शहर पर मौन और घबराहट की स्थिति बनी हुई थी। सुबह हुई और पूरब के वहशी की आत्मा ने पूरी ताकत के साथ अँगड़ाई ली। हर लुच्चा-लफंगा, जो रात भर लूट-मार का सपना देख चुका था, अब उस सपने के साकार करने के लिए उठ खड़ा हुआ। दस-दस, बारह-बारह वर्ष के लड़के हाथ में तलवार लिये अकड़े हुए निकले। शांतिप्रिय और मालदार तबके, जो संख्या में बदमाशों से दस गुना अधिक थे, यदि किसी दूसरे देश में होते तो साझे शत्रु के सामने एक हो जाते, लेकिन अपनी व्यवस्था आप करने के गुण इस देश में नायाब है। इसलिए शहर के कमीने लोग और गुंडे-लफंगे ने मनमानी काररवाइयाँ कीं। दो एक गिरोह के सरदार समझदार थे। उन्होंने जबरदस्ती का चंदा लेना ही काफी समझा। घर-घर जाते और शांति और सुरक्षा की कीमत प्राप्त करते। और कुछ गिरोह तो बिना भेदभाव लूट-खसोट में मस्त थे। पाँच-छह ग्यावाल अपने साथियों को लेकर उठ खड़े हुए और मुहल्ला पूरे का पूरा लूट लिया। विशेष रूप से नुकसान उठाने वाले बदनसीब हिंदू महाजन थे। शहर के निम्न भाग के रहनेवाले मुसलमानों के नीच तबके के सदस्यों ने और ऊपरी भाग के इन पंडों ने उनको एक ही समय में अपना शिकार बना लिया।[43]

16 अगस्त को शहर पर दोबारा कब्जा किया गया। अधिकारी पटना से वापस भेजे गए। उनके साथ 84वीं पलटन के 35 अंग्रेज और कैप्टन रैट्रे के 22 सिख थे। शहर की आबादी पहले तो डरी कि सरकारी भवनों को जला दिया गया है। यूरोपियनों की संपत्ति नष्ट कर दी गई है। उसका बदला शहर पर गोलाबारी के सिवा और क्या हो सकता है? इसलिए जिसको जो रास्ता मिला, उधर भाग निकला। लूट-मार करनेवालों ने लूटी हुई वस्तुओं को सड़कों पर और खेतों और तालाबों में फेंक दिया। लेकिन जब उन्हें विश्वास हो गया कि अधिकारियों के वापस आने का उद्देश्य केवल बदला लेना नहीं है, बल्कि शांति और सुरक्षा स्थापित करना है तो विश्वास की फिजा बहाल हो गई। दस दिन की उथल-पुथल ने शांतिप्रिय तबके के दिल में उस वस्तु के विरुद्ध जो हिंदुस्तानी राज कहलाता है, एक घृणा सी पैदा कर दी। उन्होंने अपनी आँखों से देख लिया कि स्वयं उनकी

इज्जत और शांति के लिए विदेशी गोरों का वह मजबूत हाथ कितना जरूरी है, जिसका उन्हें संदेह होता था कि थोड़ा जोर से दबा रहा है। यह भी उन्होंने देख लिया था कि केवल शहर ही में नहीं, बल्कि देहातों में भी अशांति और आतंक ने अधिकार जमा लिया था। किस प्रकार देहात के काश्तकार और शहर के बदमाश दोनों अपने स्वभाव की पुकार पर लूट-मार और आतंक की ओर झपटे थे। और उन्होंने देख लिया था कि जंगली शिकारी पशु की वह आत्मा किस सर्वव्यापी ढंग से काम कर रही थी, जो अंतरात्मा के लोभ के सिवा कोई साझी सीमा स्वीकार नहीं करती है और किसी कानून के आगे सिर नहीं झुकाती है। कई सम्मानित लोगों ने मुझसे कहा कि ऐसी गुलामी में पुनः जीवन बिताने से तो कहीं अच्छा है कि गवर्नमेंट की शांति की छाया में शरण लेने के लिए ईसाई बनने की शर्त हो तो मैं तैयार हूँ।[44]

दो घटनाएँ, जिनकी कड़ी इस जिले के हंगामे के साथ मिलती हैं, विचित्र हैं। एक कुँवर सिंह का प्रभाव। हालाँकि वह खास बिहार का जमींदार नहीं है। और दूसरे हिंदुस्तानी गवर्नमेंट के नाम के साथ लूट-खसोट और विनाश में बढ़-चढ़कर भाग लेना। यदि कोई जमींदार किसी दुर्बल पर आक्रामक हो या कोई देहात आस-पास के किसी मुहल्ले पर शिकारी की तरह टूट पड़े, या दस-बारह लुच्चे-बदमाश किसी अकेले यात्री को मार गिरा दें और सबकुछ लूट लें, तो आवाज यही सुनने में आती थी कि हिंदुस्तानी राज हुआ। कुँवर सिंह का राज लूट-लूट। इस जिले में कोई ऐसा प्रभावी जमींदार नहीं था, जो इन सड़े हुए विभिन्न और बिखरे टुकड़ों को एकत्र करके दुर्गंधयुक्त ढेर खड़ा कर देता। इन हंगामों को केवल तीन जगह वह अस्त-व्यस्तता नसीब हुई, जो गलती से बगावत कहलाती है। इस जिला के उत्तर और पूरब के भाग में हैदर अली खान ने कुछ मित्रों की सहायता से राजगीर पर, जो पूर्व समय में उसके पूर्वजों का था, कब्जा करने की कोशिश की। सितंबर में वह गिरफ्तार हुआ और सूली पर चढ़ा दिया गया। हुकूमत के दो विरोधियों ने एक छोटा सा झंडा बुलंद किया। एक तो छिप गया और दूसरा जेलखाने में बैठा अपने मुकदमे की पेशी के दिन गिन रहा था। वजीरगंज में 12 या 14 मौजों ने एक व्यक्ति खुशहाल सिंह (जो कई मौजों का ठेकेदार है) की अगुआई में जमा होकर पहले तो लूट-खसोट की प्रारंभिक रस्में अदा कीं और फिर खुशहाल का झंडा खड़ा किया।[45]

उनमें से कुछ अभागे मूर्ख काला पानी भेज दिए गए। लेकिन खुशहाल सिंह अब तक पकड़ा नहीं गया है। इस जिले में एक मिस्टर सोलानो जमींदार या अफीम की खेती करने वाले यूरोपियन हैं। पश्चिमी थानों में उनकी तीन-चार फैक्टरियाँ

नष्ट कर दी गईं। दो व्यक्तियों के अच्छे कामों का जिक्र किए बिना नहीं रह सकता। उनकी हिम्मत और निर्णय शक्ति ने शेरघाटी को खतरे से सुरक्षित रखा। एक शेरघाटी के दारोगा रजब अली और दूसरे बाबू आनंद कुमार राय, जिनका संबंध कार्यकारी इंजीनियरिंग विभाग से है। यह दोनों अपने कर्तव्यों का पालन करने में उस समय भी व्यस्त रहे। जबकि सारे जिले में पुलिस छिप गई थी, वे स्वयं उदाहरण बने। शुभचिंतकों का गिरोह खड़ा किया। बदमाशों को भयभीत किया। लूट-खसोट नहीं होने दी और अंग्रेजी और सरकारी संपत्ति को कोई हाथ तक नहीं लगा सका।[46]

मैं 25 अगस्त को गया वापस आया। उस समय इस जिले का पूर्वी भाग पाँचवीं अस्थायी रेजीमेंट के बागी सवारों के कब्जे में था। ऐसा प्रतीत होता था कि जैसे यह आदमी यह समझ रहे हैं कि गवर्नमेंट के पास कोई फौजी ताकत उनके विरुद्ध प्रयोग किए जाने के लिए नहीं है। कूच धीरे-धीरे, एक-एक स्थान पर तीन-तीन चार-चार दिन रुकता और इसका थोड़ा अहसास तक नहीं कि कहीं पीछा तो नहीं हो रहा है। शुरू में उनको यह विश्वास इस ओर खींच लाया था कि गया जंगी ताकत से अब तक वंचित है। और जब उनको अपनी गलती का अहसास हुआ, तब भी उनके चाल में कोई अंतर न आया। वजीरगंज, गया से 14 मील की दूरी पर है, वहाँ वह तीन दिन रुके रहे। और इस अवधि में चारों ओर से रसद और रुपए प्राप्त करता रहा। अंग्रेजों की हुकूमत घृणा की दृष्टि से देखी जा रही थी। और मुझे खतरा था कि उनकी उपस्थिति के कारण इस जिले में बगावत का शोला कहीं पहले से अधिक तेज न भड़क उठे। लेकिन हम लोग 250 अंग्रेज और सिखों को खामोश लिए बैठे रहे। उन लुच्चे-लफंगों को अपनी आँखों के सामने देहाती इलाके पर कब्जा जमाने और मस्त झूमने-फिरने के लिए स्वतंत्र छोड़ दें, यह हमें गवारा न था। संख्या में हम उनसे आधे थे। गवर्नमेंट से कोई सहायता नहीं मिल सकती थी। 6 सितंबर को बागियों का सवार दस्ता वजीरगंज से दक्षिण की ओर बढ़ा। वास्तव में इसका अर्थ यही था कि वह ट्रंक रोड की ओर जा रहे हैं और गया आक्रमण से सुरक्षित हो गया है। कैप्टन रैट्रे ने आक्रमण करने का प्रस्ताव पेश किया। मैं प्राय: उग्र गतिविधि का पक्षधर था। इसलिए यह कहते हुए कि आक्रमण करना आपका कर्तव्य है, उनकी पुष्टि की। और गया से हम लोग बाहर निकले। 8 सितंबर को शत्रु के समीप जा पहुँचे। जंगी काररवाइयों और उनके परिणामों से मुझे कोई सरोकार नहीं है। हमने शत्रु को परास्त नहीं किया। और न शत्रु ने हमें पराजित किया। उन दिनों समाचार-पत्रों के बयान इनके संबंध में कुछ और होते थे। हमारा कोई आदमी नहीं मारा गया। 22 घायल हुए, जिनमें दो बच न सके। बागी जो युद्ध

के मैदान में मारे गए या बाद के जख्मों से उबर न सके, उनकी कुल संख्या एक दर्जन के लगभग थी। उनके घायलों की संख्या का हिसाब न मिल सका। बागी सवार हम लोगों से गति में तेज, गया पहले पहुँच गए। जेलखाने के दरवाजे खोल दिए और पश्चिम की ओर निकल गए। अनुमानतः दो सप्ताह और वह इस जिले में रहे। और इस अवधि में कौन सा घृणास्पद काम है, जो उनसे घटित न हुआ हो। कुख्यात गुंडा इंदर सिंह और उसके मित्र गया के सब बदमाश और लुच्चे-लफंगे कैदी उनके साथ हो गए। औरतें बलपूर्वक छीनकर भगाई गईं। और फिर किसी नए शिकार के लिए जगह बनाने के लिए सड़कों पर छोड़ दी गईं। बलात्कार, लूट-खसोट, कत्ल एवं खून इस प्रकार के कार्य करते हुए यह कमीने आगे बढ़ते चले गए।[47]

अंततः इस पाँचवीं अस्थायी रेजीमेंट ने सोन नदी को पार किया। अभी वह और अधिक दूर नहीं गई थी कि रामगढ़ बटालियन की यलगार की खबरों ने चिंता बढ़ा दी। इस पलटन में बहुत से सिपाही शेरघाटी और गया के इलाकों और इस जिले के अन्य क्षेत्रों से भरती किए गए। मुझे जितनी सूचनाएँ मिलीं, उनसे यह विश्वास होता था कि उनका इरादा शेरघाटी होकर गया पहुँचने का था और हमारी फौजी ताकत की यह स्थिति थी कि सिख पचास थे और वह भी बीमार और घायल। उनमें भी एक दर्जन के लगभग चलने-फिरने के योग्य नहीं थे। 84वीं पलटन के 53 अंग्रेज थे, उनमें भी आठ बीमार और घायल। यह एक खुली हुई बात थी कि अगर रामगढ़ी इस ओर आते तो हम उनका कुछ बिगाड़ नहीं सकते थे। इसलिए मैं खजाना का रुपया भेज देने के कार्य में लग गया। हाथी मँगवाए। हजार-हजार रुपया रखने के लिए बड़ी-बड़ी थैलियाँ बनवाईं। बीमारों के लिए डोलियाँ प्राप्त कीं। अति आवश्यकता की हालत में कहारों की उचित संख्या जमा करने में कठिनाई हुई। इसलिए सौ कहार मैंने मुलाजिम रख लिये। सिखों को निर्देश दिया कि सुबह-शाम दोनों समय अपने स्वास्थ्य के लिए वायु-सेवन किया करें। उनको यह निर्देश पसंद आया। घायलों और बीमारों की डोलियों की एक लंबी पंक्ति प्रतिदिन दो बार विलियर्ड बँगला[48] से (जो उन दिनों सिखों के अस्पताल का काम दे रहा था) निकलती हुई नजर आया करती थी और जब चतरा[49] में 53वीं रेजीमेंट के हाथों रामगढ़ियों को पराजित होना पड़ा, तो उस समय तक यह सिलसिला निरंतर जारी रहा। और रामगढ़ियों को गया आना नसीब भी होता तो इससे पहले कि शहर के दरवाजों और दीवारों पर उनकी नजर पड़ती, यह सिख गया से पटना जाने वाले रास्ते पर आधी यात्रा तय कर लेते।[50]

यह एक खुली हुई हकीकत थी कि यह जिला पूरब के बागियों का केंद्र

बननेवाला था। मैंने जुलाई में इस हकीकत की ओर गवर्नमेंट का ध्यान आकर्षित कराया था। और भविष्यवाणी सी कर दी थी कि जब पाँचवीं रेजीमेंट और 32वीं रेजीमेंट बिगड़ेंगी तो अपनी उस प्रिय देसी सड़क पर आ जाएगी, जो देवगढ़, कजक डीहा और नवादा होती हुई चली जाती है। पाँचवीं रेजीमेंट ने वही सड़क चुनी। अक्तूबर के अंत में 32वीं रेजीमेंट की तीन कंपनियों ने देवगढ़ में बगावत की तो वह भी उन्हीं के पदचिह्नों पर रवाना हुईं। वैसे तो सारा गदर बागियों की मूर्खता का एक उदाहरण था, लेकिन यह आश्चर्यजनक बात थी कि यह सूबा किस प्रकार सुरक्षित रह गया! यदि दानापुर, रामगढ़, पाँचवीं और 32वीं रेजीमेंट सब कहीं मिलकर साथ निकलतीं, तो कुछ समय के लिए तो जरूर उनका कोई मुकाबला करने वाला नहीं था। मैंने देवगढ़ की बगावत की खबर सुनी तो तुरंत डिप्टी मजिस्ट्रेट को निर्देश भेजा कि नवादा जेलखाना के तीन सौ हाजती कैदियों को (जिनके मुकदमों की सनुवाई अभी बाकी थी) गया भेज दिया जाए। आप जानते हैं कि पाँचवीं रेजीमेंट के सोन नदी पार करते ही कैप्टन रैट्रे और उनके साथ जितने सिख पहुँच सके इस जिले से बाहर सोन के किनारे डेहरी भेज दिए गए थे। पुलिस की संख्या में वृद्धि करके मैंने इतनी ताकत पैदा करने की कोशिश की कि बस्तियों में समय-समय पर जो लूट-मार और अशांति की घटनाएँ हो जाया करती थीं, उनको प्रभावी ढंग से दबा सकूँ। लेकिन इन इलाकों के लड़ाका राजपूतों और ब्राह्मणों के मुकाबले के लिए हमारे बंदूकधारियों की मामूली संख्या काफी न थी। इसलिए आपकी भेजी हुई सहायता को देखकर, जो मेरे पास चालीस नजीबों के दस्ते की सूरत में पटना से आई, मेरे दिल में खुशी की लहर दौड़ गई। मैंने उन्हें नवादा भेज दिया। मेरा विश्वास उनपर शायद उसी समय तक था, जब तक कि वह बागियों से दूर रहें। लेकिन जब 32वीं रेजीमेंट की तीन कंपनी बिगड़ गईं तो मैंने उनको और उनके साथ हाजती कैदियों को भी गया मँगवा लिया। अब गया जेलखाने में हाजती कैदियों की संख्या 600 से बढ़ गई और उनकी सुरक्षा के लिए यह चालीस नजीब और कुछ बंदूकधारी थे। यह समय मेरे लिए बड़ी परेशानी का था। और क्यों न होता? एक बड़ी संख्या कैदियों की और वह भी ऐसे जुर्मों में जिसकी सजा कड़ी-से-कड़ी हो सकती है। रक्षकों की संख्या इतनी कम और रक्षक भी ऐसे कि उनके भाइयों ने एक बार जेल का दरवाजा तोड़ डाला था और मुझ पर आक्रमण किया था। बागियों की तीन कंपनी गया से कुछ दूर रहीं, और वह भी उस राजमार्ग पर मौजूद, जो गया की ओर आता है। स्वयं गया में एक मेला बीमार और घायल सिपाहियों का, और तीस से भी कम ऐसे, जो समय पर काम आ सकें। इन कठिनाइयों ने मेरे कर्तव्यों के बोझ और जिम्मेदारियों की सख्ती को

बढ़ा दिया था। मैंने सोचा कि सारे कैदियों को बेड़ियाँ पहना कर ग्रैंड ट्रंक रोड के समीप किसी स्थान पर भेज दूँ। इसलिए बेड़ियाँ बनवाईं और सिखों के लिए फिर सुबह शाम दोनों समय हवा-सेवन की व्यवस्था की। व्यवस्था की ही थी कि तार से सूचना मिली कि मेजर इंगलिश और उनकी 53वीं रजीमेंट को गया आने का आदेश मिला है। लेकिन अभी तक यह संदिग्ध था कि गया पहले कौन पहुँचता है? यह रेजीमेंट या तीन बागी कंपनी? बागी वजीरगंज पहुँचे चुके थे। और चौदह मील की दूरी बाकी थी। मेजर इंगलिश बीस मील दूर शेरघाटी में थे। उनके पास मैंने एक ताकीदी संदेश भेजा। और दूसरे दिन अंग्रेजी तलवारों की चमक ने हमें हिम्मत दिला दी कि अब कोई खतरा बाकी नहीं रहा। अब बागियों ने पश्चिम का रास्ता छोड़ दिया और उत्तर की ओर रुख किया। अंग्रेजी सेना की यह कोशिश थी कि जहानाबाद में बागियों को रोकें और वहीं उनका सफाया कर दें। लेकिन वह निकल भागे। उनके पीछे-पीछे एक सप्ताह के भीतर ही उसी रेजीमेंट की दो कंपनियाँ पहुँचीं जिन्होंने राजमहल की पहाड़ियों पर बगावत का परचम बुलंद किया। उनका सिर कुचलने के लिए हम लोग एक नवंबर को रवाना हुए। तीस मील चलने के बाद हम लोग हँसवा पहुँचे, जहाँ से नवादा 9 मील की दूरी पर है। और बागियों का पीछा शुरू किया और लगातार चार दिन और पाँच रातें 120 मील पीछा करने के बाद बागी हमारी नजरों से ओझल हो गए। 1857 में इस जिले में बागियों का यह अंतिम आक्रमण था।[51]

मेरी जानकारी में इस प्रकार के आक्रमणों के संबंध में दो एक नतीजे निकलते हैं। प्रथम यह कि आम खयाल है, और इस खयाल में सच्चाई बिलकुल नहीं है कि बागियों के संचार के साधन अच्छे होते हैं, बल्कि इसके विपरीत मुझे विश्वास है कि उनके साधन बहुत सीमित और अविश्वसनीय होते हैं। पाँचवीं रेजीमेंट को गया के समीप पहुँचने से पूर्व मालूम नहीं था कि शहर पर सरकारी अधिकारियों ने पुनः कब्जा कर लिया है। जितने बागी गिरोह इस जिले में आए, कूच के दौरान ये झूठी खबरों से प्रायः प्रभावित होते रहे। 32वीं रेजीमेंट का पहला दस्ता यह खबर पाकर जहानाबाद छोड़ता हुआ आया कि वहाँ कुछ फौज उनकी घात में बैठी हुई है। उनके कूच के रास्ते टेढ़े होते थे। देहाती अपनी बस्तियों को उनसे दूर रखने के लिए झूठी और गलत खबरें पहुँचाकर उनको सीधे रास्ते से हटा दिया करते थे।[52]

सही सूचनाओं का संबंध जहाँ तक स्वयं मुझसे है, तो मुझे उनको प्राप्त करने में कोई कठिनाई नहीं हुई। इस जिले से बागियों का कोई गिरोह ऐसे नहीं गुजरा, जिसके बारे में यह न मालूम हुआ कि उनकी संख्या कितनी है। हाथी और ऊँट

देवगढ़

अक्तूबर के शुरू में हिंदुस्तानी रेजीमेंट–32 ने इस स्थान पर दंगा कर अपने कई अधिकारियों की हत्या कर दी और रोनाल्ड साहब सहायक कमिश्नर जिला को भी मार डाला। उप-सहायक कमिश्नर फलोरीड साहब ने भागकर अपनी जान बचाई।[10]

सूबेदार कंपनी–4 ने लेफ्टिनेंट कूपर साहब को यह कहकर भागने न दिया कि शेष कंपनी वफादार है और वह दंगा नहीं करेंगे। इसी बीच उनपर गोलियों की वर्षा हुई। लेफ्टिनेंट कूपर साहब, लेफ्टिनेंट रैन साहब और रोनाल्ड साहब बँगले की ओर भागे, मगर दुश्मनों ने बँगला घेरकर आग लगा दी। वहाँ मौजूद ग्रांट साहब गोलियों की आवाज सुनकर पहले ही रवाना हो चुके थे। जब बँगले के दालान में आग लगी तो सिपाहियों ने लेफ्टिनेंट रैन साहब से कहा कि "हम तुम को नहीं मारेंगे, तुम बाहर आओ और भाग जाओ।" रैन साहब ने उनसे वचन लिया और वह अपने कथन पर अटल रहे। वह बचकर चले गए और अब भागलपुर में मौजूद हैं। जब लेफ्टिनेंट कूपर, रैन साहब और सरकार के वफादार एक हवलदार और एक सिपाही (जो साहबों के साथ ही बँगले में शरण लिये हुए थे) ने देखा कि बँगला जलने लगा है और अब वहाँ और ठहरना संभव नहीं है, तो चारों फरार होने के लिए बाहर आए। लेकिन अचानक उनपर गोलियाँ बरसने लगीं। दोनों साहब और सिपाही तो वहीं मारे गए, मगर हवलदार जीवित भाग निकला। बागियों ने कूपर साहब के शव को तलवारों से टुकड़े–टुकड़े कर दिया। इसके बाद उन्होंने जेलखाने से कैदियों को आजाद किया, खजाना लूटा और शहर में भी लूट मचाई। क्या ब्राह्मण और क्या पंडित, कोई भी उनके हाथ से न बचा। उनसे उन्होंने अन्य बहुमूल्य वस्तुओं के अतिरिक्त तीन हाथी लिये और रोहिणी की ओर रवाना हो गए। 10 तारीख को रात के समय उन्होंने रोहिणी को भी लूटा और वहाँ से आगे बढ़े। ईश्वर करे उन्हें अपने किए की सजा अतिशीघ्र मिले! बागियों ने हिंदुस्तानी डॉक्टर को बलपूर्वक साथ लिया और अस्पताल की सारी दवाओं को भी ले लिया। अब उनके पास 11 हाथी, अधिकांश जंगी सामान और 250 बंदूकें मौजूद हैं। लेफ्टिनेंट रैन साहब के साथ दो आदमी भागलपुर गए और एक हिंदुस्तानी ने ग्रांट साहब को अपने पास छिपाकर बागियों से बचा लिया।[11]

आरा

दीनापुर (दानापुर) में स्थित रेजीमेंट–7 और 8 अगस्त की 24 तारीख तक सरकार की वफादार थीं। मगर उस दोपहर दो बजे के समीप सिपाही अपने–अपने

हथियार लेकर सोन नदी की ओर रवाना हुए और रातोरात दरिया के किनारे ठहर गए। अगले दिन अर्थात् रविवार की सुबह दरिया के किनारे स्थित रेल रोड से संबंधित व्यक्तियों की सारी इमारतें (भवन) जलती हुई नजर आईं। दीनापुर (दानापुर) के निवासियों में से किसी व्यक्ति ने मजिस्ट्रेट वेक साहब को एक पत्र में सूचना भेजी कि आज अर्थात् 24 अगस्त को तीनों रेजीमेंटों के सिपाही दंगा करेंगे। सवारों और अन्य व्यक्तियों ने भी बताया कि बागी सेना दूसरे किनारे पर आ गई है और बँगलों को लूटकर आग लगा रही है।[12]

सौभाग्य से आरा में 45 सिख और चार हिंदुस्तानी अधिकारी मौजूद थे। मजिस्ट्रेट साहब ने सब सिपाहियों को आदेश दिया कि जाकर जज साहब की चारदीवारी को मजबूत और सुरक्षित बनाएँ। इसी बीच डेलपीरो साहब और हॉल साहब घोड़ा दौड़ाते हुए आए और खबर दी कि बागी सिपाहियों ने एक नाव पर कब्जा कर लिया है और थोड़े-थोड़े करके दरिया पार कर रहे हैं। उन्होंने बागियों की संख्या दो या तीन हजार बताई। शहर के सारे निवासी एक जगह पर जमा थे। उन्होंने फैसला किया कि बायल साहब के बँगले में शरण लें, क्योंकि इसे हर प्रकार से मजबूत और जंगी आधारों पर बनाया गया था। इसमें खाद्य सामग्री इत्यादि भी मौजूद थी। रेल रोड के अधिकारियों को इस उपद्रव की सूचना नहीं मिली थी, इसलिए कॉक साहब ने निवेदन किया कि वह स्वयं जाकर उनको ले आते हैं। उन्होंने आरा से साढ़े तीन मील दूर मैन साहब और डॉक्टर साहब को सूचना दी। वह मैन साहब को मेम और बच्चों समेत सुरक्षित ले आए। बँगले के निकट पहुँचने पर उन्हें दरिया की ओर से धुआँ उठता हुआ दिखाई दिया। यह देखकर उन्होंने सिपाहियों की लेन के समीप स्थित मौजा इनायत में ही शरण लेना उचित समझा। उन्हें आशा थी कि उनके सेवक वहाँ उनकी सुरक्षा करेंगे। सेवकों ने भी कहा कि वह उनकी रक्षा करेंगे और इस मौजा को कोई खतरा नहीं है। विक्टर साहब ने भी यही उचित समझा कि मेम और पाँच बच्चों समेत मौजा इनायत में चले जाएँ। इलामिलन साहब, मेम और बच्चों के साथ बरार घाट की ओर आए थे, जो आरा से आठ मील दूर गंगा नदी के किनारे स्थित है। वह वहाँ से सुरक्षित दीनापुर (दानापुर) पहुँचे। उस दिन बागियों के आगमन की संभावना न होने के कारण कॉक साहब पुनः मौजा इनायत गए और मैन साहब, उनकी मेम और बच्चों को आरा ले आए। कॉक साहब ने विक्टर साहब को आरा आने का आग्रह किया था, मगर वह नहीं माने और अपने सेवकों के कहने पर वहीं रहे। मैन साहब आदि को विल्सन और उनकी मेम, जो उसी दिन आए थे, के साथ घाट की ओर रवाना किया और स्वयं सुरक्षित दीनापुर (दानापुर) पहुँचे। रास्ते में काफी कठिनाइयों का

सामना करना पड़ा, लेकिन जान सुरक्षित रही।[13]

एक साहब आरा और दीनापुर (दानापुर) का हाल इस तरह बयान करते हैं– बायल साहब के बँगले में खाना खाने के बाद हम निम्नलिखित व्यक्ति किले में रात गुजारने गए–लिटलिडेल साहब, वेक साहब, कॉम्ब साहब, काल्विन साहब, बायल साहब, फिल्ड साहब, कॉक साहब, हॉल साहब, एंडरसन साहब, नीट साहब, डिकोस्टा साहब, डिसूजा साहब, गॉडफ्रे साहब, डेलपीरो साहब, और डिप्टी कलेक्टर सैयद अजीमुद्दीन हुसैन साहब के अलावा सिख सिपाही–हम सबने किले में रात शांति से गुजारी। अगले दिन अर्थात् 27 तारीख की सुबह तक बागी सेना नहीं आई थी और हम सब किले से बाहर आकर चाय पी रहे थे। तब सूचना मिली कि गोर सिंह के आदमी आकर बायल साहब के साइसों और घोड़ों को ले गए हैं। यह खबर सुनकर वेक साहब, कुछ और अंग्रेज साहब और सिख तैयार हुए कि घोड़े वापस छीन लाएँ। इस बीच एक चपरासी ने सूचना दी कि बागी सेना बाजार में आ गई है। अब समय नष्ट करना उचित नहीं। इसलिए हम सब किले में गए और अंदर से फाटक बंद कर दिया। उत्तर की ओर स्थित एक बँगले की चारदीवारी में चार घोड़े तैयार हुए। कुछ पल बीते थे कि बागी सिपाही कलेक्टर कचहरी क्षेत्र में जाते हुए देखे गए। शाम के छह बज चुके थे। पहरेदार सिपाही, जिनमें से 75 आरा में मौजूद थे, बागियों के साथ मिल गए और अपने हथियार उपहार स्वरूप पेश किए। इन सिपाहियों ने उन्हें खजाने के बारे में बताया और हमारी पोजिशन से भी सूचित कर दिया। उसने बिगुल बजाया और दो हजार के लगभग सिपाही हमारी ओर आए। मगर हम लोगों ने उन्हें चकित और असहाय कर दिया। उनके पास वापस जाने के सिवा कोई चारा न रहा। कुछ बागियों ने पेड़ों की शरण ली और कुछ बायल साहब के बँगले में चले गए। कुछ उत्तर और कुछ दक्षिण की ओर चले गए और सब ओर से हम पर गोलियाँ बरसाना शुरू किया। लेकिन हमारा कोई नुकसान न हुआ। दोपहर एक बजे के समीप बागियों ने पुनः हमारी पनाहगाह (शरणस्थल) पर आक्रमण किया और फिर पूर्व की भाँति पराजित होकर भागे। अब उन्होंने हमें किले से बाहर निकालने की कुछ और योजना बनाई। वह गाड़ी भरकर बाँस और घास लाए और लाल मिर्च की पाँच-छह थैलियाँ उसमें रखकर आग लगा दी। यह ढेर हम लोगों से पश्चिम की ओर तीस गज की दूरी पर था। घास और मिर्चों के धुएँ से दम घुट रहा था। लेकिन सौभाग्य से हवा तेजी से चलने लगी और सब धुआँ उड़ाकर ले गई। रेजीमेंट-8 का एक हवलदार पेड़ की आड़ में खड़े होकर सिपाहियों को आगे बढ़कर आक्रमण करने को कह रहा था। फिल्ड साहब अपनी जान खतरे में डाल कर बँगले के ऊपर गए और वहाँ से ऐसी गोली मारी

कि हवलदार मर गया। उसके पास खड़े कुछ व्यक्ति लाश उठाकर आग में डाल दी। इस तरह आग और भड़क गई और दुर्गंध भी बढ़ गई। अब फायरिंग एक घंटे तक रुकी रही। इस बीच हमने कुछ बिस्कुट खाए और शराब पी। शाम 5 बजे के लगभग बागियों ने तीसरी बार आक्रमण किया और पराजित हुए। पूरी रात गोलीबारी बंद रही। वेक साहब ने रात को पहरे इत्यादि तैनात किए और बड़ी वीरता और सहनशीलता का प्रदर्शन किया। वह सब का उत्साह बढ़ाने के लिए कहते थे कि दिल छोटा मत करो, इस किले में ऐसे-ऐसे वीर मौजूद हैं कि उन्हें आसानी से पराजित नहीं किया जा सकता और वह खून के प्यासे बागियों की अपार भीड़ को देखकर डरने या निराश होनेवाले नहीं, तुमने आज भी बागियों की वीरता और साहस देख लिया है। सब पहरेदार अपनी-अपनी पोजिशन पर तैनात हुए और शेष कुछ विश्राम करने के लिए अपने निवास स्थान पर गए। हमारे पास एक या दो चटाइयाँ थीं। इसलिए अधिकांश लोग नंगे फर्श पर सोए और ईंट को तकिया के रूप में प्रयोग किया। रात को कोई विशेष बात नहीं हुई। लेकिन बागी कभी-कभी एक-दो गोलियाँ हमारे मकान के बरामदे पर फायर कर देते थे, ताकि हम बेखबर न हो जाएँ। दुश्मनों के आक्रमणों में उनके लगभग तीस व्यक्ति हलाक या घायल हुए। एक व्यक्ति पेड़ पर चढ़कर हमारी ओर झाँक रहा था कि एक गोली ने उसे नीचे गिरा दिया। वह दो-तीन दिन तक तड़पने के बाद मर गया। मरने से पूर्व उसमें उठने-बैठने की शक्ति भी नहीं थी। देखने में आया कि कौए और चीलें उसका मांस नोचती थीं और वह उन्हें उड़ाने के लिए हाथ तक न उठा सकता था।[14]

27 अगस्त को बागी सिपाही एक तोप लाए और बायल साहब के बँगले पर स्थापित कर दिया। फिर एक और तोप हमारे पश्चिम की ओर लगाई और गोला-बारी करने लगे। लेकिन गोला-बारी की कला में कुशल न होने के कारण उनके अधिकांश गोले ऊपर-ऊपर से गुजर जाते। कुछ गोले दीवार पर भी लगे, मगर कोई नुकसान नहीं हुआ। उस दिन बंदूकें कम काम आईं और केवल तोप चलती रही। हमारा एक सिख सिपाही बंदूक की गोली लगने से घायल हुआ। वह गोली चलाने के लिए दीवार में किए गए सुराख के सामने खड़ा था कि पीछे से गोली उसकी गरदन पर लगी। डॉक्टर हॉल साहब ने उसका इलाज किया और अब वह सरकार की सेवा में तत्पर है। अब दुश्मनों ने पश्चिमी और दक्षिणी दीवार को तोड़ने का इरादा किया। वह पुरानी दीवार के पास एकत्र होकर मशविरा कर रहे थे कि हमारे सिख सिपाहियों ने उनपर आक्रमण कर दिया और बंदूकें चलाई। एक सिख ने वीरता का प्रदर्शन करते हुए दीवार के छेद को और बड़ा कर दिया और दो बेलचे और कुल्हाड़ियाँ (जिनसे वह खुदाई कर रहे थे) अंदर खींच ली। बाद में

यह बहुत काम में आए। अब हमारे पास पानी और खाना कम होने लगा। केवल दाल, चावल और चने खाने को मिलते थे। नमक भी समाप्त हो गया। हम जरूरी तैयारी करने के बाद सोने के लिए अपने-अपने कमरे में गए। हम में से चार साहब लोग और सिख सिपाही अपनी इच्छा से जागते रहते। दो-दो घंटे के बाद उनका स्थानांतरण हुआ करता था।[15]

28 अगस्त को प्रातः छह बजे के आस-पास पूरी सेना को जमा करने के लिए बिगुल बजा। तीनों रेजीमेंट परेड पर जमा हुईं। उन्होंने अब भी वरदी पहन रखी थी। लेकिन पाजामे वरदी के नहीं थे। इनके अलावा सौ अन्य व्यक्ति और गोर सिंह के दो हजार आदमी मौजूद थे। आठ बजे गोर सिंह हवादार पर सवार होकर आया और अपनी वफादार सेना का निरीक्षण करके जरूरी आदेश दिया। इसके बाद सारे सिपाही शहर की ओर रवाना हुए और पाँच सौ हमारी निगरानी के लिए रह गए। इस सेना को जमा होते देखकर हमने सोचा कि बस अब जीवन का अंतिम दिन आ गया है, क्योंकि उनकी संख्या बहुत अधिक थी। हमारा खयाल था कि वह मिलकर हमारे किले पर आक्रमण करेंगे और सीढ़ी आदि लगाकर सबका अंत कर देंगे। लेकिन हमारा सौभाग्य था कि ऐसा न हुआ। इसी बीच बंदूकबाजी में कुशल फिल्ड साहब, बायल साहब, कॉक साहब, काल्विन साहब और डेलपीरो साहब ने अपनी-अपनी पोजिशन सँभाल कर निशाना साध रखे थे। बागियों ने बायल साहब के बँगले पर जाकर उसके दक्षिण-पूर्वी और दक्षिण-पश्चिमी भागों पर मोरचाबंदी की और वहाँ तोप स्थापित किया और उन्होंने दमदमे, मेज और अलमारी आदि का ढेर लगा करके गोला-बारी शुरू की।[16]

29 को रात एक बजे के बाद कोई एक कोस दूर से बंदूकों की आवाजे आईं। हमने समझा कि कुमुक (सहायता) समीप आ गया है, लेकिन अभी और कठिनाइयाँ उठाना भाग्य में लिखा था। तुरंत ही आवाज आनी बंद हो गई। और हमें विश्वास हुआ कि हमारे मित्र पराजित हो गए होंगे; क्योंकि यहाँ बागियों की बहुत बड़ी संख्या मौजूद थी। उस समय बागियों ने हम पर भी आक्रमण किया, लेकिन हम हर वक्त चौकन्ना रहते थे और ऐसी बंदूकबाजी की कि उनकी दो तोपों के अलावा सारी बंदूकें आदि बंद कर दीं। लेकिन तोपें पिछले दिन की तरह चलती रहीं। हमारे सिखों ने दस घंटे में अठारह फीट गहरा कुआँ खोदकर तैयार कर दिया और उस कुएँ से बहुत मीठा और अधिक पानी निकला। इस बीच बागियों ने सिख सिपाहियों को उकसाया कि वह हथियार रख दें और साहब लोगों को उनके हवाला कर दें। उन्होंने जवाब में बागियों को गालियाँ दीं और अपने इरादे पर अटल रहे। साहब लोगों की तरह उन्हें भी कोई भय नहीं था। उस दिन कई साहबों ने घिरने के

बाद पहली बार स्नान किया। दिन के समय हम लोग आक्रमण करके बायल साहब के बाग में गए और वहाँ से पाँच भेड़ें पकड़ लाए। उनमें से तीन का तुरंत वध करके आपस में बाँट लिया। प्रातःकाल एक सिख सिपाही बंदूक और तलवार लिये हुए किसी तरह हमारी दीवार के पास आ गया और अंदर आने की अनुमति माँगी। उसने कुमुक सेना के पराजय का सारा हाल, उनकी संख्या और युद्ध के स्थान का हाल बयान किया। यह सुनकर हमने भविष्य में कुमुक शीघ्र पहुँचने की आस छोड़ दी और लड़ मरने का संकल्प लिया। शाम के समय हमारे दिलों से फिर भय समाप्त हो गया और हम जमीन पर लेटकर सिखों से इधर-उधर की बातें करते हुए सो गए।[17]

30 अगस्त दिन शुक्रवार बागियों ने तोप मोरचे से हटाकर बायल साहब के बँगले की ऊपरी मंजिल पर लगा दिया। उनके सामने एक दीवार की आड़ थी। उनकी गोलाबारी से हमारा कुछ नुकसान नहीं हुआ। केवल एक गोला कमरे के दरवाजा पर लगा और उसे तोड़कर सीधा दालान में चला गया। इसी प्रकार कुछ गोलियाँ भी अंदर आईं और केवल दीवार में छेद ही कर सकीं। अब बागियों ने लोहेवाली तोप पूरब से लाकर बँगले के पीछे स्थापित की और बाग की दीवार को आड़ बनाया। उन्होंने दीवार में एक छेद किया और उसके रास्ते से गोले मारने लगे। उनके गोले किले की दीवार पर लगने से केवल एक चिह्न ही पड़ता था। तब पता चला कि दुश्मन किले के पीछे स्थित एक मकान से सुरंग खोद रहे थे। यह खबर सुनकर हमने भी इधर से सुरंग खोदनी शुरू की, ताकि उनकी सुरंग को बेकार कर दें। हम खुशी-खुशी इस कार्य में व्यस्त हो गए। एक या दो दिन बाद हमें बागी सेना आस-पास में नजर आई। इसलिए हमने ऊपरी मंजिल के ऊपर चार फीट ऊँची एक कच्ची दीवार का निर्माण किया और उसमें चार छेद रखकर बागियों पर गोलियाँ चलाईं, ताकि वह निकट आकर सुरंग न खोद सकें। रात को हम सब फिर यथापूर्व अपने-अपने स्थान पर सोने के लिए चले गए।[18]

1 सितंबर को कोई विशेष घटना नहीं हुई। दुश्मन केवल तोपों से गोलाबारी करते रहे। उस दिन शेष दो भेड़ें भी सिखों और हमारे बीच बाँटी गईं। प्रातःकाल बायल साहब और कॉक साहब ने कुछ दुश्मनों को बंदूक की गोलियों से घायल किया। वह स्वयं भी बाल-बाल बचे। क्योंकि कुछ गोलियाँ उनके समीप से गुजर गईं। थोड़ी-थोड़ी देर बाद सिख भी उनकी जगह पर जाकर बंदूक चलाते और उन्हें साँस लेने का अवसर न देते थे।[19]

2 सितंबर (दिन रविवार) को दुश्मन तीव्रता से सुरंग खोद रहे थे। बायल साहब ने दो और कॉक साहब ने सुरंग के पास मौजूद चार बागियों को गोलियों से

उड़ा दिया। इसके बाद वह खाना खाने आए और फिर वापस अपनी पोजिशन पर चले गए। उनकी गोलियों के कारण बागियों के लिए सुरंग के समीप आना कठिन था। अब गॉडफ्रे साहब ने भेस बदलकर दीनापुर (दानापुर) जाने का निवेदन किया, जो सबने मान लिया। उनके बाल और मूँछें मुसलमानों की तरह काट-छाँटकर मुसलमानों वाला वस्त्र (जो हिंदुस्तानी डिप्टी कलेक्टर साहब से लिया था) पहना दिया गया। उन्हें पहचानना कठिन था, क्योंकि वह हिंदी भाषा अच्छी तरह बोल लेते थे। उस दिन हमने देखा कि बहुत से बागी कलेक्टरी कचहरी के पश्चिम की ओर बीबीगंज के रास्ते से तीव्र गति से भागे जा रहे हैं। लगभग आठ बजे रात हम सोने जा रहे थे कि बहुत शोर सुना, जो हमारे पूरब की ओर स्थित एक बाजार से आ रहा था। हमने ध्यानपूर्वक सुना तो मालूम हुआ कि हमारे कुछ सेवक शुभ समाचार लाए हैं। हमने केवल दो व्यक्तियों को समीप आने दिया और उन्होंने यह सूचना दी कि दुश्मन भाग गए हैं और उन्हें मेजर आॅयर साहब की कंपनी ने पराजित किया है। यह सुनकर हमें बहुत खुशी हुई। लेकिन यह भी सोचा कि शायद वह इस बहाने से हमें बाहर निकालना चाहते हों। इसलिए हमने एक रस्सी नीचे लटका दी और एक को ऊपर खींच लिया। दूसरे को एक पत्र दिया कि डाकिया की तरह उसे अतिशीघ्र दीनापुर (दानापुर) पहुँचा दे। कुछ ही देर बाद आरा में मौजूद अधिकतर औरतें और पुरुष हमारे पास आए। उनके पास शरीर ढाँपने को वस्त्र भी नहीं थे। उन लोगों को बागियों ने बगावत के दूसरे दिन गिरफ्तार करके इस विचार से जीवित रख छोड़ा था कि हमें और उन्हें एक साथ कत्ल करेंगे। लेकिन खुदा को कुछ और ही मंजूर था। इसके बाद हम अपने सिखों समेत बाहर आए और बायल साहब के बँगले पर गए। वहाँ हर वस्तु का बुरा हाल था। सबकुछ इधर-उधर बिखरा और टूटा पड़ा था। किताबें, तसवीरें, कागजात, हिसाब के रजिस्टर आदि बिखरे पड़े थे। बागियों ने सारे पंखे भी तोड़ डाले थे। हम कोई समय नष्ट किए बिना ऊपरी मंजिल पर गए और वहाँ मौजूद सारी तोपें और बारूद इत्यादि अपने मोरचे पर ले आए। हमने इस मकान को ध्वस्त किया, जहाँ से बागियों ने सुरंग निकाली थी और सुरंग भी तोड़ दी। फिर हमने वापस आकर आराम से रात बिताई।[20]

3 सितंबर को कहवा और चाय पीने के बाद हमने देखा कि बक्सर में रहने वाले केली साहब और निकोलस साहब घोड़ों पर सवार हमारे अहाता (क्षेत्र) में चले आ रहे हैं। उन्हें देखकर खुशी से हमारी चीखें निकल आईं और नीचे उतरकर दरवाजा खोला। दोनों ने अंदर आकर हमसे मुलाकात की। वेक साहब और कॉक साहब घोड़ों पर सवार होकर मेजर आॅयर साहब के कैंप में गए, जो बर्बास नदी के उस पार पाँच मील दूर था। कैंप में साहब लोग बहुत खुशी से मिले। इसके बाद

वहाँ से कूच हुआ और यह दोनों साहब भी सेना के साथ आरा वापस आए। इस प्रकार सात दिन घिरे रहने के बाद हम 3 सितंबर को रिहा हुए और खुदा का शुक्रिया अदा किया।[21]

बंदी के दिनों में सिख सिपाहियों का बर्ताव प्रशंसा के लायक है। कॉक साहब की मेहनत और लगातार कोशिश भी प्रशंसा के योग्य है। उन्होंने प्रत्येक कार्य में मदद दी और बायल साहब ने दुश्मनों पर नजर रखने के अलावा अपने इंजीनियरिंग ज्ञान के द्वारा किले के उन स्थानों को मजबूत बनाया, जहाँ से वह कमजोर थे। वेक साहब प्रायः खुश रहते और सिखों का उत्साह बढ़ाते। कॉक साहब ने खाना तक पकाया। प्रत्येक व्यक्ति ने अपनी क्षमता के अनुसार कोशिश की। और वह सब गवर्नर जनरल और लेफ्टिनेंट साहब से ऐसा इनाम पाने के योग्य है, जो खुश करनेवाले शब्दों से बढ़कर स्थायी हो।[22]

मुंगेर

5 जुलाई को मजिस्ट्रेट साहब को एक हिंदुस्तानी ईसाई ने खबर दी कि कल शाम को सौदागर हाजी अहमद का एक चपरासी किसी व्यक्ति को दो रुपए देकर कह रहा था कि पटना में नाजिर फौजदारी अली हुसैन खान के पास एक पत्र ले जाए। उस व्यक्ति ने पत्र नहीं लिया और चपरासी की धमकियों के बावजूद राजी न हुआ। इस खबर से साहब के दिल में संदेह उत्पन्न हुआ। उन्होंने सोचा कि पत्र डाकखाने द्वारा रवाना कर दिया गया होगा। वह स्वयं डाकखाने में गए और पत्रों का बक्सा खुलवाने पर वह पत्र मिल गया, जिसका विषय यह था–'बगावत फैलाने पर उत्साह बढ़ाने के लिए भेज गया रुपया मिल गया है और ईद के दिन अर्थात् 3 अगस्त को लगभग 1400 लोग मिल कर सारे अंग्रेजों का कत्ल करेंगे।' इस योजना में केवल मुंगेर, पटना और भागलपुर के कुछ मुसलमान ही शामिल थे। इनमें से अधिकांश प्रतिष्ठित सरकारी कार्यालयों में मुलाजिम थे। इस पत्र के आधार पर वकील अदालत दीवानी के मुंशी जकीउद्दीन और कातिब हाजी अहमद को गिरफ्तार कर लिया गया। उन्हें बंदी बनाकर छानबीन के लिए भागलपुर भिजवा दिया गया।[23]

संदर्भ :

1. मुहारबह-ए-अजीम: तारीख-ए-बगावत-ए-हिंद/ पंडित कन्हैयालाल, दिल्ली, 2008 (प्रथम संस्करण, 1861), पृ.-134

2. वही, पृ.-134-35
3. वही, पृ.-135
4. वही, पृ.-135
5. वही, पृ.-135
6. वही, पृ.-151-52
7. वही, पृ.-152
8. वही, पृ.-152-53
9. वही, पृ.-153
10. वही, पृ.-166
11. वही, पृ.-166-67
12. वही, पृ.-183
13. वही, पृ.-183
14. वही, पृ.-184-85
15. वही, पृ.-185
16. वही, पृ.-185-86
17. वही, पृ.-186
18. वही, पृ.-186-87
19. वही, पृ.-187
20. वही, पृ.-187-88
21. वही, पृ.-188
22. वही, पृ.-188
23. वही, पृ.-242

□

6

रोहिणी के हालात

रोहिणी में अधिक सेना नहीं थी, सौ सिपाही और तीन–चार अंग्रेज थे। 12 जून, 1857 को रात के समय मेजर मैकडोनाल्ड साहब कमांडर पलटन–5 के मकान पर मिस्टर नार्मन लेस्ली साहब और डॉक्टर ग्रांट साहब बैठे चाय पी रहे थे, पलटन–5 में नए भरती किए गए तीन व्यक्ति अचानक बँगले में घुस आए और तीनों साहबों को गहरे जख्म से घायल किया, लेकिन मेजर साहब और डॉक्टर साहब वीरता से खड़े होकर कुरसियों से उनके वार रोककर कुरसियाँ मारने लगे। ऐसी कुरसियाँ मारीं कि वह भाग गए। कई दिन के बाद गिरफ्तार होकर आए और कत्ल किए गए। अजेटन साहब नार्मन लेस्ली उन्हीं के गहरे जख्म से एक घंटे में मर गए। मेजर साहब और डॉक्टर साहब स्वस्थ हो गए और कोई दंगा इस स्थान में किसी प्रकार का नहीं हुआ। हर प्रकार शांति रही। यहाँ के सिपाही वफादार रहे।[1]

देवगढ़ दंगा के हालात

अक्तूबर 1857 को हिंदुस्तानी रेजीमेंट–32 ने हंगामा करके उपद्रव किया। अपने अधिकारियों में से अधिकांश को मार डाला। इस रेजीमेंट की दो कंपनियाँ वफादार रहीं, बाकी सब नमक हराम हो गईं। लेफ्टिनेंट रैनी साहब एक बँगले में घिर गए थे। उस बँगले में बागी सिपाहियों न आग लगा दी। जब साहब घबराए, उनसे वचन लेकर सिपाहियों ने बाहर बुला लिया और वचन के अनुसार उनको निकाल दिया। फिर जेलखाना तोड़कर कैदी आजाद कर दिए। शहर को खूब लूटकर ब्राह्मण हिंदुओं को भी न छोड़ा। सब सामान लेकर रास्ते में रोहिणी को लौटते हुए किसी ओर ऐसे निकल गए कि गिरफ्तार न हुए। फिर देवगढ़ में दंगा नहीं हुआ।[2]

छावनी दीनापुर, मशहूर दानापुर, निकट अजीमाबाद पटना के हालात

दानापुर छावनी में अधिकतर छावनियों के हंगामों और उपद्रवों की सूचनाएँ आने लगीं। इस छावनी में तीन रेजीमेंटें, एक रेजीमेंट नं. 7, दूसरी नं. 8 और तीसरी नं. 40 रहती थीं। लेकिन सआदी के कथानुसार, हाल यह हुआ कि जब कौम का कोई व्यक्ति बुद्धिहीनता का कार्य करता है तो छोटे-बड़े किसी की प्रतिष्ठा बाकी नहीं रहती है। अब यह दशा हुई कि अंग्रेजी सेना के सारे अधिकारी अपनी सब रेजीमेंटों से बदगुमान हो गए। उधर सब रेजीमेंटों का अंग्रेजी सेना के अधिकारियों के कथन पर विश्वास न रहा। अंग्रेजों ने राजनीति पर नजर रखी। जिन सिपाहियों के दिल में बुरा इरादा नहीं था, वह भी इस राजनीति से निराश होकर बगावत पर उतारू हो गए। अपने-अपने उपायों में दोनों लग गए। दोनों के बीच स्वच्छ वातावरण नहीं रहा। अपने अवसर एवं घात को देखने लगे। अंग्रेजों को जहाँ गोरा फौज और तोपखाने का बल मिला, मामूली संदेह में भी उन्होंने सेना से हथियार लेकर राजनीतिक सजा जारी की। उधर हिंदुस्तानी सेना को जो अवसर मिला, अपने जीवन से निराश होकर अपने अधिकारियों का कत्ल किया और निकल गई। सआदी के कथनानुसार जब कोई अपने प्राण की चिंता नहीं करता है, तो दिल में जो आता है, वही कहता है। अधिकांश छावनियों में नवयुवक अधिकारियों की बदमिजाजी और व्यवस्था की खराबी के कारण हंगामा हुआ। जहाँ अधिकारी वयोवृद्ध, बहुदर्शी, बुद्धिमान और सहनशील थे, वहाँ उपद्रव होकर रुक गया। अत: बंबई की सेना में बगावत नहीं हुई और जहाँ कहीं बागियों के उकसाने पर कुछ हंगामा हुआ, तो वहीं दब गया। सदर कोर्ट बंबई के अधिकारियों के कारण बंबई जैसे शहर में फसाद न होने पाया। हालाँकि वहाँ लोग ऐसे उद्दंड और निरंकुश हैं कि पारसी और मुसलमानों के बीच जो दंगा हुआ था, उसमें बहुत खून बहा था और तीन दिन तक मार-काट होती रही। वहाँ के अधिकारियों ने सहनशीलता और दरगुजर से ऐसे दूर किया कि सब हंगामे दब गए।[3]

अब दानापुर में भी दिनांक 25 जुलाई को यही स्थिति पैदा हुई कि जहाँ-जहाँ हिंदुस्तानी सेना के पहरे पूर्व से आ रहे थे, उन सब पहरों को स्थगित करके गोरी रेजीमेंट के पहरे स्थापित किए गए। सैन्य अधिकारियों ने दूरदर्शिता के कारण आपस में यह योजना बनाई कि हिंदुस्तानी रेजीमेंट के पहरे में जो टोपीदार बंदूक हैं, इन सबको निकालकर गोरा रेजीमेंट को हस्तांतरण कर दिया जाए। गोरी रेजीमेंट तैयार होकर आई और बंदूक की सब टोपियाँ छकड़ों में भरकर अपनी रेजीमेंट को ले चली। टोपियों को लादते समय हिंदुस्तानी रेजीमेंट मौन रही। अंजाम सोचा, जब लादकर चलने लगी, उस समय उनको बहुत निराशा हुई। मौत दिखाई देने लगी,

दंगा शुरू कर दिया। रेजीमेंट-7 के एक सिपाही ने अपनी बंदूक भरकर आवाज लगाई कि 'अंग्रेजों को मार डालो, यहाँ से जाने न दो।' उधर गोरा सिपाही और तोपाखाने को भी आदेश गया था, वह भी तैयार होकर गोरे की सहायता के लिए आ गए। गोरा रेजीमेंट-137 की दो कंपनियाँ आगे बढ़ीं और हिंदुस्तानी रेजीमेंट पर आक्रमण किया। हिंदुस्तानी रेजीमेंट अपनी मौत आते देख भाग गई। तोप भी उनपर पड़ी, कुछ नुकसान उनका हुआ। भाग के नावों पर सवार होकर रवाना हुई। दुखानी जहाज वहाँ मौजूद था। उस जहाज ने सिपाहियों की कई नावों को दरिया में डूबा दिया। पलायित बागी बहुत डूबे और तबाह हुए। जो गिरफ्तार हुए, वह कत्ल किए गए। जाहिरी रूप से बागियों को नष्ट-भ्रष्ट करके अंग्रेज अधिकारियों ने समझा कि अमन-शांति स्थापित हो गई। यह नहीं समझ सके कि इस प्रकार द्वेष का बीज बोया गया। सब आज्ञा पालन धरा-का-धरा रह गया। सेवक और स्वामी का अंतर समाप्त हो गया और दिल-ही-दिल यह आग सुलगती रही और अंदर की धूनी जीवित रही। समय की प्रतीक्षा में थे, खून जोश खा रहे थे कि दिल्ली के पलायित बागी उन लोगों से आ मिले, अब तरह-तरह की अच्छाई-बुराई से अवगत करके पिछली रेजीमेंट के परिणाम से भयभीत किया। वह भय सबके मस्तिष्क में परिपक्व हो गया। रेजीमेंट-7 की जो चार कंपनियाँ शेष रह गई थीं, वह सब रेजीमेंट-8 में शामिल हो गईं और परामर्श करके अचानक 24 अगस्त को दोपहर बाद रात के समय दूसरी रेजीमेंट की चार कंपनियों समेत सब रेजीमेंट तैयार होकर सीधी अपनी लेन से बिना मार-काट किए हुए सोन नदी की ओर चल पड़ीं। रातों-रात दरिया के किनारे चलकर आरा की सीमा में प्रवेश किया। यहाँ दानापुर छावनी में तीन दिन सलाह-मशविरा होता रहा। तीन दिन के बाद एक कप्तान साहब के नेतृत्व में सिख रेजीमेंट के कुछ सिपाही और गोरा रेजीमेंट की दो कंपनियाँ बागी सेना का पीछा करने निकलीं। पूरे दिन चलकर शाम के समय दरिया के पार उतरीं। कप्तान साहब जल्दी में आकर कहीं नहीं रुके। रास्तों के जानकार के बिना रात ही को बागियों का पीछा करने रवाना हुए। देहात के अधिकांश उद्दंड लोग बागी सेना में शामिल हो गए थे, अचानक जंगल में रात के समय चारों ओर से सरकारी गोरी सेना को आ घेरा। बंदूक और तोप चलाने लगे। सरकारी सेना की ओर से भी जवाब मिला, लेकिन पर्याप्त न हो सका। सरकारी सेना का वैसा ही विनाश हुआ, जैसा दुखानी जहाज की सहायता से पलायन के समय रेजीमेंट-7 का हुआ था। सेना के लगभग तीन भाग देहातियों के हाथों मारे गए। शेष असहाय होकर जंगल में भाग गए। हालाँकि मैगजीन के सामान बागियों के पास कम थे, फिर भी पूरी रात तोप छोड़ी गई। यह गोरे जितने बचे थे, भागकर

प्रातःकाल दो-दो, चार-चार करके दूर जाकर आपस में मिले और दानापुर छावनी वापस हो गए। सेना का यह विनाश कप्तान साहब की शीघ्रता के कारण हुआ।[4]

अब बागी सेना आरा पहुँची। छावनी दीनापुर मशहूर दानापुर निकट अजीमाबाद की यह वही रेजीमेंट-7 एवं 8 है, जिनपर कदापि संदेह नहीं था। जनरल साहब की अपूर्ण दूरदर्शिता ने इन रेजीमेंटों को बागी किया और छावनी में व्यापक दंगा और फसाद कराया। यदि जनरल साहब कुछ संदेह नहीं करते और अपनी ओर से रेजीमेंटों को अपमानित नहीं करते तो निस्संदेह इस छावनी में उपद्रव न होता। इसलिए कि तीन महीने बगावत को हो चुके थे। रेजीमेंटें यथावत् स्वामीभक्ति से अपना कार्य पूरा करती थीं, कभी कुछ वाद-विवाद और आपत्ति नहीं थी। अचानक उनको अविश्वसनीय बना दिया। उनको संदेह हुआ, बात बढ़ने लगी, अंततः दंगा हो गया। कहीं-कहीं छावनियों में दिल्ली के बागियों ने बगावत उत्पन्न की और अधिकांश छावनियों में ऐसी दूरदर्शिताओं से भी बगावत हुई। हालाँकि इस वर्ष में अशुभ-योग उत्पन्न हो गया था, उसने सब अपना प्रभाव दिखा दिया। बागी सेना पहुँचते ही सर्वप्रथम आरा के स्थान पर दरिया के निकट ठहर गई और अंग्रेज द्वारा बनाए गए भवनों को ध्वस्त करके लूट लिया और फूस के बँगलों में आग लगा दी। सब तरह से उल्लेखित भवनों को नष्ट एवं ध्वस्त कर दिया। आरा के मजिस्ट्रेट साहब को सर्वप्रथम दानापुर के पत्र द्वारा खबर पहुँची थी। इसके बाद सेना के सवारों और अन्य व्यक्तियों ने विस्तार से साहब को यह सूचना दी कि बागी सेना दरिया पार से लूट-मार करती हुई चली आ रही है और दरिया के इस पार उतरना चाहती है। मजिस्ट्रेट साहब के पास उस समय 70 कलेक्टरी के नजीब, 45 सिख सिपाही और 4 हिंदुस्तानी अधिकारी थे। साहब ने इन सिपाहियों को साहब जज बहादुर की कोठी की सुरक्षा पर तैनात किया। उसी समय डेलपीरो साहब और हॉल साहब ने आकर खबर दी कि बागी लोग नाव पर सवार होकर इस पार उतर रहे हैं। लगभग तीन हजार व्यक्ति होंगे। जितने साहब और ईसाई आरा में मौजूद थे, सब जमा हो गए। वह लोग बायल साहब बैरक मास्टर के बँगले में चले गए, जो किले के समान मजबूत था। खाद्य सामग्री पहले से वहाँ मौजूद थी। दो-तीन साहब, जो इस स्थान से तीन-चार मील की दूरी पर रहते थे, वह भी इस हंगामे की सूचना पाकर उधर से उधर दरिया के किनारे-किनारे जाकर बरार घाट पार करके, जो आरा से आठ मील की दूरी पर रहते थे, वह सुरक्षित दानापुर छावनी पहुँच गए। शेष अंग्रेज साहब और डिप्टी अजीमुद्दीन हुसैन खान इत्यादि अधिकारी और सिख सिपाहियों समेत बैरक मास्टर की कोठी में चले गए और कोठी का दरवाजा अंदर से बंद कर लिया।[5]

बागी सेना दरिया के उस पार उतर कर पूरे दिन लूट-मार और खाने में शहर ही में व्यस्त रही, किसी अंग्रेज का न खयाल किया और न इधर बँगले की ओर आई। 27 अगस्त को अर्थात् दूसरे दिन अंग्रेज फिर इस बँगले से बाहर आए, दूसरे एक समीप के बँगले में जमा होकर चाय पीने लगे। उसी समय सूचना मिली कि गोरख सिंह सरदार बहादुर जो बागी सेना का कमांडर है, उसके साथियों ने आकर बायल साहब के साइसों को मारा और साहब के चार घोड़े लूटकर ले गए। उसी समय सारे साहब जल्दी से उठकर उस बँगले में जाकर बंद हो गए, यथावत् दरवाजा को मजबूती से बंद कर लिया और अपने-अपने स्थानों पर बंदूक लेकर तैनात हो गए। बागी सेना शहर से बाहर आई, सीधे कोठी, कचहरी, कलेक्टरी पर जहाँ खजाना था, गई। खजाने के सुरक्षाकर्मियों ने जब यह देखा तो बिना किसी रुकावट के अपने सब हथियार उनके सामने रख दिए और उनमें शामिल हो गए, बँगला एवं खजाना बता दिया और घिरे हुए साहबों का पता बता दिया। गोली दोनों ओर से चलने लगी। पूरे दिन गोली चलती रही। घिरे हुए लोगों को तो कुछ नुकसान नहीं पहुँचा। कुछ व्यक्ति घायल हुए। रात हो जाने के कारण बंदूक चलनी बंद हो गई। लेकिन घेराबंदी यथावत् रही। दूसरे दिन बागी सेना ने दो तोपें एक ऊँचे बँगले पर लगाई और घिरे हुए लोगों पर गोले बरसाना शुरू कर दिया। लेकिन उनका कोई नुकसान नहीं हुआ। बागी सेना ने सात दिनों तक अंग्रेजों की घेराबंदी जारी रखी और तरह-तरह से हानि पहुँचाना चाहा, हत्या करने की भी बहुत कोशिश की। एक दिन लाल मिर्च के बहुत से थैले लाकर सूखी घास में इन थैलों को बाँधकर बँगले की दीवार के नीचे रखकर आग लगा दी। इसका धुआँ इतना हानिकारक था कि सब मर जाते। लेकिन उसी समय इतनी तेज हवा चली कि वह धुआँ सब उड़ गया और उन लोगों का कुछ नुकसान नहीं हुआ। तदबीर और तकदीर इसे कहते हैं कि विरोधियों ने उन लोगों को मारने में कोई कमी नहीं की थी। ईश्वर को उन्हें बचाना था तो उसी समय हवा पलट दी। फिर विरोधियों ने सुरंग खोदी। हालाँकि सुरंग खोदते वक्त बागियों के कई व्यक्ति मारे गए, फिर भी वह अपने कार्य से नहीं रुके और उसे पूरा करके आग लगा दी। बँगले के आस-पास की अधिकांश जमीन उड़ गई। ईश्वर की शक्ति से घिरे हुए लोग सुरक्षित रहे और उनकी सुरक्षा और मजबूत हो गई कि बँगले के आस-पास खाई बन गई। इस अवधि में कई बार बड़ा-बड़ा आक्रमण भी किया। इन सब कठिनाइयों पर घिरे हुए लोग अपने इरादे पर अटल रहे। आठवें दिन दानापुर और बक्सर छावनी से गोरी सेना तोप समेत घिरे हुए लोगों की सहायता के लिए आ पहुँची। बागी सेना सूचना मिलते ही मुकाबले के लिए आगे बढ़ी। एक युद्ध व्यापक स्तर पर हुआ। जिनको अंतिम यात्रा भाग्य में थी, दोनों

ओर से परलोक सुधार गए। शेष बागी सेना पराजित होकर दिल्ली रवाना हो गई। घिरे हुए लोगों की जान बची। खुशी का बिगुल बजा। घिरे हुए अंग्रेज और सहायक सेना दोनों मिलकर बहुत प्रसन्न हुए। एक-दूसरे को सलामती की मुबारकबाद देने लगे। फिर आरा में कोई बगावत नहीं हुई। शांति स्थापित हो गई। सारे बागी इस जिले और क्षेत्र से निकल गए।[6]

संदर्भ :

1. खदंग-ए-गदर/ मोईनुद्दीन हसन खान, दिल्ली, 1972, पृ.-153
2. वही, पृ.-153-54
3. वही, पृ.-166-67
4. वही, पृ.-167-68
5. वही, पृ.-169-70
6. वही, पृ.-171-72

□

7

गदर 1857 के हालात

अब 1857 का गदर जरूर है कि हमारी तारीख में लिखा जाए। यह एक दर्दनाक कहानी है। यहाँ तक कि मुझे अपनी तारीख में इसको लिखते हुए (इस खयाल से कि हिंदुस्तानी जनता की मूर्खता की पहचान है) बहुत लज्जा आती है। गदर 1857 ने हिंदुस्तानी सिपाहियों की सच्चाई में बड़ा दाग लगा दिया। और आश्चर्य यह है कि विलायती कारतूस को दाँत से काटने के सिवा और कोई कारण समझ में नहीं आता है। सिपाहियों का अनुमान था कि इस कारतूस में गाय और सूअर की चरबी मिलाई गई है, ताकि हिंदू और मुसलमानों का धर्म ईसाई हो जाए। यह बात इतनी मशहूर हुई कि सारे सिपाही अंग्रेजी सरकार से बिगड़ गए। हालाँकि स्पष्ट है कि सरकार को इससे कुछ सरोकार नहीं और कदापि इस कारतूस में इस प्रकार की चरबी नहीं थी। यदि ऐसे कारतूस से धर्म का नष्ट हो जाने पर हिंदू जोर दे रहे थे, तो ऐसा हो सकता है। क्योंकि उनके धर्म में छोटी-छोटी बातों में छूत होती है। बल्कि विभिन्न जातियों का जूठा और छुआ हुआ पानी या खाना नहीं खाते। मुझे आश्चर्य है कि मुसलमानों के हाथ में कौन सी धार्मिक दस्तावेज थी कि बावजूद जानकारी के, ऐसी गलत सूचना पर अपनी न्यायप्रिय सरकार से बिगड़ गए और धर्म गया, धर्म गया का शोर मचा दिया। मुसलमानों के धर्म के अनुसार यदि कोई व्यक्ति अनजाने में कोई हराम वस्तु चाहे वह सूअर क्यों न हो, खाए तो उसका धर्म कदापि नहीं जाता। मुसलमानों को चाहिए था कि यदि हिंदू इस बगावत पर उतारू हुए थे तो इसके अच्छे और बुरे को समझा देते, न कि उन्हीं की जैसी राम कहानी कहने लगें! अब अगर कोई यह कहे कि मुसलमानों के धर्म में जेहाद जरूरी है, वह क्यों धार्मिक काम को छोड़ते हैं, तो यह उनकी बहुत बड़ी गलती है।[1]

मुसलमानों में दो गिरोह बहुत मशहूर है। एक सुन्नी, दूसरा शिया। शिया तो इस समय जेहाद को हराम बताते हैं। बल्कि यदि कोई व्यक्ति ऐसी लड़ाई में मारा गया, तो उसको बहुत बड़ा पापी समझा जाता है और यदि किसी को काफिर समझकर

उनके साथ कितने हैं और किस रास्ते से कूच करना चाहते हैं। गदर की सूचना सुनते ही मैंने हरकारों के दो सिलसिले उस सड़क पर तैनात कर दिए, जिससे शत्रु इस जिले में प्रवेश करनेवाले थे। यह सिलसिले इस जिले से बाहर 20-30 मील तक फैले हुए थे। इनके अलावा हरकारों की विभिन्न टुकड़ियाँ आस-पास के थानों और उन विभिन्न स्थानों पर फैली हुई थीं, जिधर मेरा खयाल था कि बागी पहुँचेंगे। दारोगों ने भी इसी प्रकार की टुकड़ी बना रखी थी। इसमें बहुत सा धन खर्च हो गया, क्योंकि मैंने उचित मजदूरी अदा की। लेकिन परिणाम संतोषजनक निकले।[53]

कलकत्ता और इंग्लिस्तान में एक विशेष तबके के अंग्रेजों की यह परंपरा हो गई है कि गदर के कारणों का बयान करते समय वह लोग गवर्नमेंट की कुव्यवस्था, हमारे मुल्की कानून और उनको लागू करने की सख्ती का भी जरूर उल्लेख करते रहते हैं। मैंने इसकी तहकीक करने में पूर्ण प्रयत्न और बहुत सोच-विचार से काम लिया है कि यह दावा 'किसी आधार पर कमजोर ही सही' कायम है या नहीं! इस जिले में कभी किसी बागी सिपाही ने इस प्रकार की कोई आपत्ति अपनी बगावत के संबंध में नहीं जताई है। काश्तकारों और जमींदारों ने सिपाहियों से बगावत करने का कारण पूछा और उनके जवाब विभिन्न और इस प्रकार के हुआ करते थे कि 'हमारा धर्म खतरे में आ गया है' और 'हमको तोप से उड़ा दिया जाता' या 'हमारे बहुत से साथी फाँसी पर लटका दिए गए हैं, और हमारी भी यही गत होती' या 'हमारा वेतन बाकी रह गया है' यह और इसी प्रकार के और जवाब मिलते थे। लेकिन इतने झूठ पर भी बागी सिपाही इतना मूर्ख नहीं था कि कानूनी अत्याचार और लोगों पर भी आतंक की आपत्ति का व्याख्यान करता! अगर करता तो काश्तकार अपनी जानकारी के आधार पर स्वयं उसपर हँस पड़ता। जो लोग पिछले साल की घटनाओं से लाभ उठाना चाहते हैं, अब उनके लिए यही बात रह गई है कि गदर के ऐसे कारण बताएँ, जो गदर के नायकों के मस्तिष्क में भी कभी नहीं आए। बागियों का इस प्रकार का कोई सुबूत प्रस्तुत न करना, सबसे बड़ा प्रमाण इस बात का है कि अवाम हमारे कानून में कोई सख्ती महसूस नहीं करते हैं। यदि कौम के दिल से जवाब की थोड़ी सी भी उम्मीद होती, तो ऐसी पुकार देश के सामने बेहतरीन फरियाद का काम देती। और नाना[54] जैसे व्यक्ति इस अवसर को हाथ से जाने न देते। लेकिन नाना को मालूम था कि ऐसी पुकार केवल जंगल की आवाज है। कोई गूँज पैदा नहीं होगी। इससे लंदन की किसी जनसभा में जाहिलों को उभारा जा सकता है, लेकिन हिंदुस्तान में सरकारी अधिकारी और काश्तकार कभी इसपर कान नहीं धरते। मेरी समझ में नहीं आता कि बागी सिपाही को अपने प्रस्ताव और अपने सुबूतों को जानने का अवसर क्यों

नहीं दिया जाता? उसने भरी सभा में इनका ऐलान किया है और विभिन्न तरीकों से इतना प्रचार किया है कि दौड़नेवाला भी उसको पढ़ सकता है। जिस समय उसने आज्ञाकारी का जुआ उतार फेंका, जेलखाने के दरवाजे तोड़ने लगा। खजाने लूटने लगा। इज्जत एवं प्रतिष्ठा और माल एवं दौलत पर हाथ साफ करने लगा। उस समय वह संपन्न सेना की तमाम बदकारियों का प्रदर्शन कर रहा था और दिखला रहा था कि उसका उद्देश्य बिना शर्त आजादी प्राप्त करना था। जिस समय उसने चाटगाम में बगावत पर कमर बाँधी या पंजाब में, और अपनी कदम सामान्य रूप से दिल्ली की ओर उठाए, उस समय वह अपने भावना की एक झलक दिखला रहा था। जिसकी चिनगारी अब तक उसके दिल के अंदर सुलग रही थी। अवध में उसकी लड़ाई देशभक्ति की उन भावनाओं का दर्पण है जिनका इजहार गलत रास्ते पर किया जा रहा था। अधिकारियों का खून, जिससे उसने अपने हाथ रँगे थे, राष्ट्रीय घृणा की गवाही दे रहा था। मैंने स्वयं एक छोटी आयु के एक लड़के को देखा है कि आँखों में आँसू और जबान से यह इकरार के मुझे यकीन हो गया है कि मेरा धर्म खतरे में पड़ गया है तो यह स्पष्ट है कि 1857 की ऐतिहासिक घटनाएँ किस बड़े पैमाने पर धार्मिक उन्माद की आभारी हैं। लेकिन व्यवस्था की अनुपस्थिति में एक समय में कदम नहीं उठाए गए। इस हकीकत का प्रमाण मिलता है कि आमतौर पर कोई संयुक्त वजह शिकायत की पैदा नहीं हुई थी।[55]

मैं हूँ आपका सेवक

ए. मनी

अब गया लगभग अस्सी साल से सोया हुआ है और अगर सांप्रदायिक और वर्गीय आंदोलन उसके सपने में रुकावट न डाले, तो शायद समझा जा सकता है कि गया कयामत की नींद सो गया है। हालाँकि दूर धुँधलके में कुछ राजनीतिक आंदोलनों के हलके-हलके बादल गया के आकाश पर कभी-कभी मँडराते नजर आ जाते हैं। भविष्य में हिंदुस्तान का राष्ट्रीय आंदोलन कौन सी करवट लेता है और उनका कौन सा प्रभाव गया पर पड़ता है, उसका निर्णय अभी भविष्य में छिपा हुआ है।[56]

□

सूबा बिहार का एक बहादुर बागी

हुकूमत और उसके व्यवस्थापकों के विरुद्ध बागियाना विचारों की प्रेरणा देना कानूनी जुर्म है। मगर एक मजबूत हुकूमत के बागी के साहस एवं वीरता से इनकार नहीं किया जा सकता। हिंदुस्तान इन बहादुर बागियों से खाली नहीं। उन्हें कौम, धर्म, देश सारे पहलुओं से बदनाम ही क्यों न किया जाए! फिर भी उनके साहस और स्वाभिमान प्रशंसा प्राप्त किए बिना नहीं रह सकते। उन्हीं बागियों में से सूबा बिहार का एक बहादुर अस्सी वर्ष का बूढ़ा कुँवर सिंह भी था, जिसके नाम से आजकल बहुत कम लोग परिचित हैं। मगर जिसकी बहादुरी इस लायक है कि उसे एक मशाल समझकर हिंदुस्तान के नवयुवकों में एक नया जोश और एक नया उत्साह पैदा किया जा सके।[57]

कुँवर सिंह 1857 में जिला शाहाबाद में आरा का एक बूढ़ा जमींदार था। वह वास्तव में जगदीशपुर का रहनेवाला था, जो आरा से साठ मील पश्चिम की ओर स्थित है। संपत्ति कम होने के बावजूद एक किला और विशाल मंदिर उसके कब्जा में था। अपने इलाके के आसपास में उसका प्रभाव इतना व्यापक था कि उसके मुकाबले में डुमराँव के महाराजा का भी इतना प्रभाव नहीं था।[58]

लड़कपन में कुँवर सिंह को शिक्षा से बिलकुल लगाव न था। वह लिखने-पढ़ने को घृणा की दृष्टि से देखता था। मरदाना खेल उसे बहुत प्रिय थे, अधिकांश समय वह रोहतास के घने जंगलों में शिकार के लिए निकल जाया करता था। अपने आचरण और अपने स्वाभिमान से वह एक राजपूत था। स्वाभिमान की भावना के कारण वह अपनी जवानी के आरंभ के पूर्व ही बिहार के राजपूतों का सरदार माना जाने लगा। शाहाबाद के मुसलमान और जैनी अधिक संख्या और अधिक धन के बावजूद उसके कब्जे में थे। उसकी प्रतिष्ठा और सम्मान का यह हाल था कि जिस ओर से वह गुजरता, बिना धर्म और कौम के भेदभाव के लोग उसके आदर के

लिए खड़े हो जाते। जिले के सारे लोग उसे अपना शुभचिंतक और नेक सरदार समझकर उसकी इज्जत करते। जिले के कलेक्टर की नजरों में उसका बड़ा महत्त्व था। एक बार जेल के कैदियों ने मिट्टी के बरतनों में खाना खाने से इनकार कर दिया। कुँवर सिंह से कलेक्टर ने सहायता माँगी, और जो काम कलेक्टर की धमकियों और उसकी सारी कोशिशों से न हो सका था, वह कुँवर सिंह के भेजे हुए एक पैगाम से अंजाम पाया।[59]

कुँवर सिंह के खर्च उसकी आमदनी से प्रायः बढ़ जाते थे, इसलिए उसे बहुत अधिक सूद पर कर्ज लेना पड़ता था। इस प्रकार वह बीस लाख का कर्जदार हो गया था। कर्ज देने वालों ने उसके खिलाफ बीस लाख की डिगरी प्राप्त कर ली थी। मालगुजारी विभाग ने पहले तो संपत्ति के इंतजाम करने का और कर्ज को धीरे-धीरे अदा करने का निर्णय लिया, मगर कुछ समय बाद उस विभाग ने किसी जिम्मेदारी को अपने सिर लेने से इनकार कर दिया। कुँवर सिंह की सारी संपत्ति अब नीलाम पर चढ़ने वाली थी। इस तबाही के समय में उसके बेटे की मृत्यु और उसके पोते के पागल हो जाने की खबर ने उसे और अधिक परेशान कर दिया। उसकी निराशा दिन-प्रतिदिन बढ़ती गई। इन परेशानियों और दुःखों ने उसे अर्द्ध पागल सा बना दिया। कुँवर सिंह अभी इन कठिनाइयों में बिखरा हुआ था कि पटना के कमिश्नर ने एक डिप्टी कलेक्टर को उसके पास भेजा कि वह दोस्ती के भेष में उसको गिरफ्तार कर ले। यह उसके स्वाभिमान की भावना के लिए एक बड़ी ठेस थी, और वह इस आरोप को सहन न कर सका।[60]

यह घटनाएँ 1857 की हैं। उस समय कुँवर सिंह की आयु 80 वर्ष की थी। इतनी आयु होने के बावजुद वह एक मजबूत और ताकतवर छोटे कद का था। बहादुरी और वीरता उस के चेहरे से झलकती हुई नजर आती थी। बुढ़ापे में भी जवानी की जोशीली आँखों में किसी प्रकार की उदासीनता न आई थी। उसकी बड़ी-बड़ी आँखों में से जवानी का जोश और उमंग अभी तक टपका पड़ता था। उसकी घनी दाढ़ी ने उसके चेहरे को और अधिक आकर्षक बना दिया था। उसके बाजुओं की ताकत देखने ही से जाहिर हो जाती थी। उसका वस्त्र चुस्त और सादा था। नेपोलियन की तरह उसकी आँखें और चेहरे से हुक्मरानी टपकती थी।[61]

कुँवर सिंह के दो साथी रंदालन सिंह और हरकिशन सिंह अंग्रेजों के कट्टर विरोधी थे और हर समय वह अंग्रेजों के विरुद्ध बगावत करने की तलाश में रहते थे। मगर कुँवर सिंह के भाई दयाल सिंह और अमर सिंह अपनी दूरदर्शिता के कारण प्रायः नरमी और सहनशीलता की दीक्षा देते थे। क्योंकि उन्हें इस बात का व्यापक अहसास था कि छोटे पैमाने पर बगावत करने का परिणाम अपने आपको

बरबाद कर देने के अलावा और कुछ न था। उसी समय कुँवर सिंह को सूचना मिली कि पटना से मिस्टर टेलर उसे गिरफ्तार करने के लिए आ रहा है। यह वही समय था, जिस वक्त गदर शुरू होने वाला था। हिंदुस्तान के समस्त क्षेत्रों से चिंताजनक खबरें आ रही थीं। कुँवर सिंह के सामने दो रास्ते थे। उसे किसी एक को चुनना जरूरी था। क्योंकि अंग्रेज उसे पहले ही बागी मान चुके थे और उसकी गिरफ्तारी का इंतजाम किया जा रहा था, इसलिए उसने खुली बगावत का पक्का इरादा कर लिया। उसने हरकिशन सिंह को दानापुर की सेना में एक बागियाना लहर पैदा करने के लिए रवाना किया। उसे अपने मकसद में कामयाबी मिली और वह आरा की सुरक्षा के लिए बहुत से सिपाहियों को अपने साथ लेता आया।[62]

1857 में गदर के शुरू होने के समय आरा में लगभग पचास सिपाही और अंग्रेज शहर में मौजूद थे। एक सिविल इंजीनियर ने, जिसे फौजी विद्या का ज्ञान प्राप्त था, खाद्य सामग्री और कुछ हथियार जमा कर लिये और रेत के भरे हुए बोरों को छत पर रख कर सबको उस किले में बंद कर दिया। कुँवर सिंह बागियों का मुखिया था। उसने रात को इस किले पर आक्रमण किया और उसने किले के निवासियों को धुएँ से दम घुट कर मारने के लिए चारों ओर आग लगाने का आदेश दे दिया। अंग्रेजी सेना ने बायल (Boyle) और आयर (Eyre) की अगुआई में जगदीशपुर में कुँवर सिंह के किले पर आक्रमण कर दिया। बूढ़ा राजपूत पहले ही से इन तमाम हमलों के लिए तैयार बैठा था और उसने हर धर्म और हर प्रकार के जंगजू जवान अपनी सहायता के लिए जमा कर लिये थे। बीबीगंज (Babiganj) के समीप कुँवर सिंह की सेना और आयर की सेना में मुठभेड़ हुई। मगर एक घंटे की लगातार लड़ाई के बाद बागी सेना को अंततः भागना पड़ा और अंग्रेजी सेना ने शहर में प्रवेश कर बदले की भावना से शहर की ईंट-से-ईंट बजा दी।[63]

कुँवर सिंह ने सासाराम में फौजों को जमा करना और अपनी तंजीम देना शुरू कर दिया। फिर सेना को साथ लेकर आजमगढ़ पर आक्रमण कर बैठा। आजमगढ़ के समीप उसने दो लड़ाइयाँ लड़ीं, जिनमें उसने अंग्रेजी सेना को, जो मिल्मैन (Millman) के मातहत थी, बुरी तरह पराजित किया। कैप्टन डगलस उनकी सहायता को पहुँच गया और गंगा के किनारे सिकंदरपुर में फिर कुँवर सिंह की अंग्रेजी सेना के साथ मुठभेड़ हुई। कुँवर सिंह को पराजित होकर भागना पड़ा। उसने गंगा नदी को पार करना चाहा। मगर अंग्रेजों ने नावों को डुबो दिया था। अंततः देहातियों ने, जिनके दिल में कुँवर सिंह की बड़ी इज्जत थी, नावों का इंतजाम किया और इस प्रकार कुँवर सिंह कामयाबी के साथ बच गया।[64]

भागते समय कुँवर सिंह एक हाथी पर सवार था। उसका साथी रंदालन सिंह

भी उसके साथ था शाही छतरी को पकड़े हुए था। उससे एक बड़ी गलती हो गई। इस अवसर पर उसने छतरी को कुँवर सिंह के सिर पर बुलंद कर रखा था। कुँवर सिंह इस तरह पहचान लिया गया और अंग्रेजी सेना ने बागियों के मुखिया की ओर गोलियों की बारिश शुरू कर दी। हाथी का हौदा सवारों के साथ नीचे गिरा दिया गया। रंदालन सिंह वहीं मर गया। कुँवर सिंह की बाजू पर गोली लगी और वह बेहोश हो गया। थोड़ी देर बाद जब उसे कुछ होश आया और अपनी बाजू को घायल पाया, तो उसने अपने साथियों को आदेश दिया कि उसका घायल बाजू उसकी तलवार से काटकर गंगा में फेंक दी जाए। न चाहते हुए भी उसके आदेश का पालन किया गया और उसे जगदीशपुर पहुँचा दिया गया। एक बाजू खोने के बावजूद भी पराजित कुँवर सिंह ने हिम्मत नहीं हारी और डगलस की बढ़ती हुई सेना का एक व्यापक मुकाबला करने के लिए सेना को संघटित करने लगा। लेकिन वह जख्मों से उबर न सका और उसे जल्द ही इस संसार से गुजर जाना पड़ा।[65]

एक साधारण जमींदार होकर कुँवर सिंह अपनी ताकत और स्वाभिमान के बल पर एक बागी सेना का मुखिया बन बैठा। अंग्रेजों के विरुद्ध लड़ने में उसने बड़ी बहादुरी का प्रमाण दिया। उसके स्वभाव में बागी भावनाएँ मौजूद न थीं, मगर बाहरी मामलात ने उसे बागी बनने पर मजबूर किया। पहले तो वह अंग्रेजों का शुभचिंतक था और अंग्रेजों की तरफदारी करना अपना कर्तव्य समझता था। मगर पटना के कमिश्नर मिस्टर टेलर की पॉलिसी ने उसे बागी बनने पर मजबूर किया। वह अंग्रेजों का मुकाबला न कर सका, क्योंकि उनकी सेना इसकी सेना से बहुत अधिक थी और वह फौजी विद्या से कहीं अधिक वाकिफ थी। उसकी जगह नेपोलियन भी होता तो उसे भी अंग्रेजों के सामने अपना सिर नीचा करना पड़ता। फिर भी उसके बहादुराना काम हिंदुस्तान के लोगों से प्रशंसा प्राप्त किए बिना नहीं रह सकते। सूबा बिहार को इस बात पर गर्व होना चाहिए कि उस महान् फौजी इनसान ने उसकी धरती पर जन्म लिया और पला-बढ़ा।[66]

संदर्भ :

1. नदीम, गया (मासिक पत्रिका, बिहार विशेषांक), खंड-13, अंक-4-7, 1940, पृ.-219, ख्वाजा जलालुद्दीन का यह लेख '1857 सूबा बिहार में: गदर में गया के राजनीतिक हालात' के शीर्षक से प्रकाशित हुआ।
2. वही, पृ.-219
3. मरदाना लिबास में सिपाहियों की तरह लड़ती हुई 17 जून, 1857 को

युद्ध के मैदान में मारी गईं। (लेखक)

4. नदीम, गया (मासिक पत्रिका), खंड-13, अंक-4–7, पृ.-219
5. वही, पृ.-219–20
6. वही, पृ.-220
7. वही, पृ.-220
8. वही, पृ.-220
9. धीर सिंह एक मामूली जमींदार मौजा अतीरेन के थे, जो टिकारी से चार मील दक्षिण की ओर स्थित है। उन्होंने टिकारी में निवास किया। उनके बेटे सुंदर सिंह ने आपा-धापी और उथल- पुथल से लाभ उठाकर अपनी जमींदारी बहुत बढ़ा ली और शाही सेवाओं की वजह से मुगल दरबार से राजा की उपाधि मिली। 1758 में अपने एक कैप्टन के हाथ से मारे गए। (लेखक)
10. नदीम, गया (मासिक पत्रिका), खंड-13, अंक-4–7, पृ.-220–21
11. वही, पृ.-221
12. हैलिडे रोड, टेलर रोड और मनी रोड, यह तीनों सड़कें अब तक शहर गया में इन तीनों व्यक्तियों की याद दिला रही हैं। (लेखक)
13. 1857 में यह दोनों पद अलग-अलग थे, लेकिन 1859 में इनका विलय हो गया। (लेखक)
14. नजीब, एक सरकारी अर्द्धसैनिक दस्ते का नाम था। मिस्टर मनी अपने नजीब सुरक्षाकर्मियों पर भी विश्वास नहीं करते थे। (लेखक)
15. उस समय कैदखाना शहर के उत्तरी भाग में था। मुहल्ला पुराना जेलखाना उसी की याद दिला रहा है। (लेखक)
16. नदीम, गया (मासिक पत्रिका), खंड-13, अंक-4–7, पृ.-221
17. वही, पृ.-221–22
18. वही, पृ.-222
19. वही, पृ.-222
20. वही, पृ.-222
21. वही, पृ.-222–23
22. वही, पृ.-223
23. 1857 में वर्तमान बिहार सब डिवीजन का इलाका इसी जिले में था और यह जिला 'बिहार' कहलाता था। 1865 में बिहार सब डिवीजन का क्षेत्र जिला पटना में मिला दिया गया और जिला गया अस्तित्व में आया। 1871 में जपला और बलौंजा परगनों को जिला गया से निकालकर जिला

लोहरडांगा (लोहरदग्गा) में, जिसका कुछ भाग अब जिला पलामू कहलाता है, मिला दिए गए। और 1875 में 6 वर्गमील का रकबा जिला हजारीबाग में हस्तांतरित कर दिया गया। वर्तमान गया का रकबा वही है, जो अंतिम रूप से 1875 में तय किया गया था। (लेखक)

24. नदीम, गया (मासिक पत्रिका), खंड-13, अंक-4-7, पृ.-223
25. वही, पृ.-223
26. 5 जून, 1858 को शहीद हुए। उनका सिर प्रस्तुत करनेवाले को 5000 पॉण्ड हुकूमत ने प्रदान किए। (लेखक)
27. एक यूरोपियन थे। अफीम की खेती करते थे। उनके परिवार की संपत्ति अब तक इस जिले में है। (लेखक)
28. नदीम, गया (मासिक पत्रिका), खंड-13, अंक-4-7, पृ.-223-24
29. वही, पृ.-225
30. वही, पृ.-225
31. सिख और तंबाकू पीएँ, मुश्किल से समझ में आता है। (लेखक)
32. नदीम, गया (मासिक पत्रिका), खंड-13, अंक-4-7, पृ.-225
33. महाराजा मित्राजीत सिंह टिकारी के शासक की मृत्यु 1840 में हुई। टिकारी राज्य दो भागों में बँट गया। उनके बड़े बेटे महाराजा हैबत नारायण सिंह 9 राज्य के मालिक हुए और छोटे बेटे मूद नारायण सिंह 7 राज्य के मालिक हुए। 1930 में ये दोनों राज्य मिला दिए गए। (लेखक)
34. नदीम, गया (मासिक पत्रिका), खंड-13, अंक-4-7, पृ.-225-26
35. वही, पृ.-226
36. वही, पृ.-226
37. वही, पृ.-226-27
38. वही, पृ.-227
39. उन्हें खयाल नहीं आया था, बल्कि मिस्टर होलिंग्स ने खयाल दिलाया था। (लेखक)
40. वर्तमान डाक बँगला से पश्चिम और मैकफर्सन रोड के दक्षिण और पश्चिम कोने पर कलेक्टर की कोठी थी और कलेक्टर की वर्तमान कोठी में मैकफर्सन रहा करते थे। (लेखक)
41. शेरघाटी में एक स्पेशल मजिस्ट्रेट रहता था और एक छोटी सी फौज भी रहती थी। (लेखक)
42. नदीम, गया (मासिक पत्रिका), खंड-13, अंक-4-7, पृ.-227-28

43. वही, पृ.-228
44. वही, पृ.-228
45. वही, पृ.-229
46. वही, पृ.-229
47. वही, पृ.-229
48. कचहरी रोड में *Municipal Market* के समीप 'अंटा कोठी' के नाम से अभी तक मशहूर है और इन दिनों जनाब हाजी खान बहादुर 'चौधरी मोहम्मद' बख्श साहब ऑफ कटिहार पूर्व एम.एल.सी.- के प्रबंध में है। (लेखक)
49. मेजर इंगलिश ने 2 अक्तूबर, 1858 को चतरा, जिला हजारीबाग में रामगढ़ बटालियन को परास्त किया था। (लेखक)
50. नदीम, गया (मासिक पत्रिका), खंड-13, अंक-4–7, पृ.-230
51. वही, पृ.-230–31
52. वही, पृ.-231
53. वही, पृ.-231
54. पेशवा बाजीराव (नाना) गदर के समय के एक विख्यात व्यक्ति थे। दिसंबर 1858 में नेपाल में गुप्त हो गए। (लेखक)
55. नदीम, गया पृ.-231–32
56. वही, पृ.-232
57. नदीम, गया (मासिक पत्रिका, बिहार विशेषांक), खंड-13, अंक-4–7, 1940, पृ.-233, ख्वाजा अब्दुल कैयूम का यह लेख 'सूबा बिहार का एक बहादुर बागी' के शीर्षक से प्रकाशित हुआ।
58. वही, पृ.-233
59. वही, पृ.-233
60. वही, पृ.-233
61. वही, पृ.-233
62. वही, पृ.-234
63. वही, पृ.-234
64. वही, पृ.-234
65. वही, पृ.-234
66. वही, पृ.-234

□

~ खंड : दो ~

उर्दू पुस्तकों में 1857 का बिहार-झारखंड (स्वतंत्रता के पूर्व)

5

रोहिणी

12 जून, दिन शुक्रवार, रात नौ बजे के समीप पलटन–5 के कमांडर मेजर मैकडोनाल्ड साहब अपने बँगले के अहाता में सर नार्मन लेस्ली साहब अजेटन और डॉक्टर ग्रांट साहब के साथ बैठे चाय पी रहे थे कि धोती बाँधे और हाथ में तलवार लिये हुए तीन व्यक्ति उनके पास आए और उनपर आक्रमण कर दिए।[1]

सर नार्मन लेस्ली एक नीची कुरसी पर बैठे थे। उनके कंधे पर गहरा जख्म आया। मेजर मैकडोनाल्ड भी काफी घायल हुए, जबकि डॉक्टर ग्रांट को बाँह पर दो और घुटने पर एक जख्म लगा। लेकिन इन दोनों साहबों ने कुरसियाँ आगे कर लीं और स्वयं को बचाते हुए उन्हें दरवाजे से बाहर धकेल दिया। सर नार्मन साहब जख्मों की ताव न सह सके और आधा घंटे बाद मर गए। मेजर मैकडोनाल्ड ने इस घटना को इस प्रकार बयान किया है–

12 जून को लेफ्टिनेंट नार्मन लेस्ली और डॉक्टर ग्रांट दिनचर्या के अनुसार शाम को मेरे बँगले पर चाय पीने आए। सवा आठ बजे का समय था कि डॉक्टर ग्रांट बँगले में घंटे को कुंजी लगाने उठे। अचानक उनकी जबान से निकला, “ये कौन हैं?” इतने में अपनी ओर आते हुए पैरों की आवाज सुनाई दी। मैं उठने को था कि मेरे सिर पर तीन वार हुए। उसके बाद मैंने कुरसी उठाई और तीन वार रोके। फिर मैंने कुरसी से ऐसा धक्का मारा कि हमला करनेवाला डरकर भाग खड़ा हुआ। बाकी आदमी भी उसके पीछे भागे। मैं खून से लथ-पथ अवस्था में बँगले की ओर गया कि जख्म धोऊँ। डॉक्टर ग्रांट मेरे पीछे थे। मैंने देखा कि उन्हें दो बहुत गहरे जख्म आए हैं, एक बाँह पर और दूसरा घुटने पर। उसके बाद हम लेस्ली साहब को देखने गए, जो मरणांतक दशा में जमीन पर पड़े हुए थे। उन्हें पहला वार ही गहरा लगा होगा, जिसके कारण वह मुँह के बल जमीन पर गिर गए। बाद के सारे वार पीठ पर थे। एक जख्म तो ऐसा था कि कमर से सीने तक पहुँचा हुआ था। इसी

प्रकार सिर पर भी कई जख्म आए थे। लेकिन वह अभी तक होश में थे। मैं उनपर झुका तो कहने लगे, 'मैकडोनाल्ड! इस प्रकार मरना बड़ा कठिन है। हाय, मेरी पत्नी और बच्चों का क्या हाल होगा?' मैंने उनसे कहा कि 'अब जीवन की कुछ साँसें बाकी मालूम होती हैं। तुम चिंता न करो, तुम्हारी पत्नी और बच्चों का हरसंभव ध्यान रखा जाएगा। तुम अपने ईश्वर को याद करो।' यह सुनकर उन्होंने ईश्वर का नाम लिया और अंतिम साँस तक पढ़ते रहे। वह मेरे पहुँचने के बाद कोई आधा घंटा तक जीवित रहे। अँधेरी रात थी और अभी चाँद निकला नहीं था, इसीलिए हमला करनेवाले हमारे सिर पर पहुँच गए, और हमें खबर तक न हुई। संतरी उत्तरी दरवाजे पर था और हम पूरब की ओर बैठे थे। चूँकि हम पर अचानक और किसी शोर के बिना हमला हुआ था और सबकुछ एक मिनट के अंतराल में हो गया, इसलिए किसी को खबर न हुई। हमारे नौकरों को भी उस समय पता चला जब हम खून से लथ-पथ अवस्था में उनके सामने गए। वह यह हाल देखकर बहुत भयभीत हो गए और किसी में इतनी हिम्मत भी न हुई कि छावनी में जाकर रेजीमेंट या सिपाहियों को तैयारी का आदेश दे। थोड़े ही देर में सब सिपाही हमारे आस-पास जमा हुए और गहरी संवेदना व्यक्त करने लगे। उन्होंने इस घटना को बहुत बुरा समझा।[2]

अँधेरी रात के कारण हमला करनेवालों का कोई पता न चल सका। कुछ सवार देवगढ़ का हाल मालूम करने रवाना हुए। मगर वहाँ हर प्रकार से शांति थी। थोड़ी देर बाद कमांडर लेफ्टिनेंट कूपर साहब का एक दस्ता हिंदुस्तानी रेजीमेंट-23 और पचास सिपाहियों समेत आया, मगर मैंने उनसे कहा कि तुम वापस जाकर अपने स्थान पर चौकस रहो। मेरे पास जो एक सौ जवान हैं, वह बागियों से लोहा लेने के लिए काफी हैं।[3]

डॉक्टर ग्रांट साहब कहते हैं कि मुझे और उन्हें कोई गहरा जख्म नहीं लगा है। यद्यपि एक जख्म से मेरी खोपड़ी की ऊपरी हड्डी कट गई है। वह हडड्ी अगली सुबह को घटनास्थल पर पड़ी हुई मिली। मैं ज्यादा लिखने से असमर्थ हूँ और कमजोरी आ जाने से हाथ में कंपन पैदा हो रहा है। हम पर आक्रमण करनेवालों का डील-डौल सिपाहियों जैसा था, मगर वह वरदी में नहीं थे। आज मुझे खबर मिली है कि कुछ बागी सिपाही शहर में धूमते-फिरते और कौम संथाल का उल्लेख करते हैं। संभवत: उन्होंने सोचा होगा कि यदि अंग्रेज अधिकारियों को मार डालेंगे तो सारे सिपाही खिन्न होकर उनके साथ मिल जाएँगे, और यदि शामिल न भी हुए तो अंग्रेज अधिकारियों के बिना ज्यादा देर तक मुकाबला नहीं कर सकेंगे। मैं और डॉक्टर साहब केवल ईश्वर की कृपा से बच गए। मालूम नहीं कि तीनों हमला

करनेवाले भाग क्यों गए? क्योंकि हम तो जख्मी हालत में और लाचार थे। निस्संदेह ईश्वर ने उन्हें भगा दिया।[4]

कमांडर साहब ने तुरंत सेना को जमा किया और सबकी तलवारों का निरीक्षण किया, जो साफ थीं। अंततः वह तीनों हमला करनेवाले गिरफ्तार हुए और कोर्ट मार्शल ने उन्हें फाँसी की सजा दी। ये लोग पलटन–5 में नए भरती हुए थे, लेकिन उनकी इस कुचेष्ठा का कारण मालूम न हो सका।[5]

दीनापुर (दानापुर)

इस स्थान पर हिंदुस्तानी रेजीमेंट नं. 7, 8 और 40 रहती थीं। 25 जुलाई को साहब कमांडर जनरल लॉयड ने आदेश दिया कि हिंदुस्तानी सेना की लेन से सटे मैगजीन में मौजूद बंदूकों की टोपियाँ उठवाकर गोरों की सुरक्षा में रखी जाएँ। प्रातःकाल 5 बजे शाही रेजीमेंट–10 और तोपखाना कर्नल हुवेश साहब की अगुआई में ग्रैंड स्कवयइर में तैयार हो कर आए ताकि जरूरत पड़ने पर हिंदुस्तानी सेना की लेन पर हमला किया जा सके। इसके बाद दो छकड़े एक अधिकारी के साथ गए और टोपियाँ ले आएँ। ये छकड़े थोड़े ही दूर गए होंगे कि हिंदुस्तानी लेन से एक शोर उठा और देखा कि रेजीमेंट–7 के एक सिपाही ने बंदूक लहराई और चिल्लाया कि 'साहबों को मारो और उन्हें टोपियाँ लेकर न जाने दो' लेन से एक संदेश भेजा गया कि जहाँ गोरी सेना है, तोपें और शाही रेजीमेंट–10 भी वहीं आ जाएँ। लेकिन शीघ्र इस आदेश में संशोधन हुआ कि वह सेना अपने स्थान पर तैयार रहे, क्योंकि सिपाही ने तोपों को ले जाने पर अधिक बल न दिया। गोरे सिपाहियों को आदेश हुआ कि अब जाएँ, मगर जब आदेश मिले तो तुरंत मैदान में हाजिर हो जाएँ। दोपहर एक या दो बजे के आस-पास गोरा अस्पताल से दो बंदूकें चलने की आवाजें आईं। रेजीमेंट–10 पाँच मिनट के अंदर-अंदर वहाँ मौजूद थी। रेजीमेंट–37 की दो कंपनियाँ आगे बढ़ीं और उनके पीछे रेजीमेंट–10 भी रवाना हुई। यह सेना हिंदुस्तानी लेन की ओर गई। जब बागी सिपाहियों ने गोरी सेना को आते हुए और फायर करते देखा तो जान बचाने के लिए भागे। अब तोप के गोले उनपर चले, लेकिन उनके तेज भागने के कारण अधिक प्रभावकारी सिद्ध न हुए। सेना आगे बढ़ी और हिंदुस्तानी लेन और बहुत से बाजार जलाकर शाम सात बजे अपनी छावनी में वापस आई। उस समय से लेकर मंगलवार की रात तक कोई गड़बड़ न हुई। घाट पर लगने वाले दुखानी जहाज ने बड़ा काम दिया। अर्थात् पलायित सिपाहियों की पाँच किश्तियाँ डुबा दीं और जनरल लॉयड साहब पूरे दिन जहाज पर रहे।[6]

दूसरे किनारे पर मौजूद हिंदुस्तानी रेजीमेंट–25 की चार कंपनियों ने बगावत

का रास्ता अपनाया और बागियों के साथ मिल गईं। बागी हर ओर अपनी छह सौ बंदूकें फेंककर भागे थे और उनकी लेन से गोलियों का ढेर भी प्राप्त हुआ, जो बंदूक के अनुसार नहीं थीं। वह छोटी-छोटी थीं और लगता था कि उन्हें ढालने के बजाए कूटकर बनाया गया था। बारूद की बोतलें भी अधिक संख्या में प्राप्त हुईं।[7]

भागते समय उनका पीछा करना तो दूर, तीन दिन तक कोई काररवाई न हो सकी। इस बीच बागियों ने बहुत नुकसान पहुँचाया। निकट के स्थानों आरा और पटना इत्यादि को उच्च अधिकारी की अयोग्यता के कारण अधिक नुकसान पहुँचा। तीन दिन बाद रेजीमेंट–25 के 11 और इसी प्रकार शाही रेजीमेंट–10 और 50 के सिख दुखानी जहाज पर सवार हो कर किनारे से 14 मील दूर आरा के स्थान पर भेजे गए। रेजीमेंट–10 के गोरों का दुर्भाग्य इस प्रकार बयान किया गया है–

जहाज से उतरने पर गोरों को मार्च का आदेश हुआ। कुछ चाँदनी होने के कारण उन्होंने मार्च किया और 11 बजे तक चलते रहे। अब चाँद डूब गया और उन्हें आराम करना था, लेकिन साहब कमांडर ने आगे बढ़ते रहने पर बल दिया। जबकि कोई भी इस क्षेत्र से परिचित न था और शक्तिशाली शत्रु से मुकाबला था। सिपाही भी थके हुए थे और आगे चलते रहने पर नाराज थे। ऐसी हालत में और कोई उपाय न था। अंततः वह एक जंगल में पहुँचे, जहाँ दो हजार के करीब बागी जमा थे। उनमें कुछ सिपाही और कुछ आस-पास के एक देसी जमींदार कुँवर सिंह के आदमी थे। बागियों ने एक बाढ़ मारी, जिसके कारण बहुत से आदमी मारे गए और शेष ऐसे तितर-बितर होकर भागे कि सुबह तक एक-दूसरे से मिल न सके। साहब कमांडर अर्थात् कैप्टन डनबर साहब मारे गए थे। बागियों ने सारी रात हमारी सेना पर गोला-बारी की और हमारी ओर से भी थोड़ा बहुत जवाब दिया जाता रहा, लेकिन सुबह के समय हमारी शेष सेना पीछे हट आई। छानबीन से मूझे मालूम हुआ कि यदि सेना अपने कमांडर का आदेश न मानती तो परिणाम कुछ और होता। इस हंगामे में हमारे बहुत से आदमी मारे गए। रेजीमेंट–10 के चार अधिकारी और 160 सिपाही मारे गए और घायल कोई नहीं हुआ।[8]

बागियों ने उनका नाले तक पीछा किया, जिसमें वह डूब गए, क्योंकि तैरना नहीं जानते थे। हिंदुस्तानी अधिकारी अपने आदमियों के आस-पास थे, जिनमें से तीन मारे गए। बागियों में कई आदमी राइफलों के साथ नजर आए। उनके पास युद्ध का सामान नहीं होगा, क्योंकि उन्होंने बूताम (लोहे के टुकड़े) और पत्थर भरकर छोड़े थे। उनके पास छोटी तोपें थीं। कहते हैं कि राजा डुमराँव तोपों के साथ उनसे मिल गया था। खेद है कि एक व्यक्ति के कारण इतना अधिक नुकसान हुआ। उसका ध्यान भी दुःखद है। यदि वह व्यक्ति अभी तक जीवित होता तो और भी कुछ लिखा जाता।[9]

मार डाले तो उसको हत्यारा कहा जाता है। इस गिरोह को ऐसी लड़ाइयों से क्या सरोकार, रहे सुन्नी तो उनके यहाँ अंग्रेज न काफिर हैं और न उसके धर्म में हस्तक्षेप करनेवाला। शायद इस गिरोह के अच्छे मुफ्ती फतवा देंगे कि इस समय जेहाद करना किसी प्रकार उचित नहीं है, बल्कि ऐसा करने वाला धार्मिक मुजरिम है। मुझे विश्वास है कि मुसलमानों द्वारा यह घटना केवल हिंदुओं की छुआछूत को देखकर घटी।[2]

1857 के आरंभ में जब कलकत्ता की छावनी के हिंदुस्तानी सिपाहियों ने सुना कि कारतूस में गाय और सूअर की चरबी है, तो अंग्रेजी सरकार से बिगड़ गए। उस समय गवर्नर जनरल लॉर्ड केनिंग ने उनको समझाने में कोई कसर नहीं छोड़ी। यहाँ तक कि उन बागियों के अधिकारियों ने उनसे कहा कि यदि नई कारतूस में तुम्हें संदेह है, तो उसी कारतूस का प्रयोग करो, जिस पर तुमको भरोसा था। यदि जितने समय में तुम मुँह से काट सकते हो, इतने ही समय में हाथ से काट सको, तो फिर तुम्हारा यह बहाना समाप्त हो जाएगा। बागी सिपाही, जिनका मकसद केवल द्वेष फैलाना है, ने ऊपरी मन से इसको स्वीकार लिया। लेकिन अंदर-ही-अंदर उनकी लगाई चिनगारी ने दूसरों के दिलों में भी आग भड़काई। इसका आरंभ बंगाल ग्रांडियर के एक ब्राह्मण ने किया था। अंतिम जनवरी से मई तक यह फसाद मेरठ, दिल्ली, लखनऊ, बल्कि पूरे पश्चिमी एवं उत्तरी जिलों तक फैल गया और बेचारे अंग्रेजों ने इन नमकहराम बागी सिपाहियों के हाथों क्या-क्या जुल्म एवं अत्याचार न सहे! हजारों महिला-पुरुषों की हत्या की गई। चार दिन की हुकूमत में इन बागियों ने चंगेज और नादिर की बर्बरीयत को दिलों से भुला दिया। विशेष रूप से वह दुःखद घटना, जो लखनऊ में घटी या वह भयानक कहानी, जो कानपुर के घाट पर और बीबी घर में पेश आई। बागियों ने दिल्ली के तख्त पर बहादुर शाह को शतरंज के बादशाह के समान बैठाया और इस आड़ में जो चाहा, किया। लखनऊ में बिरजिस कादिर को और कानपुर में नाना राव को बादशाह बनाया। बगावत की यह आग इलाहाबाद तक फैल गई और बनारस में भी इसका प्रभाव पड़ा। बंगाल, उड़ीसा, पंजाब और दक्षिण के सारे राज्य इस बगावत से दूर ही रहे। हमारा राज्य बिहार कुछ बागियों की नमकहरामी से मुफ्त में लहू लगाकर शहीदों में शामिल हो गया। सरकार बहादुर की हुकूमत बनने के बाद से इस वक्त तक यहाँ के अवाम प्रायः अज्ञाकारी और वफादार रहे हैं और बगावत का कभी इजहार नहीं किया। मुझे बहुत शर्म आती है कि अपने राज्य बिहार के कुछ क्षेत्रों की बगावत के बारे में लिखूँ! लेकिन वास्तविकता की जानकारी देना इतिहासकारों की मजबूरी होती है, इसलिए इसका आरंभ करता हूँ।[3]

जब बगावत की यह आग हर जगह फैल गई और बदजात हिंदुस्तानी सिपाही खुले तौर पर बागी बन गए, उस समय तक दानापुर छावनी की तीनों पलटनें अर्थात् 7, 8 एवं 40 वफादार रही। इसलिए गवर्नर जनरल लॉर्ड केनिंग बहादुर ने उनका हथियार ले लेना उचित नहीं समझा। हालाँकि कुछ अंग्रेज उनके इस विचार से सहमत नहीं थे। मगर गवर्नर साहब का खयाल था कि वहाँ गोरों की पलटन भी मौजूद है, जब चाहेंगे हथियार ले लेंगे। और यह आम धारणा है कि मुसीबत को टालने का कोई हथियार हाथ में न हो तो जान-बूझकर इसमें फँसना मस्लिहत (भलाई) के खिलाफ है। बंगाल भी उस समय हिंदुस्तानी सिपाहियों से भरा हुआ था और वह लोग अवसर की तलाश में थे। दानापुर सेना के जनरल लॉयड साहब ने 2 जून, 1857 को नवाब गवर्नर जनरल को एक पत्र लिखा था। इस पत्र से मालूम होता है कि उस वक्त तक वहाँ कोई फसाद (हंगामा) नहीं था। पत्र में लिखा था कि वैसे तो इन दिनों हिंदुस्तानी सिपाहियों का कोई भरोसा नहीं रहा, लेकिन विश्वास है कि दानापुर की हिंदुस्तानी फौज को जब तक कोई उकसाएगा नहीं, उस समय तक यहाँ की फौज कदापि नहीं बिगड़ेगी। कुछ दिनों के बाद बनारस से खबर आई कि वहाँ के सिपाहियों से हथियार ले लिये गए हैं। इस समाचार को सुनकर यहाँ के सिपाहियों के नक्शे बदल गए और वे बड़े भयभीत हो गए। मगर अंग्रेजी अफसरों के समझाने पर उनका मन हलका हुआ। उसी जमाने में छपरा से पटना के खजाना में दो लाख रुपए आए थे। अंग्रेजों को यह चिंता सताने लगी कि कहीं इसी लालच में फौज न बिगड़ जाए! मगर जुलाई के आरंभ तक कोई बगावत नहीं हुई। केवल आस-पास के अविश्वासी लोग दिल्ली और लखनऊ की अनाप-शनाप खबरें उड़ाते फिरते थे, जिससे आम लोगों में डर और भय पैदा हो गया। शहर में एक विचित्र खलबली मच गई। जो लोग बगावत पर उतारू थे, उनकी हालत में परिवर्तन होने लगा और उनकी अधिकांश गतिविधियों से बगावत के संकेत मिलने लगे। अधिकतर अमीर और रईस, जिनको इन संकेतों से बगावत का पूरा विश्वास था, वह भयभीत होकर शहर से देहात चले गए। और वह लोग, जो बागियों से वाकिफ थे, अमन और शांति का स्थान ढूँढ़ने लगे, बल्कि समय को देखते हुए हाकिमों की नजरों से दूर हो गए और हजारों बहाना करके अपना जी चुराने में उन्हें भलाई नजर आई। इस नाजुक घड़ी में नवाब सैयद विलायत अली खान ने हुकूमत को एक दरखास्त (आवेदन) भेजी, जिसका खुलासा यह था कि मैं अपने हृदय, प्राण और माल से अंग्रेजी हुकूमत का वफादार हूँ, ऐसी स्थिति में हुकूमत जो सेवा मुझसे लेना चाहेगी, मैं उसके लिए तैयार हूँ। गवर्नमेंट बंगाल के गृह कार्यालय ने इसके जवाब में लिखा कि आप जिला के हाकिमों के पास रहें

और उनके आदेशों का पालन करें। नवाब साहब की यह बहादुरी और वफादारी अंग्रेजी हुकूमत की नजर में प्राय: यादगार रहेगी; क्योंकि न तो उन्हें बागियों और दंगाइयों का कोई भय था और न वह अमन एवं शांतिवाले स्थान में गए; बल्कि अंग्रेज की सहायता के लिए प्राय: तैयार रहे। उन्होंने अपने सारे हथियार कमिश्नर साहब के यहाँ जमा कर दिया, ताकि जरूरत के समय काम आए। और गवर्नमेंट बंगाल के गृह कार्यालय के आदेशानुसार हाकिमों की सेवा में प्राय: उपस्थित रहे। नवाब साहब के इन अच्छे कार्यों की वजह से, वह लोग जिनको अंग्रेजी हुकूमत नागवार लगती थी, या वह लोग जो इसको समाप्त करना चाहते थे, उनके जानी दुश्मन बन गए थे। कुछ लोग, जिनको इस हुकूमत के बाकी रहने पर संदेह था, वह नवाब साहब की इस वीरता और भलाई को बेकार समझ कर हँसी में उड़ाया करते थे। यही नहीं बल्कि वास्तव में जो लोग बागी थे और अंग्रेजी हुकूमत के प्रति उनकी नीयत खराब थी, वह नवाब साहब को अंग्रेजी सरकार का शुभचिंतक जानकर और अपना बड़ा प्रतिद्वंद्वी समझकर उनकी जान और माल पर अपने दाँत तेज किए बैठे थे। इसी जमाने में एक और खबर हिंदुस्तानी सिपाहियों में फैली कि जो चिमनी पूरब से पश्चिम की ओर आती है, उस पर गोरे हैं। वह लोग दानापुर पहुँचकर कयामत की आग उनपर बरसाएँगे। उन लोगों की चिंता बढ़ गई। अंग्रेज अधिकारियों ने दिमाग से काम लेते हुए हर पलटन में एक बकट तैनात कर दिया, ताकि कोई बागी फौज में न जा सके। लेकिन लॉयड साहब ने इस इंतजाम का विरोध किया। उन्होंने बकट उठा दिया और सिपाहियों को बेलगाम छोड़ दिया। उनकी धारणा थी कि इस प्रकार वह सरकार के शुभचिंतक हो जाएँगे और इस सरकार से संतुष्ट हो जाएँगे।[4]

कुछ लोगों का कथन यह है कि पीर अली किताब फरोश फौज की बगावत का नेता था, जबकि कुछ लोग जगदीशपुर के जमींदार कुँवर सिंह को इसका बानी (अगुआ) समझते हैं। उस समय विलियम टेलर बिहार राज्य के कमिश्नर थे। वह जनता के हालात से अच्छी तरह वाकिफ थे कि कौन किस प्रकार का है। कुछ गिरोह की वजह से पटना जिला हाकिमों की नजर में बहुत बदनाम था और ख्वाजा हुसैन खान का मुकदमा उनकी नजरों के सामने था। इसलिए कमिश्नर साहब हर गिरोह के लोगों को अच्छी तरह जाँचते और आजमाते थे। उन्होंने बड़ी चालाकी और सरगरमी से अवाम की देखभाल करनी शुरू की। विलियम टेलर समझते थे कि पटना में वहाबी मजहब के जेहादी मुसलमान मौजूद हैं। ऐसा न हो कि इन लोगों की तरफ से जेहाद का बिगुल बजे और सरकार के विरुद्ध कोई हंगामा खड़ा करें। इसलिए अधिक सावधानी और लगन से उन्होंने काम करना आरंभ किया। विलियम टेलर की

कारखाइयों पर कोई टिप्पणी करना आसान बात नहीं है। इसमें संदेह नहीं कि उस समय में उनकी छानबीन और उनके बुद्धिपूर्वक कार्यों से मित्र और शत्रु दोनों के दिल पर एक बहुत बड़ी धाक बैठ गई थी और जिस प्रकार की मजबूत बगावत की आशा की जाती थी, बहुत कुछ घट गई। हालाँकि कुछ नादान लोग उनकी कारखाइयों को बुरा कहते हैं और समझते हैं कि उन्होंने उस समय में बड़ी कठोरता से कार्य किया। लेकिन यह बात विचारणीय है कि जो व्यक्ति एक ऐसी जिम्मेदारी के पद पर हो और अपने अनुसंधानों के अनुसार सरकार के विरुद्ध लोगों की बगावत को समझ चुका हो और सहनशीलता और दरगुजर में बहुत बड़ी बाधा और व्यापक उपद्रव एवं दंगे का विश्वास हो, जैसाकि भविष्य में उसका पूर्ण प्रभाव प्रकट हुआ, वह क्योंकर उसकी पूरी व्यवस्था और उस बगावत को समाप्त करने की चिंता नहीं करेगा? विलियम टेलर ने इस बगावत के दो वर्ष पूर्व जो रिपोर्ट विलायत भेजी, उसमें स्पष्ट लिखा था कि 'यहाँ के प्रजा के दिलों में यह बात बैठ गई है कि सरकार उनका धर्म ईसाई करना चाहती है।' हालाँकि इस विषय को लोग अत्युक्ति समझेंगे। लेकिन वास्वत में मूर्ख लोगों को इसका विश्वास दिलाया गया था। मई के अंत में कमिश्नर साहब को विभिन्न जिलों से सूचना मिलने लगी कि अंग्रेज अधिकारियों के दिलों में भय और डर बढ़ता जा रहा है और यह भी इस शहर में मशहूर हुआ कि ईरान की सेना बागियों की सहायता के लिए पंजाब तक आ गई है। यह खबर हालाँकि बाजारी थी, मगर चिंता और बढ़ गई। नवाब सैयद विलायत अली खान बहादुर ने इन व्यर्थकारी बातों को मिटाने के लिए अधिकतर रईसों को समझाना शुरू किया कि अंग्रेजों के विरुद्ध जितनी खबरें मशहूर की गई हैं, उनमें से कोई खबर प्रमाणित नहीं है। यह संभव नहीं कि हमारी दूरदर्शी सरकार बहादुर के मुकाबले में कोई व्यक्ति विजयी हो सके। इससे किसी प्रकार लोगों को संतोष हो गया। नवाब साहब ने बहुत से विश्वस्त गुप्तचरों को अपने खर्च से नियुक्त करके कमिश्नर साहब के सामने पेश किया। इन गुप्तचरों और और विशेष गुप्तचरों के द्वारा अंग्रेजी सरकार का बड़ा फायदा यह हुआ कि सही खबरें पाकर सरकारी मुलाजिमों का धैर्य बढ़ गया। जून के आरंभ में गया जिले के बदमाशों ने यह बात मशहूर की कि बागियों के मुकाबले में अंग्रेजी सेना बुरी तरह पराजित हो गई है। और इसको बढ़ा-चढ़ा कर पेश करना शुरू किया। अतः वहाँ के मजिस्ट्रेट साहब ने बंगाल सरकार को इस बात से सूचित किया कि सैकड़ों हिंदू और मुसलमान फकीरों का वस्त्र पहनकर पश्चिम की ओर रवाना हुए, मगर सरकारी सेवकों ने उनको पकड़ लिया। 11 जून को एक अधिकारी ने छपरा से कमिश्नर साहब को लिखा कि यहाँ खबर है कि दानापुर और पटना के लोगों की सहायता से कुछ दंगा होने वाला है।[5]

अधिक भय इस बात का था कि यदि दानापुर के सिपाही बिगड़ गए तो पटना की ओर आकर खजाना लूट लेंगे और कैदियों को रिहा कर देंगे। जून के प्रथम सप्ताह के अंत में अंग्रेजों को दानापुर से सूचना मिली कि आज रात को फौज बिगड़ जाएगी। यह सुनकर सारे अंग्रेज कमिश्नर साहब की कोठी में जमा हुए। यह वही कोठी थी, जो छज्जू बाग की कोठी है। वही उस समय में साहब कमिश्नर का घर था। इसलिए कि वह मकान और मकानों के मुकाबले में मजबूत था। इसी कारण कमिश्नर साहब का यह विचार हुआ कि सब-के-सब मकान में मेम और बच्चों को लेकर आ जाएँ। बहुत से सामान, जो युद्ध और दूसरी जरूरतों के थे, एकत्र किए गए और छत की सीढ़ी को खूब मजबूत करके बंदूक और पिस्तौल चलाने के लिए रोशनदान बनाए गए। कोठी की छत के आस-पास रेत की थैलियाँ लटकाई गईं और सामानों की सुरक्षा के लिए छत पर एक छप्पर डाला गया। मगर कुछ अंग्रेज जैसे फर्ग्युसन साहब जज और अजेंट साहब, इत्यादि मेम और बच्चों समेत अफीम के गोदाम मे आकर छुप गए। इस अवसर पर नवाब सैयद विलायत अली खान बहादुर कमिश्नर साहब की सेवा में उपस्थित थे और कमिश्नर साहब के आदेशों के पालन के लिए तत्पर थे। कमिश्नर साहब को इस बात का अधिक भय था कि नहीं मालूम बागियों के साथ मिलकर शहरवाले क्या-क्या हंगामा करेंगे? और इसकी अधिक संभावना भी थी कि जब कभी इस प्रकार की घटना बगावत का रूप धर लेती है तो नादान और बदमाश लोग, कुछ तो अपनी प्रवृत्ति एवं आदत के कारण और कुछ दूसरों की देखा-देखी और कुछ लूट-मार के लालच से जरूर साथ हो जाते हैं। लेकिन नवाब साहब ने पहले ही से अधिकांश अमीरों और शहरवासियों को ऊँच-नीच समझा दिया था और उन लोगों ने नवाब साहब को पक्का वचन दिया था कि यदि कोई बागी सरकार के विरुद्ध किसी प्रकार का आंदोलन करेगा तो हम लोग कभी उसका साथ नहीं देंगे। इस वचन से नवाब साहब को किसी प्रकार की बुरी उम्मीद नहीं थी। इसलिए वह ऐसे अवसर पर कमिश्नर को असली हालात से अवगत कराते थे।[6]

इसी बीच शाम हुई और मकान के बाहर बहुत से सिख, जो उस समय तक वफादारों में थे, अपनी फौज के सरदारों के साथ बुलाए गए। मेजर होम्स की सेना का एक व्यक्ति नंगी तलवार खींचे उस कोठी के फाटक पर चौकीदारी के लिए खड़ा हुआ। उस समय का तहलका बयान नहीं किया जा सकता है। एक ओर अंग्रेजी अधिकारी असमंजस की स्थिति में परेशान और भयभीत थे, दूसरी ओर अवाम भी परेशान थी। कोई नहीं समझ सकता था कि हम लोगों की हालत क्या होने वाली है। जैसे-जैसे रात बढ़ती जाती थी, भय अधिक होता था; क्योंकि

लगातार सूचना मिल रही थी कि हिंदुस्तानी सेना एकजुट होकर पटना की ओर चली आ रही है। सिखों की सेना के अफसर मेजर रैट्रे साहब बुलाए गए और उनकी सेना को रखवाली का आदेश दिया गया। लेकिन उस रात को फौज ने बगावत नहीं की और वह रात इसी गुण-धुन में गुजरी। दानापुर सेना के कमांडर लॉयड साहब ने 9 जून को कमिश्नर साहब को लिखा कि सैकड़ों महिला और पुरुष आस-पास से भागकर यहाँ जमा हो गए हैं और भय के लक्षण बहुत पाए जा रहे हैं। हाकिमों को अधिक चिंता इसकी थी कि पश्चिम की ओर के जो हिंदुस्तानी शहर में हैं, वह यहाँ के वासियों को सरकार की ओर फेरते हैं। इन बागियों के साथ-साथ तिरहुत पुलिस के जमादार वारिस अली साकिन दिल्ली पर भी कुछ संदेह हुआ। वहाँ के मजिस्ट्रेट साहब ने 20 या 21 जून को नील के कुछ सौदागरों और सर विलियम राबर्टसन साहब के द्वारा उसको गिरफ्तार किया। जमादार उस समय न केवल भागने के फिराक में था, बल्कि डुमरी के जमींदार मौलवी अली करीम के नाम एक पत्र बगावत को भड़काने के लिए लिख रहा था। जमादार को साहब कमिश्नर के पास भेज दिया गया और उसको फाँसी दे दी गई। कहते हैं कि फाँसी देते समय वह चिल्लाकर कहने लगा कि "कोई है कि हमारे मारे जाने का हाल दिल्ली के बादशाह से जाकर बयान करे?" उस पत्र से मौलवी अली करीम पर बगावत का यकीन हुआ, इसलिए उसकी गिरफ्तारी के लिए मेजर रैट्रे और जेम्स लाऊस साहब मजिस्ट्रेट के आदेशानुसार सिख पलटन के कुछ सिपाही और दस सवार डुमरी रवाना हुए। मौलवी अली करीम हाथी पर सवार होकर भागे। मजिस्ट्रेट साहब नाजिर अली हसन के कहने से सिपाहियों को छोड़कर एक्का पर सवार हुए और उनका पीछा किया। मगर जब मौलवी साहब ने अपने शत्रुओं को पीछे देखा तो हाथी को सड़क से खेत में उतार दिया। एक्का खेत में जाने से रहा। उसपर भी मजिस्ट्रेट साहब पैदल दूर तक दौड़े। मगर अंततः थक गए और साथियों ने भी आगे जाने से रोका। साहब ने अपने सिपाहियों को पीछा करने के लिए रवाना किया और मौलवी साहब की गिरफ्तारी के लिए पाँच हजार रुपए का इनाम रखा गया।[7]

विलियम टेलर को उस समय शहर के अधिकांश लोगों पर बगावत का यकीन हो गया था। और इसमें संदेह नहीं कि अधिकांश लोगों के दिलों में बगावत की चिनगारी भरी हुई थी। टेलर साहब समझते थे कि सरकार की ओर से जब तक कड़ी-कड़ी काररवाई नहीं होगी। उस वक्त तक बगावत समाप्त न होगी। यह काररवाइयाँ समय के अनुकूल थीं, मगर कुछ नादान वफादार लोग भी उनके इस कार्य से सहमत नहीं थे। इसी समय में कमिश्नर साहब ने बड़ी चालाकी से

शहरवासियों को अपनी कोठी पर बुलाया। दरअसल उनको मौलवी अहमदुल्लाह, मौलवी वाइजुलहक और मौलवी शाह अहमद हुसैन को गिरफ्तार करना था। इन लोगों पर संदेह था कि वह अपने मुरीदों और वफादारों को जेहाद के लिए उकसाते हैं। पहले तो कमिश्नर साहब ने बगावत की रोकथाम के बारे में बहुत देर तक भाषण दिया, फिर शाम के समय जब बैठक समाप्त हुई तो इन तीनों मौलवियों से ठहरने को कहा गया। वह लोग बहुत भयभीत होकर ठहर गए। कमिश्नर साहब ने उनसे कहा कि जब तक यह बगावत समाप्त न हो, तब तक आप लोगों का हमारे साथ रहना उचित मालूम होता है। मौलवी अहमदुल्लाह ने सिर झुकाकर न चाहते हुए भी इस आदेश के पालन पर अपनी स्वीकृति प्रदान कर दी। एक कोठी में, जहाँ अब कमिश्नरी का कार्यालय है, सिख पलटन की निगरानी में रहने का आदेश दिया गया। इसके बाद शहरवासियों से हथियार ले लिये गए और इस तरह हजारों तलवारें और बंदूकें जमा हो गईं। 3 जुलाई को शाम के समय पीर अली लखनवी किताब फरोश की दुकान में, जो पादरी की हवेली के पश्चिम में थी, कुछ बदमाश जमा हुए। उन लोगों का असली मकसद यह था कि आम शहरवाले भी हमारा साथ देंगे और दानापुर की पलटनें हमारी सहायता करेंगी। यह धारणा लेकर एक साथ निकले और एक सफेद और नीले रंग का झंडा लेकर डंका बजानेवालों को साथ लिया, दीन (धर्म), दीन (धर्म) कहते हुए वहाँ से निकले और पूरब की ओर रवाना हुए। यह समाचार अफीम के गोदाम, जहाँ सिखों और नजीबों की पलटन मौजूद थी, तुरंत पहुँचा। और दानापुर की सूचना देने के लिए ऐलची रवाना हुआ। उस समय डॉक्टर लॉयल साहब वीरता के जोश में घोड़े पर सवार होकर रवाना हुए और नजीब की पलटन को पीछे से आने का आदेश दिया। नवाब सैयद विलायत अली खान उस वक्त कमिश्नर साहब के यहाँ से अपनी गाड़ी में सवार चले आ रहे थे। जैसे ही अफीम के गोदाम के समीप पहुँचे, सिपाहियों ने बिना समझे गाड़ी को आगे जाने से रोक दिया। उस समय डॉक्टर साहब जल्दी में घोड़े पर सवार हो रहे थे। नवाब साहब ने गाड़ी से सिर निकाल डॉक्टर साहब से गाड़ी रोके जाने का कारण पूछा और इस बेचैनी की वजह पूछी, तो डॉक्टर साहब ने कहा कि शहर में कुछ बदमाश एक जगह जमा हुए हैं, मैं उनको रोकने के लिए जा रहा हूँ। आपकी गाड़ी बिना समझे रोकी गई थी, आप मकान पर जाएँ। नवाब साहब ने डॉक्टर साहब से यह कहा कि यदि आप कुछ देर मेरे घर के पास रुकें तो मैं भी घोड़े पर सवार होकर आपके साथ चलूँ। लेकिन डॉक्टर साहब ने कहा कि मैं ठहर नहीं सकता और घोड़े को दौड़ा दिया। जब मुहल्ला मच्छरहट्टा में पहुँचे तो उन बदमाशों में घुस गए। बदमाशों में से किसी व्यक्ति ने साहब को गोली

मार दी। डॉक्टर साहब गिर पड़े और मारे गए। साहब के तुरंत मारे जाने से शहर में खलबली मच गई। नवाब साहब मकान पहुँचकर अपने साईस को घोड़ा तैयार करने का आदेश दिया। जैसे ही घोड़े पर सवार होना चाहा कि अचानक खबर मिली कि डॉक्टर साहब मारे गए और उनकी लाश एक एक्का पर लोग लिये जा रहे हैं। डॉक्टर साहब के मारे जाने के बाद वह जमाअत (गिरोह) अलग-अलग हो गई और सिखों की पलटन भी घटनास्थल पर पहुँच गई। उस गिरोह में उस समय एक व्यक्ति की लाश मिली, जो पहचानी नहीं गई। अलबत्ता दूसरा घायल व्यक्ति हाथ आया, जिसका नाम इमामुद्दीन था और वह लखनऊ का निवासी था। फिर तो कमिश्नर साहब को इन बदमाशों की गिरफ्तारी की ओर विशेष ध्यान देना पड़ा। उस समय दीवान मौलाबख्श खान बहादुर डिप्टी मजिस्ट्रेट थे। उन्होंने बड़ी लगन से तलाश करना शुरू किया और अधिकतर लोग, जैसे नंदू कहार, हाजी जान, घसीटा अखाड़े का खलीफा घसीटा खान, असगर अली खान, बुढ़न जान, अवसाफ हुसैन अपने दो भाइयों समेत, शेख गुलाम अब्बास और इनके अतिरिक्त कुछ व्यक्ति पकड़े गए, और यह प्रमाणित हो गया कि यह लोग इस बगावत में सम्मिलित थे। गिरफ्तारी का बड़ा कारण यह हुआ कि इन लोगों के साथ जो डफाली था, वह पकड़ा गया और कुछ लोगों को पकड़वा दिया। इन लोगों और डफाली को फाँसी दे दी गई। कुछ समय पश्चात् पीर अली भी गिरफ्तार हो गया। उसकी दुकान की तलाशी में बगावत से संबंधित जो पत्र लखनऊ इत्यादि से आए थे, या जिसको उसने लिखा था, पकड़े गए। कमिश्नर साहब के आदेशानुसार उसको भी फाँसी पर लटका दिया गया। फाँसी के समय पीर अली से कहा गया कि यदि तुम असल हकीकत की जानकारी दो तो तुम्हारी जान बख्श दी जाएगी। मगर उसने दृढ़ता से जवाब दिया कि ''राज की बातें बताई नहीं जातीं। ऐसा करने पर बड़ा पाप लगता है।''[8]

इन हंगामों के बाद शहर में अंग्रेजों का कब्जा हो गया, लेकिन बिहार के अन्य जिलों में कहीं-कहीं बगावत होती रही। इस अवधि में पश्चिम की कोई सूचना नहीं मिली। लेकिन अफवाह यह थी कि सब अंग्रेजों की हत्या कर दी गई और जो अंग्रेज लखनऊ में हैं, उनको भी बागी घेरे हुए हैं। दानापुर के सिपाहियों का हथियार लेना स्थगित कर दिया गया। मगर 15 जुलाई को ग्रांट साहब सेनापति हिंदुस्तानी सेना ने लॉयड साहब को लिखा कि आज के दिन गोरों की पलटन दानापुर रवाना होती है, बाकी कल या शुक्रवार को रवाना होगी। जब यह दानापुर पहुँच जाएँ, तब हिंदुस्तानी सेना से हथियार ले लेना और हथियार लेते समय उनसे कहना कि ऐसा करना वफादारों के लिए भी अच्छा है, ताकि नमकहरामों के साथ

कोई उनको बदनाम न कर सके। यदि वह लोग हथियार देने में आना-कानी करें, तो उनसे लड़कर हथियार ले लेना चाहिए। लेकिन खेद के साथ कहना पड़ता है कि लॉयड साहब को ऐसा करने में झिझक हुई और उनकी हिम्मत न हुई कि सिपाहियों से हथियार ले लें। 24 जुलाई को जब गोरों की दो पलटन वहाँ पहुँच गईं, तब सेना के अधिकारियों ने निडर होकर आदेश दिया कि मैगजीन छकड़ों पर लादकर हिंदुस्तानी सेना से गोरों की पलटन में ले आओ। अंग्रेजी सेना ने नाकाबंदियाँ की, ताकि हिंदुस्तानी सेना बगावत कर दे तो कामयाब न हो सके। अंग्रेजी सेना और मैगजीन के बीच हिंदुस्तानी बैरक थी। जैसे ही वह छकड़े बैरक से गुजरे, हिंदुस्तानी पलटन-7 एवं 8 में हलचल मच गई। मगर पलटन–40 उस समय [illegible] दिखावे के लिए वफादार थी। पलटन-7 के सिपाहियों ने शोर मचाना शुरू किया कि अंग्रेजों को मार डालो और गोले-बारूद उनकी सेना में न जाने दो। मगर उस पलटन के अधिकारियों ने बड़ी देर तक उन लोगों को समझाया। इसलिए थोड़ी देर के लिए वह खामोश रहे। उस समय तक मैगजीन की दो गाड़ियाँ अंग्रेजी सेना तक पहुँच गईं। हिंदुस्तानी अधिकारियों ने बहुत प्रयत्न किया कि किसी प्रकार सिपाही अपनी वास्तविक स्थिति पर आ जाएँ। इसी बहसा-बहसी (वाद-विवाद) में सब मैगजीन आसानी से अंग्रेजी सेना में पहुँच गईं। अंततः शाम के समीप हिंदुस्तानी पलटन-7 एवं 8 खुले रूप से बागी हो गई और अपने-अपने शस्त्रगार से सामान निकाल लिया और सेना का खजाना भी लूट लिया। पलटन– 40 उस समय तक असमंजस में थी और उसका इरादा था कि सरकार की सहायता करे। मगर इस हंगामे की हालत में पलटन-10 के गोरों ने उनपर नाहक हमला किया और अस्पताल की छतों से गोलियाँ बरसाने लगे। इसलिए वह पलटन भी बागी हो गई।[9]

जब फौज की बगावत की सूचना कमिश्नर साहब को हुई और सब अंग्रेज इस कोठी में जमा हुए तो कुछ अंग्रेजों के सिवा अधिकांश अधिकारी बहुत परेशान और बेचैन थे। सबको विश्वास था कि सेना अवश्य पटना की ओर आएगी और समीप होने के बावजूद दानापुर की कोई सूचना कमिश्नर साहब को नहीं मिलती थी, इसलिए असमंजस की स्थिति बनी हुई थी, बल्कि कुछ लोगों ने यह सूचना दी कि आधी सेना धरती और आधी दरिया के रास्ते से पटना की ओर चली आ रही है। पूरे शहर में 'भागो' के सिवा और कोई वास्तविक सूचना किसी के मुँह से नहीं निकलती थी। उस समय कमिश्नर साहब ने दो-तीन अंग्रेजों और नवाब सैयद विलायत अली खान बहादुर को कहा कि गोलघर पर जाकर दूरबीन से देखना चाहिए। यदि कुछ भी सत्य लगे, तो तुरंत इसकी सूचना दी जाए। इसलिए जॉन नॉट साहब, सैयद विलायत अली खान बहादुर और चार्ल्स डेविस साहब दूरबीन लेकर

गोलघर पर गए और यह देखा कि दानापुर बैरक में आग लगी हुई है और दरिया की ओर कोई नाव इस ओर आती हुई मालूम नहीं होती। इसके बाद डॉक्टर सदरलैंड, विक्टम साहब और विल्जी साहब गोलघर पर गए और उसी दूरबीन को लेकर अच्छी तरह देखा, इनको भी वही नज़र आया, जो उन लोगों ने देखा था। दिन का थोड़ा समय शेष था, यह लोग गोलघर से उतरकर कमिश्नर साहब के पास आए और जो देखा था, उसका उल्लेख किया। इतने में कमिश्नर साहब को सूचना मिली कि बागियों को तोपें मारकर गोरों ने निढाल कर दिया। जबकि यह समाचार गलत था। मगर उन लोगों को थोड़ी संतुष्टि हुई। जिस समय विभिन्न सूचना आ रही थीं, उस समय नवाब सैयद विलायत अली खान बहादुर ने कमिश्नर साहब से कहा कि यदि अनुमति हो तो मैं अपने गुप्तचर को सही समाचार लाने के लिए भेजूँ। लेकिन मैं हिंदुस्तानी हूँ, इसलिए मुझे भय है कि इस गुप्तचर के जाने के बाद सेना इधर का इरादा करे तो शायद अनुमान लगाया जाए कि उनका इधर आना हमारे कारण से है, तो बड़ी मुश्किल होगी। मगर कमिश्नर साहब को इनकी वफादारी का यकीन था। इसलिए यह कहा कि कदापि आप पर कोई ऐसा संदेह नहीं कर सकता है। तब नवाब ने अपने एक मुलाजिम को दानापुर भेजा। इसके द्वारा मालूम हुआ कि गुप्तचर बीच रास्ता से लौट आते हैं, इसलिए सही सूचना नहीं दे सकते। उस समय तक इस बात को कोई महत्त्व नहीं दिया गया, मगर जब असल हाल मालूम हुआ तो इस गुप्तचर की सच्चाई सिद्ध हुई।[10]

वह तीनों पलटन अपने-अपने हथियार लेकर शाहाबाद को रवाना हुई। मगर जल्दी में वह अपना वस्त्र लेना भूल गए। लॉयड साहब बीमारी या किसी और कारण से चिमनी पर चले गए और स्वयं अपनी ओर से कोई व्यवस्था न कर सके। गोरों ने उनका पीछा किया मगर सोन नदी आड़े आई और वापस चले आए। बागी अच्छी तरह दरिया को पार कर गए और किसी ने उनको न रोका और आरा जिला शाहाबाद पहुँचकर ही दम लिया। वहाँ अधिकांश हाकिम और पदाधिकारी अंग्रेज थे और कुछ हिंदुस्तानी मुलाजिम थे। जगदीशपुर के जमींदार कुँवर सिंह एवं अमर सिंह इन बागियों के साथ मिलकर सरदार बने। कुँवर सिंह बूढ़ा अस्सी वर्ष का था और बीमारी की वजह से कमजोर था। इसपर भी सरकार से मुकाबला करने पर उतारू हो गया! वह कोई बहुत बड़ा धनी नहीं था। जाति का राजपूत था। जितनी इसकी जागीर थी, वह भी कुव्यवस्था और कर्ज के कारण बुरी हालत में पहुँच गई थी। शायद इस संबंध में नाना राव से भी पत्राचार होता रहता था। बगावत के समय उसमें बेवफाई की कोई बात नजर नहीं आती थी। इसलिए विलियम टेलर उसको शुभचिंतक समझते थे। मगर आरा के मजिस्ट्रेट साहब ने उसको बागी जानकर

सरकार को पत्र लिखा कि कुँवर सिंह बागी मालूम होता है, सरकारी अधिकारी उसको खुला न छोड़ें। कमिश्नर साहब ने उसको एक पत्र लिखा कि पटना आकर मुझसे मुलाकात करें। कुँवर सिंह उपस्थित न हुए और अपनी बीमारी का बहाना लिख भेजा। ज्ञात होता है कि वह पहले बागी नहीं थे और इस संबंध में वह असमंजस की स्थिति में थे। जब उन्होंने अपनी उपस्थिति के बारे में मौलवी अजीमुद्दीन हुसैन खान, डिप्टी कलक्टर, शाहाबाद से पूछा तो उन्होंने कुछ ऐसा जवाब दिया कि उसे संदेह हो गया। जितने अंग्रेज अधिकारी उस समय आरा में उपस्थित थे, वह सब-के-सब जिनकी संख्या सत्तर के लगभग थी और उनमें मौलवी अजीमुद्दीन हुसैन खान डिप्टी कलक्टर हिंदुस्तानी थे, मिस्टर बायल साहब की दो मंजिला छोटी सी कोठी में जिसमें अंटाघर था, जमा हुए। इन अंग्रेजों ने पहले ही से इस कोठी में खाद्य सामग्री और सामान एकत्र करके इसको मजबूत कर लिया था। जब बागी सेना वहाँ पहुँची और कुँवर सिंह का साथ मिला तो उन्होंने सरकारी कार्यालय को जला दिया और कैदियों को रिहा कर दिया।[11]

आरा में घिरे हुए लोगों का हाल लिखने से पूर्व जिला चंपारण की स्थिति के बारे में लिखना जरूरी है। मेजर होम्स के मातहत कुछ सिपाही सुगौली की छावनी में थे। यह साहब बड़े बहादुर और वीर थे। बगावत के आरंभ में उन्होंने 25 मई को गवर्नर जनरल को सूचना दी कि मैंने यहाँ के अधिकारियों को जोर देकर समझा दिया है कि बागियों का मकसद लूट-मार है। आप लोगों के मातहत जो अमीर एवं रईस हैं, उनको इस बात से पूरी तरह सूचित कर दें कि जो व्यक्ति आंशिक रूप से भी बागी लगे, उसको कत्ल कर दीजिए। और फौजी कानून लागू करना जरूरी है। इस सूचना के बाद साहब ने जिला तिरहुत, छपरा और चंपारण आदि में फौजी कानून लागू कर दिया और इसका दायित्व स्वयं लिया। 29 जून को उन्होंने गवर्नर जनरल को लिखा कि हमने गोरखपुर से अजीमाबाद तक मार्शल लॉ लागू कर दिया है। इसलिए कि विभिन्न जिलों से कई पत्र ऐसे आए है, जिनसे दंगा होने का खतरा है, इसलिए ऐसा कानून लागू होना उचित था। साहब का विचार यह था कि हमारी योजना को कड़ाई से लागू किया जाए। मगर सरकार ने अति शीघ्र इस कानून को समाप्त कर दिया। जेम्स होम्स साहब को अपने हिंदुस्तानी सिपाहियों पर बड़ा विश्वास था। वह अपनी सेना से चालीस-चालीस सिपाहियों की टुकड़ी विभिन्न जिलों में भेजते थे। 14 जून को गवर्नर जनरल को उसने लिखा कि हमारे सारे सिपाही गश्त करते हैं। मैंने ऐलान कर दिया है कि कोई अधिकारी हो या सिपाही, एक क्षण की भी बगावत के कारण कत्ल कर दिया जाएगा। इसी कारण शांति है। कल नौ बजे रात को पलटन-17 के दो बागी सिपाही अली गंज सीवान से हमारे

पास भेजे गए मैंने तुरंत उनको फाँसी दे दी। जो आदेश मैंने लागू किए हैं, यदि मेरा भाई भी इसकी अवहेलना करेगा तो मैं उसको भी फाँसी दूँगा। जेम्स होम्स साहब ने जो आदेश उस समय जारी किए और जिसकी सजा कत्ल थी, यह थे–लड़ने का इरादा करना, बगावत की बात करना, बगावत को बढ़ावा देना, सरकार के खिलाफ कोई बात जबान पर लाना, बागियों का सामने आना, लूट लेना। मगर खेद है कि जेम्स साहब अपने उन्हीं विश्वासी सिपाहियों के हाथों मारे गए। साहब शाम को अपनी मेम के साथ, जो डेनमार्क की रहनेवाली थी और इनका पहला पति काबुल के युद्ध में मारा गया था, घूमने को निकले। एक हथियारबंद गिरोह से उनका मुकाबला हुआ। उनके मारे जाने की तफ्सील नहीं लिखी जा सकती। मगर उनकी 'आया', जो वहाँ पहुँची तो उसने साहब और उनकी मेम को मरा हुआ पाया। उस समय सुगौली के उन सिपाहियों ने और कुछ अंग्रेजों को भी मार डाला। मिस्टर कार्नर साहब अपने बँगले में बैठे थे कि सवार अंदर चले आए और उनको मार डाला। उनका एक लड़का भी वहाँ मारा गया। केवल एक लड़की बचकर निकल गई। उसको वहाँ के किसी निवासी ने छिपा दिया। निबंट साहब डिप्टी पोस्ट मास्टर भी मारे गए। उस समय केवल थोड़े से सिपाही, जो कैप्टन जोंस के मातहत थे, वफादार रहे।[12]

गया जिले में भी एक हलचल मच गई और कुछ बागियों ने वहाँ पहुँचकर कार्यालय में आग लगा दी और कैदियों को रिहा कर दिया। 27 जुलाई को कुछ गोरे एक नाव पर रवाना किए गए कि आरा से नौ मील की दूरी पर ठहरकर उन अंग्रेजों को जो बागियों के जुल्म और अत्याचार से इधर-उधर भाग गए थे, उनको सवार करके इस ओर ले आएँ। लेकिन यह नाव रेत पर चढ़कर टूट गई। लॉयड साहब ने इन गोरों को वापस आने का आदेश दिया। मगर कमिश्नर साहब का विचार हुआ कि कुछ और गोरे इधर से भेजे जाएँ, ताकि उस टूटी हुई नाव के गोरों को अपने साथ लेकर आरा की ओर बढ़ जाएँ। इसी बीच एक नाव इलाहाबाद से दानापुर पहुँची, जिसमें कलकत्ता जानेवाले बहुत से अंग्रेज भरे हुए थे। विचार हुआ कि इस नाव में भी गोरों का एक गिरोह भेजा जाए और दानापुर में एक सराय बनाकर इन यात्रियों को उतारा जाए। जब यह नाव वापस आए, तब फिर यह यात्री कलकत्ता भेजे जाएँ। 19 जुलाई को गोरों की तीसरी सेना रवाना होने को थी, जिसके अधिकारी कर्नल फेनविक साहब थे और उन्होंने अपना कार्यभार कैप्टन डनबर साहब के हवाले किया था, लगभग 150 गोरे कैप्टन साहब की मातहती और 70 सिख लेफ्टिनेंट एंगली साहब की मातहती में रवाना किए गए। 19 जुलाई को जब कमिश्नर साहब दानापुर में थे, तब मिस्टर डानल साहब मजिस्ट्रेट जिला

छपरा और मिस्टर रॉस मैंगल्स साहब, सहायक कमिश्नर पटना भी वहाँ पहुँचे। इन दोनों की यह इच्छा हुई कि यदि कोई पलटन आरा रवाना हो तो हम लोग भी उसके साथ अपने मित्रों की सहायता के लिए जाएँ। अतः साढ़े नौ बजे के समीप यह जहाज आरा की ओर रवाना हुआ। रास्ते में कुव्यवस्था के कारण किसी स्थान पर खाना इत्यादि प्राप्त न हुआ। सात बजे के लगभग यह जहाज सोन के किनारे पहुँचा। कैप्टन डनबर साहब सेना को व्यवस्थित कर चाँद के उजाले में आगे रवाना हुए। दो-तीन मील चले थे कि एक पुल मिला। वहाँ कुछ खाने की इच्छा हुई। मगर कैप्टन साहब ने सोचा कि यदि चाँद डूब जाएगा तो रास्ता चलना कठिन हो जाएगा, इसलिए वहाँ से आगे बढ़े। सिखों की पलटन पीछे-पीछे और गोरे आगे-आगे चले जा रहे थे कि अचानक आम के पेड़ों से बंदूक की आवाज आई। गोरे परेशान हुए कि आम के पेड़ों की आड़ में फायर का जवाब क्योंकर दिया जाए? सर्वप्रथम कैप्टन डनबर साहब मारे गए। बागी उस समय इस मामूली सी सेना पर पिल पड़े। कैप्टन साहब के मारे जाने से अंग्रेजी सेना घबरा गई। इस अँधेरी रात में अपनी सेना अपनी ही बंदूक से मरने लगी। मजबूरी में एक ओर बढ़ने लगे और एक गड्ढे में रात बिताई। जो सेना सुरक्षित रह गई थी, वह दरिया की ओर चलने लगी। जाने के बाद बागियों ने उसका पीछा किया। लड़ते-भिड़ते किसी प्रकार दरिया तक पहुँची। सौभाग्य से जहाज तैयार था। कुछ गोरे उस पर जल्दी में सवार हुए और कुछ सवार होना चाहते थे कि बागियों ने आकर घेर लिया। जहाज में आग लगा दी। अधिकांश सिख मारे गए और अधिकतर डूब गए एवं जल गए। सिखों की सेना के लेफ्टिनेंट गुलबी जहाज पर सवार होते ही मारे गए। मगर जो लोग दरिया के किनारे तक पहुँच गए थे, वह बच गए और उसी जहाज से दानापुर रवाना हुए। जब यह जहाज दानापुर पहुँचा तो अंग्रेज बहुत प्रसन्न हुए और समझे कि शायद यह लोग विजयी होकर आए हैं। जब अंग्रेज समीप पहुँचे तो मालूम हुआ कि अनुमान के विपरीत सब-के-सब बुरी स्थिति में हैं और उनमें के अधिकतर अंग्रेज मारे गए तो बेचारी मेम और बच्चे, जिनके मरने की सूचना आई थी, रोने लगे। गिनती करने से मालूम हुआ कि चार सौ में से केवल पचास बचकर आए हैं। मिस्टर डानल साहब और रॉस मैंगल्स साहब ने, जो इस सेना के साथ गए थे, बड़ी वीरता दिखाई। मिस्टर रॉस साहब को एक गोली लगी थी, जिससे वह बेहोश हो गए थे। मगर जब होश में आए तो उन डॉक्टर साहब के साथ, जो इस सेना में थे, घायलों की देख-भाल करने लगे। घायलों को पानी पिलाते थे और उनके जख्म धोते थे। जब प्रातःकाल यह पलटन दरिया की ओर रवाना हुई तो साहब को एक गोरा-37 का घायल मिला। साहब को देखकर उस गोरे ने निवेदन किया कि मुझको साथ

लेते चलिए। वह गोरा मोटा-तगड़ा था और साहब स्वयं घायल थे और बागी चारों ओर से गोलियाँ मारते हुए चले आ रहे थे। लेकिन ठहर गए और गोरे को पीठ पर बाँधा और रेत एवं मैदान पार करके उसको जहाज पर ले आए और सही-सलामत (सुरक्षित) दानापुर पहुँच गए।[13]

अब आरा में घिरे हुए लोगों का हाल सुनिए। साठ-सत्तर अंग्रेज बायल साहब की दो मंजिला कोठी में फँसे हुए थे और चारों ओर से बागी उनको घेरे हुए थे। स्वयं बायल साहब इस कोठी की सुरक्षा में लगे हुए थे। बागी उनपर लगातार आक्रमण करते रहे। अंग्रेज भी बड़ी मजबूती से इसका जवाब देते रहे। गोली और बारूद भी इन बेचारों के पास बहुत कम थी और खाद्य सामग्री भी अधिक न थी। मांस, जिस पर अंग्रेजों का जीवन है, नाम को न था। रात के समय कुछ अंग्रेज उस कोठी से निकले और कई भेड़ें, जो उस कोठी के रमना में चरती थीं, पकड़ लाए। कई दिनों तक इसी पर गुजारा हुआ। जब बागी इस छोटे से किले पर विजय प्राप्त न कर सके तो उन्होंने सुरंग खोदना शुरू किया। बायल साहब तो एक बुद्धिमान व्यक्ति थे, अतिशीघ्र इस बात से अवगत हो गए और इसके विपरीत घिरे हुए लोगों से सुरंग खुदवानी शुरू की। मालूम हुआ कि बागी उस मकान की जड़ तक सुरंग खोद चुके हैं, अतः वह सुरंग बेकार कर दी गई। इसी भय और डर के वातावरण में एक सप्ताह गुजर गया और दूसरा रविवार आया। घिरे हुए लोगों का हाल बयान करने से पूर्व बिहार के विभिन्न जिलों की स्थिति मालूम करनी जरूरी है। जब डनबर साहब मारे गए और हर ओर यह खबर फैल गई कि सरकारी सेना पराजित हो गई, तब कमिश्नर साहब ने बिहार के विभिन्न जिले के अधिकारियों को लिख भेजा कि पटना चले आएँ; क्योंकि उस समय सर्वप्रथम अंग्रेजों की जान बचाना था। जिला छपरा के अधिकारी जेम्स होम्स के बारे में सुनकर पटना चले आए। कमिश्नर साहब का यह आदेश मुजफ्फरपुर पहुँचा। वहाँ के अधिकारी पहले ही से इस पर विचार कर रहे थे। 19 जुलाई को मिस्टर फोर्बस साहब, जज मुजफ्फरपुर ने कमिश्नर साहब को लिखा कि जिला तिरहुत बड़ी खतरनाक स्थिति में है, क्योंकि जेम्स होम्स की हिंदुस्तानी सेना के बागी हर ओर फैल गए थे। जब तक पूर्ण सुरक्षा की व्यवस्था वहाँ नहीं की जाएगी, अंग्रेजों के कब्जे से वह जिला निकल जाएगा। उसी दिन ऑफिशयल रेजीमेंट ने लॉयड साहब को लिख भेजा कि सुगौली और दानापुर की बगावत से यहाँ भी भय की स्थिति हो गई है, इसलिए हम आपको लिखते हैं कि अंग्रेजी सेना की कुछ टुकड़ियाँ यहाँ भी भेजी जाए। इन सब कठिनाइयों से अधिक कठिनाई आरा में फँसे हुए लोगों की थी। जब इस तरह एक सप्ताह बीत गया और दूसरा रविवार आया। अंग्रेजों का नियम था कि प्रत्येक दिन

वह सुबह को उठकर उन सुराखों से, जो उस मकान में गोलियाँ मारने के लिए बनाए गए थे, बागियों को देख लेते थे। उस दिन भी नियमानुसार देखना शुरू किया तो बागियों में एक हलचल दिखाई दी। बागी एक ओर भागे जा रहे थे, और उनके ऊँट, हाथी, घोड़े लूट के सामान से लदे हुए उनके साथ थे। जैसे-जैसे दिन चढ़ता गया, वह अधिक कमजोर और उदास मालूम हुए। अंग्रेजों को पूरा विश्वास हो गया कि अवश्य कोई सहायता हमारे लिए आ रही है। नहीं तो बागी भयभीत होकर क्यों भागते? इससे जो खुशी उन लोगों को हुई, वह बयान से बाहर है। जब सब बागी नजर से ओझल हो गए, तब वह लोग मकान से बाहर निकले और एक-दूसरे को मुबारकबाद दी। अब जानना जरूरी है कि यह बागी क्यों और किसलिए भागे? सेंट आयर साहब एक फौजी अधिकारी थे, जिनको हिंदुस्तानी सेना के कमांडर-इन-चीफ ने थोड़ी सी सेना देकर पश्चिम की ओर भेजा था। 25 जुलाई को उनका जहाज दानापुर से आगे जाकर रुका। आयर साहब ने जब आरा में फँसे हुए लोगों का हाल सुना, तब वह बक्सर की ओर से रवाना हुए। उस समय केवल डेढ़ सौ गोरे आयर साहब के साथ थे और बागी सेना दस हजार से कम न थी। मगर इस बहादुर अंग्रेज ने इस छोटे से दल से उनका सामना किया। बागी भी दिल खोलकर लड़े। बागियों के सरदार कुँवर सिंह ने बूढ़े होने के बावजूद अंग्रेजी सेना से एक नौजवान बहादुर के समान मुकाबला किया। लेकिन इस छोटे दल ने उसको भगा दिया। बागी सेना पराजित होकर जगदीशपुर की ओर चली गई और आयर साहब ने आरा पर कब्जा कर लिया। फँसे हुए बेचारे लोग, जो एक सप्ताह तक मौत के सामने थे, आयर साहब की बहादुर सेना के कारण बच गए। आयर साहब एक सप्ताह तक आरा में रहे और बड़ी होशियारी से आरा को सुरक्षित कर लिया। कुछ बागियों को पकड़ कर फाँसी दे दी गई। इसके बाद दानापुर पलटन-10 के दो सौ सिपाही और मेजर रैट्रे की सेना के पचास सिख जगदीशपुर रवाना हुए।[14]

जगदीशपुर कुँवर सिंह का एक मजबूत किला था, जिसको उसने बगावत के समय में और सुरक्षित कर लिया था। बागी सेना के अतिरिक्त आस-पास के अधिकतर जमींदार और गुआर उसके साथ हो गए थे। बागी सेना जगदीशपुर से आगे बढ़कर अंग्रेजी सेना का मुकाबला किया। यह लड़ाई 11 अगस्त को शाम के समय दिल्लौर के स्थान पर हुई। जिस समय अंग्रेजी सेना का बागियों से आमना-सामना हुआ और युद्ध आरंभ हुआ, तो बागी भी अपना अंतिम बल दिखाने लगे। रात का समय हो गया था, इसलिए बागी दिखाई नहीं देते थे। मगर तोप और बंदूक चलने की रौशनी में वह दिखाई पड़ते थे। आयर साहब का इरादा यह था कि किसी प्रकार कुँवर सिंह जीवित हाथ आ जाए। मगर यह फुरतीला शेर कब हाथ आ

सकता था? कुछ ही देर बाद बागी सेना पराजित हो गई और कुँवर सिंह जंगल की ओर चला गया। अंग्रेजी सेना को रास्तों का ज्ञान नहीं था, इसलिए मजबूरी में जगदीशपुर के किले में दाखिल हुई। कुँवर सिंह के सारे मजबूत भवनों को ध्वस्त कर दिया गया। इसमें एक प्राचीन मंदिर भी टूट गया। इस मंदिर के टूटने पर हिंदुस्तानी सेना के कमांडर-इन-चीफ को बहुत दुःख हुआ कि मिस्टर आयर ने अनुचित रूप से एक प्राचीन मंदिर को तोड़ दिया। 16 अगस्त को मालूम हुआ कि कुँवर सिंह सासाराम में है। इसलिए अंग्रेजी सेना ने उसका पीछा किया। लेकिन मिस्टर आयर को कुछ कठिनाई हुई, इसलिए वह आरा ही में रहे।[15]

मिस्टर टेलर कमिश्नर के इन सारे अच्छे कार्यों को, जिनका उल्लेख ऊपर हुआ, हैलिडे साहब लेफ्टिनेंट गवर्नर बंगाल ने नापसंद किया और वास्तविकता जाने बिना मिस्टर सैमुअल्स को मिस्टर टेलर के स्थान पर कमिश्नर तैनात किया। 5 अगस्त, 1857 को मिस्टर टेलर कमिश्नरी से निलंबित कर दिए गए। मिस्टर सैमुअल्स के साथ मुंशी अमीर अली साहब, जिनको नवाब खान बहादुर की उपाधि से सम्मानित किया गया था और जो बाढ़ के निवासी और पटना के कुछ रईसों की सिफारिश से एक अदना पद पर कलकत्ता गए थे और वहाँ सदर दीवानी के वकील हुए थे, सहायक बनाकर, एक ऐसे अवसर पर जब मिस्टर टेलर और उनके वफादार सहयोगी बगावत की आग को अपनी उपायों से दबा चुके थे और उनकी काररवाइयों का प्रभाव एवं दबदबा मित्र और शत्रु सबके दिलों पर हो चुका था, पधारे। मिस्टर सैमुअल्स ने मिस्टर टेलर की सारी काररवाइयों के विपरीत अपना विचार व्यक्त किया। मौलवी अहमदुल्लाह साहब इत्यादि को, जो एक सम्मान के साथ संरक्षण में थे, बेलगाम कर दिया। उनकी बहुत सिफारिश की और सरकार में उनकी वफादारी जाहिर की। मुंशी साहब भी इस अमन एवं शांति के समय संतुष्ट दिलों को सांत्वना देने लगे। यदि मिस्टर सैमुअल्स के विचारानुसार मिस्टर टेलर आरंभ जून से कार्य करते, तो उसका नतीजा क्या होता ? जरूर यही होता कि किसी के दिल में अंग्रेजी सरकार का दबदबा बाकी न रहता, बल्कि जो बगावत आसानी से कुचल दी गई, वह बादल की तरह पूरे बिहार राज्य को घेर लेती और पश्चिमी और उत्तरी राज्यों की घनघोर घटाओं से मिला देती। लेकिन अफसोस है कि मौलवी अहमदुल्लाह साहब के संबंध में मिस्टर सैमुअल्स की सिफारिश सत्य सिद्ध न हुई, बल्कि कुछ वर्षों बाद उनपर बगावत का बड़ा आरोप लगा और सीमापार षड्यंत्र का मुकदमा उनपर चला और उसी आरोप में जीवन भर के लिए अंडमान द्वीप भेज दिए गए। लेकिन मिस्टर टेलर के अनुशंसित लोग अंत तक बड़े वफादार रहे। अतः दीवान मौलाबख्श खान ने "Star of India" की उपाधि पाई और नवाब सैयद विलायत अली खान बहादुर का सम्मान

सरकार में दिन-प्रतिदिन बढ़ता गया। हुजूर प्रिंस ऑफ वेल्स की विशेष मुलाकात से सम्मानित हुए और उनकी ओर से बगावत के समय की योगदानों का आभार व्यक्त किया गया और उन्हें companion of the order of Indian empire की एक प्रतिष्ठित उपाधि प्रदान की गई।[16]

बगावत के समय गया जिले में मिस्टर ट्राटर जज और मिस्टर मनी मजिस्ट्रेट थे। जब बिहार के कुछ क्षेत्रों की बगावत की सूचना वहाँ भी पहुँची तो हिंदू ब्राह्मण और उपद्रवी जमींदार तरह-तरह की खबरें प्रसारित करने लगे। यहाँ तक कि इन हिंदुओं ने एक बढ़ई द्वारा सिख सेना में यह बात फैला दी कि बाजार की सामग्रियों में अंग्रेजों ने गाय आदि की चरबी मिलवाई है, ताकि उनका धर्म नष्ट कर दें। जब इस षड्यंत्र की सूचना मिस्टर मनी को मिली तो उस बढ़ई को तुरंत फाँसी दे दी गई। लेकिन इससे उपद्रव कुछ कम न हुआ। फिर यह सूचना मिली कि मुंगेर के राजा मूद नारायण सिंह बागी सेना से साँठ-गाँठ रखता है और राजा बनारस से भी उसको साँठ-गाँठ है। मगर यह बात ध्यान देने लायक थी कि राजा बनारस अंग्रेजी सरकार का शत्रु न था। फिर यह बात सुनी गई कि मुंगेर और देवगढ़ से कुछ बागी इस ओर आ रहे हैं, और यह भी खबर मिली कि कुँवर सिंह इधर आना चाहता है। इसी बीच कमिश्नर साहब ने वहाँ के अधिकारियों को सूचित किया कि पटना बगावत का केंद्र है । सब अंग्रेजों को एक साथ मिलकर रहना उचित है। यह देखकर वहाँ के अधिकारियों ने साहेबगंज छोड़ दिया और पटना रवाना हो गए। हालाँकि जिस भ्रम में वहाँ के अधिकारी भयभीत होकर रवाना हुए, वह बात न हुई। मगर फिर भी बागी सेना की एक छोटी टुकड़ी शेरघाटी की ओर से वहाँ पहुँची। सारे सरकारी कार्यालय को जला दिया और बँगलों में आग लगा दी, कैदियों को रिहा कर दिया गया। सरकारी खजाने में उस वक्त आठ लाख रुपया था, जिसको मिस्टर मनी साहब ने एक सुरक्षित स्थान पर भेज दिया था। मगर यह उपद्रव बहुत देर तक नहीं रहा। बागी और उपद्रवी कुछ समय तक वहाँ रहे, फिर शाहाबाद और पश्चिम की ओर चले गए। मिस्टर मनी का इस जिले को खाली कर देना खेद की बात है, क्योंकि उन्होंने केवल एक भ्रम के कारण इतने बड़े जिले को कुछ दिनों के लिए छोड़कर बेलगाम कर दिया। विश्वास है कि यदि यह अधिकारी सावधानी से वहाँ रहते तो अंग्रेजी सेना के जवान इन बागियों का मुकाबला करते और इनको सफल नहीं होने देते। एक विश्वस्त व्यक्ति का बयान है कि जिला गया के स्टांप को जला डालना किसी बागी का काम न था, बल्कि कुछ शुभचिंतक और चालाक अधिकारियों ने जिले छोड़ते समय इस खयाल से कि स्टांप हाथ आ जाने से अधिकांश धोखेबाजों की पोल खुल जाएगी, जमा करके

सबको जला डाला। इसी कारणवश शांति के समय में कोई नया स्टांप एक लाल सरकारी मुहर के बिना विश्वस्त नहीं समझा जाता था। 1857 के अंत में बगावत की आग पूरी तरह बुझ गई और कुँवर सिंह भी अपनी मौत से या किसी तोप के गोले से, जो उसके हाथ में लगा था, मर गया और उसका बहादुर भाई अमर सिंह, जो वीरता में अपने बड़े भाई से कुछ कम न था, अज्ञात हो गया।[17]

दिल्ली के किले पर भी अंग्रेजी सेना ने कब्जा कर लिया और लखनऊ भी बागियों से पूरा पाक-साफ हो गया। यह जमाना हिंदुस्तान के इतिहास में एक यादगार जमाना है।[18]

संदर्भ :

1. तारीख सूबा बिहार/ शाद अजीमाबादी, पटना, 1880, पृ.-160-61
2. वही, पृ.-161-62
3. वही, पृ.-162-64
4. वही, पृ.-164-68
5. वही, पृ.-168-71
6. वही, पृ.-171-72
7. वही, पृ.-172-74
8. वही, पृ.-174-78
9. वही, पृ.-178-80
10. वही, पृ.-180-82
11. वही, पृ.-182-84
12. वही, पृ.-184-86
13. वही, पृ.-186-90
14. वही, पृ.-190-93
15. वही, पृ.-193-95
16. वही, पृ.-195-97
17. वही, पृ.-197-98
18. वही, पृ.-199-200

□

8

गदर 1857

देश में असंतोष और विद्रोह के लक्षण प्रकट होने लगे। यहाँ तक कि 10 मई को मेरठ में स्पष्ट रूप से सेना के देशी सिपाही बागी हो गए। धीरे-धीरे यह विद्रोह देशव्यापी हो गया। मेरठ, दिल्ली, लखनऊ समेत पूरे पश्चिमी और उत्तरी जिलों में अशांति फैल गई और अंग्रेजों ने बड़े-बड़े जुल्म एवं अत्याचार इन नमकहराम और उपद्रवी सिपाहियों के हाथ से उठाए। हजारों यूरोपियन, पुरुष एवं महिला और लड़कों की जानें बेकसी में नष्ट हुईं। चार दिन की हुकूमत में बागियों ने चंगेजी और नादिरी अत्याचारों को भी दिलों से विस्मृत कर दिया। जब यह बगावत हिंदुस्तान के कोने-कोने में फैल गई तो अंततः उसकी दुर्दशा और दुर्भाग्य का मुँह हमारे सूबे की ओर भी फिर गया।[1]

सूबा, बिहार, विशेषकर अजीमाबाद का गदर

दानापुर जिला पटना के कैंप में 7, 8 एवं 40 की पलटन, जिनमें अधिकांश भोजपुर और आस-पास के राजपूत और अन्य देशी जातियाँ भी शामिल थीं, अभी तक वफादार थी। जनरल लॉयड ने दानापुर से सरकार को अपने पत्र दिनांक 2 जून, 1857 में विश्वास दिलाया था कि जब तक कोई विद्रोही उनको उत्तेजित नहीं करेगा, हमारी सेना वफादारी की सीमा से आगे नहीं बढ़ेगी। मगर कुछ दिनों बाद, जब यहाँ की सेना को बनारस की सेना से हथियार रखवा लिये जाने की सूचना मिली, तो उनके भी तेवर बदल गए। मगर अधिकारियों ने उनको सँभाल लिया। फिर जून के महीने तक कोई बगावत नहीं हुई। मगर जब दिल्ली में बहादुर शाह और लखनऊ में बिरजिस कादिर की तख्तनशीनी की खबर आई तो अलबत्ता हिंदुस्तानी सिपाहियों के दिल में उत्साह पैदा हुआ। इसी उत्साह और उपद्रव के काल में यह अफवाह उड़ी कि एक दूदकश, जो पश्चिम से पूरब जाने के लिए आया है, उस पर गोरों की सेना दानापुर की देशी सेना को तोप से उड़ाने के लिए

आ रही है। यह खबर सुनकर दानापुर की सेना के तेवर बदल गए। मगर अधिकारियों ने दिलासा देकर फिर सँभाल लिया। इसके बाद सेना में एक संरक्षक तैनात किया गया। इसलिए कि कोई बाहरी व्यक्ति सरकारी फौजी कैंप में न आए। मगर जनरल लॉयड साहब ने इस व्यवस्था को सेना के अधिक उदास एवं खिन्न हो जाने का कारण समझकर निरस्त कर दिया। और सेना वैसे-की-वैसी स्वतंत्र हो गई और हर प्रकार के लोग सिपाहियों के पास यदा-कदा आने जाने लगे।[2]

उन दिनों विलियम टेलर साहब पटना के कमिश्नर थे। वह शहर के बच्चे-बच्चे की भावनाओं और हालात से पूर्ण रूप से परिचित थे और सरकार के मित्र एवं शत्रु को अच्छी तरह पहचानते थे। उन्होंने दो वर्ष पूर्व लोगों की भावनाओं के संबंध में अपने इंतजामी रिपोर्ट में लिख भेजा था कि यहाँ के लोगों के दिलों में यह बात जम गई है कि सरकार उनका धर्म ईसाई करना चाहती है। और उसी समय से उन्होंने हिंदू तो हिंदू, मुसलमानों के भी एक विशेष गिरोह के कुछ सम्मानित लोगों को नजरबंद कर रखा था। दानापुर सेना में बगावत फैलाने में कुछ पीर अली कुतुब फरोश, पटना और कुछ बाबू कुँवर सिंह जमींदार जगदीशपुर को आधार बताते हैं। इसी बीच जिला गया में यह खबर मशहूर हुई कि अंग्रेज बागी सेना से पराजित हो गई। इस खबर से वहाँ के बहुत से हिंदू-मुसलमान घर-बार छोड़कर पश्चिम की ओर रवाना हो गए। मगर जिले के हाकिमों ने छानबीन से यह मालूम करके कि पश्चिम में यह बागियों से मिलने जा रहे हैं, उनको बंदी बनाकर वापस बुला लिया। इसी प्रकार जिला छपरा के कलेक्टर ने कमिश्नर को लिख भेजा कि यहाँ यह खबर गरम है कि पटना और दानापुर में गदर होने वाला है। यदि यह सत्य है तो पटना और दानापुर के बागी यहाँ आकर खजाना लूट लेंगे और कैदखाना को तोड़ डालेंगे। असमंजस और व्याकुलता की लगातार खबरें पहुँच ही रही थीं कि दानापुर से खबर आई कि आज रात को यहाँ की सेना बागी हो जाएगी। खान बहादुर शाद लिखते हैं कि यह खबर पाकर सारे अंग्रेज छज्जू बाग की कोठी में साहब कमिश्नर के पास जमा हुए और हर प्रकार के यंत्र और जंगी सामान जमा कर लिये। छत की सीढ़ी को अच्छी तरह मजबूत करके उसमें बंदूक और पिस्तौल मारने के लिए छेद बनाए गए। इतने में मालूम हुआ कि बागी सेना शहर की ओर बढ़ती चली आ रही है। मेजर रैट्रे साहब, अधिकारी सिख सेना को शहर की रक्षा सौंपी गई। फिर कमिश्नर को यह खबर मिली कि लोग जमा होकर शहरवासियों को बगावत पर उत्साहित कर रहे हैं। इन बागियों में वारिस अली निवासी दिल्ली पर भी संदेह हुआ, जो तिरहुत में जमादार था। तिरहुत के मजिस्ट्रेट ने उसको नील के अंग्रेज सौदागरों के द्वारा उसी समय गिरफ्तार कराया, जब वह भागने के लिए पूरी तरह तैयार था और

डुमरी के जमींदार मौलवी अली करीम साहब के नाम बगावत संबंधी पत्र लिख रहा था। उसको फाँसी दी गई। उसी अभागे के कारण अली करीम साहब के नाम भी वारंट निकाला गया। मिस्टर रैट्रे और जेम्स विल्सन साहब मजिस्ट्रेट उनकी खोज में डुमरी पहुँचे। मौलवी साहब भाग गए, हालाँकि साहब मजिस्ट्रेट ने नाजिर हसन अली के साथ उनका पीछा भी किया, मगर हाथ न आए। इसके बाद ही शहरवालों के हथियार रखवा लिये गए। इससे शहरवासियों में तूफान खड़ा हो गया। शहर के उपद्रवी पीर अली लखनवी कुतुब फरोश की दुकान में जमा हुए। वह दानापुर के बागियों पर भरोसा करके बगावत पर तैयार हो गए। सफेद और नीले रंग का एक झंडा बनाकर 'दीन-दीन' (धर्म-धर्म) का नारा लगाते और डंका बजाते पूरब की ओर रवाना हो गए। डॉक्टर लॉयल साहब उनकी रोकथाम के लिए सेना के साथ रवाना हुए। इतनी देर में यह लोग मच्छरहट्टा के मुहल्ले में पहुँच गए। डॉक्टर साहब अचानक बागियों की भीड़ में घुस गए। उन्हें किसी ने गोली मार दी और घोड़े से गिरकर शीघ्र मर गए। उनके मारे जाने से पूरे शहर में कोहराम मच गया। सिखों की पलटन वहाँ पहुँच गई। सारे बागी भाग गए। बागियों में केवल एक व्यक्ति की लाश मिली, जो न पहचानी गई। और एक व्यक्ति इमामुद्दीन लखनऊ का रहनेवाला घायल अवस्था में गिरफ्तार हुआ। कमिश्नर साहब को शहरवासियों की पूरी चेतावनी की जरूरत हुई। खान बहादुर दीवान मौलाबख्श, जो उस समय डिप्टी मजिस्ट्रेट थे, शहर की रक्षा के लिए विशेष रूप से तैनात हुए। उनकी वजह से बहुत से लोग, जो बगावत में शामिल थे, गिरफ्तार किए गए, जिनमें नंदू कहार, हाजी जान, घसीटा अखाड़े का खलीफा घसीटा खान, असगर अली खान, बुद्धन खान, अवसाफ हुसैन अपने दो भाइयों समेत और शेख गुलाम अब्बास इत्यादि को गिरफ्तार कर लिया गया और डंकावाले डफाली की पहचान पर फाँसी दे दी गई। इनके बाद डंका बजानेवाले डफाली को भी फाँसी दे दी गई। दो दिन के बाद पीर अली कुतुब फरोश भी गिरफ्तार हुआ। इसकी दुकान से बगावत से संबंधित बहुत सारे लेख और पत्र प्राप्त हुए। पीर अली को भी फाँसी पर लटका दिया गया। इन बागियों को फाँसी देने से शहर में तो अमन व शांति स्थापित हो गई, लेकिन बाहर कहीं-कहीं अशांति का वातावरण बना रहा।[3]

दानापुर में गदर

साहब कमांडर-इन-चीफ ने जनरल लॉयड को दानापुर में लिख भेजा कि गोरों की सेना रवाना हो चुकी है। जिस समय वह दानापुर पहुँचे, अपनी देसी सेना से हथियार रखवा लेना और उनको समझा देना कि सरकार को तुम्हारे साथ बुराई

मंजूर नहीं है, बल्कि यह तुम्हारे लिए अच्छा है कि नमकहरामों के साथ तुम बदनाम होने से बच जाओगे। यदि इस पर भी वह हथियार न दें तो उनसे मुकाबला करके उनसे हथियार ले लिये जाएँ। 15 जुलाई को यह आदेश पत्र आया और 22 जुलाई को गोरों की सेना पहुँची। जैसे ही गोरों की सेना आई, वैसे ही नं.-7 और 8 वाली सेनाओं में हलचल मच गई। 40 नं. वाली सेना, जिसमें अधिकतर भोजपुर के राजपूत थे, अभी तक वफादार थी। नं.-7 के सिपाहियों ने शोर मचाना शुरू कर दिया कि 'गोरों को मार डालो, गोला-बारूद उनको न दो।' मगर जब अधिकारियों ने समझाया तो उन्होंने मैगजीन की केवल दो गाड़ी गोरों की सेना में जाने दी। वह दिन तो बीत गया, मगर शाम के समय नं.-7 एवं 8 वाली दोनों देसी पलटनें स्पष्ट रूप से बागी हो गईं। शस्त्रागार से अपना सामान निकाल लिया। सेना का सब खजाना लूट लिया। अभी तक नं.-40 वाली राजपूतों की पलटनें असमंजस में थीं कि कुछ गोरों ने कैंप के अस्पताल की छत से उनपर भी गोलियाँ चला दीं, इस कारण वह पलटन भी बागी हो गई। पटना में खबर पहुँची कि आधी 'सेना तो बागी होकर दरिया और धरती के रास्ते से शहर में आ रही है और शहर की दूसरी ओर फैल रही है। इस खबर के सुनते ही पूरे शहर में 'भागो, भागो' के सिवा कुछ और सुनाई नहीं देता था। अब सुनिए, नजला (सरदी) कमजारों पर गिरता है, पटनावालों को डर कि बागी उनको नष्ट कर देंगे। मगर इस भयावह विपत्ति ने पटनावालों को छोड़कर जिला शाहाबाद की गरीब प्रजा की ओर रुख किया। पटना तो छूट गया, जो कुछ बीता, वह गरीब शाहाबाद के सिर पर।[4]

जिला शाहाबाद आरा में गदर

पटना और दानापुर के गदर लिख कर अब हम जिला शाहाबाद आरा के गदर का हाल लिखते हैं। इसके पूर्व कि हम इन हालात का आरंभ करें, हमको यह बता देना बहुत जरूरी है कि हम इन हालात को किसी अंग्रेजी या उर्दू के इतिहास से नहीं लिख रहे हैं, बल्कि एक ऐसे यूरोपियन अधिकारी के विशेष लेख–*My two months in Arah* का अनुवाद करके नीचे प्रस्तुत कर रहे हैं, जो सरकारी अधिकारी की हैसियत से स्थानीय अधिकारियों में शामिल था और गदर की सारी घटनाओं को अपनी आँखों से देख चुका था और सारी मुसीबतों को अपने सिर पर उठा चुका था, वह लिखते हैं–

8 जून को कमिश्नर का पत्र इस विषय का मिला कि दानापुर की सेना में बगावत शुरू होने वाली है। इस खबर को पाकर सब अंग्रेज, दो या तीन के अलावा जज की कोठी में जमा हुए। रात वहीं गुजारी। सुबह को यह लोग कलेक्टर की

कोठी में चले गए। जिला के अधिकारियों के अलावा आस-पास के और स्थानीय अंग्रेज भी जमा हुए। विचार होने लगे। सबसे पहले यह राय बनी कि बच्चे और औरतें अंग्रेजी पलटन नं.-10 की हिफाजत में दानापुर भेज दी जाएँ। अतः मिस्टर वेक, कलेक्टर जिला ने उनको दरिया के रास्ते दानापुर भेज दिया। इसके बाद अपनी सुरक्षा के उपायों से संबंधित मशविरे होने लगे। इस बारे में लोगों के विचार अलग-अलग थे। पूरे तीन दिन तक किसी निर्णायक प्रस्ताव पर सहमति नहीं बन पाई। अंततः कलेक्टर साहब सबको साथ लेकर जज साहब की कोठी में ठहर गए। जो लोग उनके विचार से सहमत नहीं थे, वह पटना और दानापुर चले गए। केवल आठ अंग्रेज उस समय रह गए, जिनके नाम हैं–

मिस्टर लिटलिडेल, मिस्टर कॉम्ब, मिस्टर वेक, मिस्टर हॉल्सन, मिस्टर हाल्स[5], C.S (Author of the book), मिस्टर काल्विन, मिस्टर फिल्ड, मिस्टर टैट और मिस्टर केली, –तीन दिन के बाद मिस्टर बायल और मिस्टर एंडरसन भी आकर मिल गए। यह सब अधिकारी जज साहब की कोठी में रात-दिन कैद थे। गिनती के इन कुछ व्यक्तियों और उनके उच्च अधिकारी के साहस और धैर्य ने लगभग छह सप्ताह तक पूरे शहर और प्रजा को लूट-मार और बरबादी से बचाया। जेल के कैदियों की पूरी निगरानी की। सुरक्षाकर्मियों ने जेल में बगावत का संक्रामक तत्त्व न पैदा होने दिया। प्रजा और शहरवासियों के सारे कारोबार उसी प्रकार हमेशा खुले रहे। इन लोगों ने शहर और जनता की रक्षा वालेंटियर के रूप में अपने जिम्मे ली थी। इनमें से दो-दो व्यक्ति शहर में हर समय गश्त लगाते रहते थे। उनकी इन सेवाओं का क्रम लगातार जारी रहा। मगर जब बागी पहुँच गए तो इन लोगों ने अपनी सुरक्षा के सिवा दूसरे मामलों से हाथ उठा लिया 12 जून को पाँच लाख रुपया सिखों की पलटन की सुरक्षा में भेज दिया गया और पचास सिख आगे की सावधानी के खयाल से रख लिये गए, जो बहुत ही उपयोगी एवं लाभदायक सिद्ध हुए। इसी बीच दानापुर सेना की बगावत की सूचना आई। यहाँ के बंदी अंग्रेजों ने मशविरा किया कि बागियों से सुरक्षित रहने के लिए एक मकान को मजबूत कर लेना चाहिए। आपसी सहमति से मिस्टर बायल इंजीनियर ने यह सेवा अपने जिम्मे ली और शीघ्रता-शीघ्र भवन के सब सामान इकट्ठा करके थोड़े ही समय में एक दो मंजिला भवन तैयार कर लिया। यह भवन वास्तव में पहले बिलियर्ड कक्ष के लिए मंजूर हुआ था और निर्माणाधीन था। इसकी नई दीवारों पर यद्यपि सीमेंट या किसी प्रकार का कोई प्लास्टर नहीं था, मगर फिर भी रक्षा की दृष्टि से काफी था। निचला भाग कुछ रोशनदानों को छोड़कर पूरा-का-पूरा ईंटों से चुना हुआ था। ऊपरी भाग में पायों के बीच मिट्टी भरकर उसको ऊँचा कर लिया गया था और उनके

बीच बंदूक से फायर करने के लिए काफी जगह छोड़ दी गई थी।[6]

22 जून को जज साहब को शहर का भ्रमण करते समय इस विषय का पत्र मिला कि चारों ओर सारे हिंदू और मुसलमान सिपाहियों में बगावत होने वाली है–जिसमें पटना और छपरा के बड़े-बड़े लोग शामिल हैं। 8 जुलाई को आरा के जेल में व्यापक हंगामा हुआ। जज और मजिस्ट्रेट तुरंत पहुँच गए। छानबीन से मालूम हुआ कि दो कैदियों ने केवल मजाक करके यह शोर मचा रखा था। 17 जुलाई को नाश्ता करते समय एक अज्ञात पत्र जज की मेज पर पाया गया, जिसमें लिखा था कि अब्दुल करीम नामी आरोपी पटना से भागकर जगदीशपुर में बाबू कुँवर सिंह के पास ठहरा हुआ है और बाबू साहब स्वयं भी दानापुर की सेना को उत्तेजित करने में व्यस्त हैं और 25 तारीख को अवश्य बगावत हो जाएगी। यदि आरा में काली प्रसाद बाबू साहब के मुख्तार के घर की तलाशी ली जाए, तो वह पत्र, जिनमें रिश्वत आदि के बारे में लिखा हुआ है, जरूर पाए जाएँगे। जज, मजिस्ट्रेट, सिविल सर्जन, कालोन और टैट, पाँच अंग्रेज उसी समय मुख्तार के मकान पर पहुँच गए। मुख्तार मौजूद नहीं था, घर की तलाशी ली गई। सारे कागजात जब्त हुए, सबका निरीक्षण हुआ। मगर उनमें कोई जरूरी बात नहीं पाई गई। 25 जुलाई को पटना से जज के नाम युद्ध से संबंधित एक पत्र मिला, जिसमें लिखा था कि–

'महाशय, आज यहाँ की पलटनों में बगावत शुरू होने वाली है। आप लोग सावधान और तैयार हो जाएँ। (आपका सेवक *W. Liddiard, Major, A.A. General)*।' 26 जुलाई को बागी दरिया से उतर गए और मजिस्ट्रेट शाहाबाद के गुप्तचर को गोली मार दी। दस बजे दिन को रेलवे के दो अंग्रेज अधिकारी, जो आरा के निकट दरिया के किनारे रहते थे, हैरान व परेशान पहुँचे और बहुत संक्षेप में बयान किया कि बागी दरिया पार होकर रेलवे की पटरियों, यूरोपियन बँगलों और मकानों को ध्वस्त व नष्ट कर रहे हैं। हम अपनी जान बचाकर भागे हैं और बागियों की सही संख्या नहीं बता सकते। इस खबर के मिलते ही अंग्रेज और उनके साथ पचास सिख आरा हाउस में तैयार और सावधान हो गए। इसी बीच गॉडफ्रे, मिस्टर डिकोस्टा और सैयद अजीमुद्दीन हुसैन खान बहादुर बिलग्रामी[7], डिप्टी कलेक्टर, एक मुसलमान अधिकारी अपनी बेमिसाल वफादारी के साथ अंग्रेजों संग इस किला में बंद हो गए। उनके साथ एक लड़का भी था, जिसने उनका साथ छोड़ने से इनकार कर दिया था। मिस्टर एंडरसन के साथ भी एक बैरा था। सिखों के अलावा यही दो व्यक्ति हिंदुस्तानी थे और कोई नहीं।[8]

रविवार के दिन 26 जुलाई को हम लोगों ने मकान की दीवारों की आड़ में अपने आपको छुपा लिया। यदि सिख लोग उस समय वफादारी नहीं निभाते तो वह

हमको नष्ट कर डालते। 27 जुलाई को प्रातःकाल बागी आ गए। जेल को तोड़ डाला। खजाना से सत्रह हजार रुपया लूट लिया। जेल के कैदी और आस-पास के सारे उपद्रवी उनके साथ हो गए। सब नक्कारा बजाते हुए हमारे स्थान से छह सौ गज की दूरी पर एक ऊँचे स्थान पर ठहरे। फिर वहाँ से चलकर हमसे दो सौ गज की दूरी पर पहुँच गए। आक्रमण का बिगुल बजाया और तेजी से शीघ्र-शीघ्र गोलियाँ चलाते हुए हमारी ओर बढ़े। हम लोगों ने दोनाली बंदूकों से जवाब देना शुरू किया। कुछ बागी मारे गए। यह देखकर वह आगे नहीं बढ़े। इसी बीच उनके दो-चार आदमी और घायल हो गए। इसके बाद वह एक मकान के पीछे तक हट गए और उसकी आड़ में हमारे दाएँ और पीछे से आकर हम पर गोलियाँ चलाने लगे। कुछ पेड़ों, दीवारों और बागों की चारदीवारियों में छुपकर बड़ी फुरती से गोली चलाने लगे। उनकी पहली फायरिंग बड़ी खतरनाक थी। मालूम होता था कि हम में से किसी की जान नहीं बचेगी। और इसमें कोई संदेह नहीं कि अगर बागियों को आगे बढ़ने का साहस होता और शीघ्रगामी का अवसर मिलता, तो वह हमारे किले को लातें मारकर ध्वस्त कर डालते और अपनी संख्या के बल पर हमको पराजित कर देते। मगर यह हमारा सौभाग्य था कि उनको इसकी हिम्मत हीं नहीं हुई। मगर जब हमने उनके प्रथम आक्रमण को असफल कर दिया, तो हमारी कुछ आस बढ़ने लगी। हम में से कोई घायल नहीं हुआ। हमको पूरा विश्वास था कि दानापुर से हमको काफी सहायता पहुँचाई जाएगी। दिन-रात घिरे रहने के कारण हमारे कपड़े मैले हो गए थे। कोई नींद भर न सोता था और न पेट भर कभी खाता था। रात-दिन हम लोग अपने राइफलों से जहाँ कहीं बागी का हाथ, सिर या शरीर का कोई और अंग दिखाई देता, उड़ा दिया करते थे। बंदी की पूरी अवधि में शायद बागियों के बीस जवान मारे गए हैं। बागी रातों को बंदूक की खाली आवाजों से डराया करते थे और दिन के समय उनके झुंड-के-झुंड प्रायः हम पर ईंट भी चलाया करते थे। और कटाक्ष युक्त गलत बातें भी सुनाया करते थे। उनके पास दो तोपें थीं। एक साठ गज की दूरी पर, दूसरी डेढ़ गज की दूरी पर। उसके गोले हम तक कम पहुँचते थे। मगर शोर बहुत सुनाई देता था। अब उन्होंने चारदीवारी में छेद करके उस तोप को हमसे सोलह गज की दूरी पर लगा दिया। हालाँकि वह हमारे बहुत समीप पहुँच गए थे, लेकिन उनको हमारी दीवार तोड़ने का साहस नहीं होता था। घेराबंदी के पाँचवें दिन उन्होंने बड़ी तोप को एक छत पर लगा दिया। वास्तव में यह बड़े खतरे की बात थी। मगर निशानेबाजी में महारथ न होने के कारण उनके गोले सीधे हम तक नहीं पहुँचते थे। इसके विपरीत, हमारी ओर से मिस्टर बायल और एंडरसन की निशानेबाजी उनको निशाना साधने का अवसर भी नहीं देती थी। बुधवार के

दिन आधी रात को बंदूकों की आवाजें नजदीक से सुनी जाने लगीं। हमको विश्वास हो गया कि हमारी कुमुक आ गई है, मगर फिर आवाजें नजदीक आने की जगह दूर लौटते हुए मालूम होने लगीं। यहाँ तक कि धीरे-धीरे रुक गईं। एक पुलिस का सिपाही बागियों की नजर बचाकर हम तक आया और रस्सी द्वारा ऊपर खींच लिया गया। उसी से हमको मालूम हुआ कि हमारी सहायक सेना पर बागियों ने आक्रमण करके वापस कर दिया है।"[9]

दानापुर की सहयोगी सेना की पराजय

हम इस घटना को भी एक दूसरे अंग्रेज अधिकारी के पत्र को आधार बनाकर लिख रहे हैं–

वह लिखता है, इस स्टीमर में एक सौ पचास गोरे, पचास सिख और हम लोग वालेंटियर सब मिलकर चार सौ आदमी थे, दो बजे दिन को हम लोग गंगा से घाट पर उतरे। खाना तैयार था और हम भी जाने को तैयार थे, क्योंकि वे जानते थे कि पूरी क्षमता से आरा के मित्रों की सहायता की जाए। इसी बीच हमने गोली चलने की आवाज सुनी। शीघ्र तैयार होकर मौका पर पहुँचे तो देखा कि हमारे मित्र एक नाले पर खड़े होकर उस पारवाले कुछ बागी सिपाहियों पर गोली चला रहे हैं। हमारे आते ही बागी भाग गए। हमने भी आरा चले जाने का इरादा कर ही लिया। किश्ती पकड़ने में कुछ देर जरूर हुई, मगर सात बजते-बजते हम लोग नाले से पार होकर आरा की ओर रवाना हो गए। बहुत दिलकश रात थी। मगर कच्ची सड़क होने के कारण रास्ता खराब था। ग्यारह बजते-बजते चाँद डूब गया। खयाल था कि अब बागी आक्रमण नहीं करेंगे, इसलिए हम लगातार अपना रास्ता पकड़े चले गए। यहाँ तक कि आरा में घिरे हुए लोगों से एक मील की दूरी पर पहुँच गए कि अचानक आम के घने पेड़ों की आड़ से बंदूक चलने लगी। उसके बाद यदि हमको कुछ याद है तो केवल इतना कि सुबह को हमने अपने आपको सड़क पर अकेला पड़ा हुआ पाया। मेरे समीप बहुत से आदमी मरे हुए पड़े थे। उस समय तक गोलियाँ चल रही थीं। इतने में दो सिपाही बरछी लिये हुए आए। मैंने भी अपनी दो नाली उठाई और इधर-उधर फायर करता हुआ जिधर हमारे मित्र खड़े थे, झपटा। गोली तो चल ही रही थी। मगर बीस-बीस, पचास-पचास आदमियों का गिरोह बनाकर अलग-अलग थे और पूरी दुर्व्यवस्था थी और इसी कारण अपने आदमी भी घायल हो जाते थे। हमारी सेना के अधिकारी मिस्टर जोंस पहले ही आक्रमण के बाद फिर न देखे गए। अफसोस बड़ी खूबी के आदमी थे। हमारे डॉक्टर साहब घायलों की देखभाल ही में मारे गए। बागी हर ओर से और हर प्रकार से छुपकर और खुलकर

गोली चला रहे थे। हम लोग अंतत: वापस होने पर सहमत हुए कि बागी चार हजार से कम नहीं थे। पंक्ति बनाकर हम वापस हुए तो सोलह मील की पूरी दूरी हम लोगों ने बंदूकों के नीचे तय कर दी। खंदकों, जंगलों और घरों में सारे बागी भरे पड़े थे। जब हम उनके करीब पहुँचते थे तो वह हम पर गोलियाँ चला देते थे। मेरे साथ के आदमियों में से दस-बारह गिरा दिए गए। लेकिन ऊपरवाले की कृपा है कि मैं बाल-बाल बच गया। जिसपर मैं स्वयं आश्चर्य करता हूँ। पाँच मील तक मैं अपने एक घायल साथी को उठा लाया। इसके जैसे बहुत से गरीब, अधिक या कम घायल पीछे जमीन पर छोड़ दिए गए। डरपोक बागी सिपाही इन गरीबों को अकेला पाकर उनपर टूट पड़ते थे और उसकी हत्या कर डालते थे। मगर मैं अपने आपको सुरक्षित निकाल लाया और नाले के करीब पहुँचकर एक नाव पकड़ी, स्वयं भी सवार हुआ और अपने घायल साथी को भी सवार किया। हमारे कुछ साथियों ने तैरकर नाला पार करना चाहा और इस कोशिश में बहुत से मारे गए। इससे पूर्व न मैंने किसी युद्ध की परेशानियों को देखा था और न मैं उसको जानता था।' फिर वही अधिकारी अपने दूसरे पत्र दिनांक 1 अगस्त में लिखता है-'अभी-अभी मुझे मालूम हुआ है कि मेरे और साथी जो रात के अंधकार के कारण बिछड़ गए थे और वह कुल तीस आदमी थे। एक देसी नाव पर सवार होकर किसी-न-किसी तरह यहाँ पहुँचे। सरकारी सूचना अभी-अभी मुझे प्राप्त हुई है, जिससे मालूम हुआ कि हमारी सेना के एक सौ पचास आदमी मार डाले गए और शेष सब घायल हुए। कुल पचास आदमी ऐसे हैं, जो हर प्रकार से सुरक्षित रहे।'[10]

आरा में घिरे हुए लोगों के और हालात

मिस्टर हॉल्स लिखते हैं कि दानापुर सेना की तबाही की सूचना हमें दो दिन के बाद मिली। यदि उसी समय मिलती, तो हम अपने जोश में निकल पड़ते और वास्तव में उसका नतीजा बुरा होता। अब इन घटनाओं को सुनकर हमने यह इरादा कर लिया कि जब तक खाद्य सामग्री रहेगी, हम यहीं रहेंगे। खाद्य सामग्री समाप्त हो जाने के बाद अलबत्ता हम बाहर निकलकर अपने लिए अमन की जगह तलाश करने के लिए मजबूर हो जाएँगे। इसके बाद भी हम लोग आशा-निराशा की हालत में पड़े रहे। बुधवार की रात को बागियों ने सुरंग लगाई। हमारे सिखों ने उसको बेकार भी किया और खोदने के उनके हथियार भी छुपकर उठा लाए। पानी की बड़ी परेशानी थी। उन्हीं हथियारों से हमने बारह घंटों में 18 फीट का गहरा कुआँ खोद लिया। बागी हमें नष्ट करने की नई-नई योजनाएँ बनाते थे। एक दिन लाल मिरची जलाकर परेशान किया। एक दिन 'मारो-मारो' का शोर मचाकर हमको

डराया और धमकाया। उनकी सुरंगों से हम अभी तक संतुष्ट नहीं थे। मगर फिर हमको विश्वास हो गया कि हमारी दीवारें सुरक्षित हैं। बागी एक ऊँचे मकान की छत से तोप के गोले और अपनी राइफल की गोलियाँ चलाते रहे। मगर हममें से कोई भी घायल नहीं हुआ।[11]

आरा में घिरे हुए लोगों की रिहाई और जगदीशपुर पर अंग्रेजों की चढ़ाई

हम लोग अपनी कुमुक से तो निराश हो चुके थे। अचानक पेड़ों के पीछे से आवाज आई कि हमको मारो मत। यह सुनकर हमने चुपके से उन्हें बुला लिया। मालूम हुआ कि मेजर विंसेंट आयर, बक्सर से हमारी कुमुक में कल पहुँच जाएँगे। इस खबर से जो खुशी मिली वह बयान से बाहर है। आज रात को बागी मैदान से हट गए थे। आधी रात को हमारे कुछ आदमी बाहर निकलकर उन दोनों तोपों को घसीट लाए और बारूद आदि भी काफी मात्रा में उठा लाए और यह भी छानबीन करते आए कि सुरंग तैयार है। यह खबर पाकर तुरंत सुरंग को बेकार कर दिया गया। अगर दो-चार घंटों तक यह खबर और न मिलती तो हम बारूद से उड़ा दिए जाते। इसके बाद हमने निकट के मकान, जिसमें बागी छुपे रहते थे, गिरवा दिए। सात बजे सुबह के करीब सहयोगी सेना पहुँच गई। हम लोगों ने पूरे जोश के साथ मेजर आयर का स्वागत किया। मेजर आयर के साथ कुछ गोलांदाज, नं.-5 सुल्तानी के डेढ़ सौ आदमी और बक्सर के बारह वालंटियर थे। बागियों ने उनकी खबर पाकर और हमको रात के समय छोड़कर आगे बढ़कर रास्ता पर छुप रहे थे। मगर दानापुर सेना के मेजर आयर बेखबर नहीं थे। बागियों ने उनकी घेराबंदी जरूर की थी। मगर उनपर वीरतापूर्ण आक्रमण किया गया। नतीजा यह हुआ कि वह एकाग्र होकर उनके आक्रमणों का मुकाबला तो न कर सके, इधर-उधर फैलकर रास्तों पर खड़े हो गए और फिर अंततः सब जमा होकर जगदीशपुर में बाबू कुँवर सिंह के पास चले गए।[12]

मिस्टर हॉल्स लिखते हैं कि आज की सुबह हमारे लिए अद्‌भुत खुशी की सुबह थी। हम लोग आपस में खुशी से हाथ मिलाते जाते थे और अपने सहयोगियों से अपनी वीरता एवं साहस की प्रशंसा सुनते जाते थे। बागियों के कैदी जो साथ थे, उन्हें पेड़ों में लटका कर फाँसी दे दिए गए। शाम के समय हम लोग कलेक्टर के बाग और कंपाउंड में चले आए। दूसरे दिन नं.-10 की सुल्तानी फौज से दो सौ गोरे मेजर आयर की सहायता के लिए और भेज दिए गए। जगदीशपुर की ओर कूच हुआ। पहले दिन हम लोग आरा से चलकर 11 मील की दूरी पर ठहरे। जब हमारा

हरावल दस्ता एक नदी (बनास) पर पहुँचा तो बागी अपने गुप्त स्थानों से गोली चलाने लगे। हमारी सेना में से सौ आदमी बागियों से दो-दो हाथ करने के लिए दौड़ पड़े। दूसरी ओर से नं.-10 वाले सिपाही भी झपटे और हमारे पीछे से तोपखाना के सार्जेंट Mr. Melville ने तीन लोगों से ऐसे निशाने लगवाए, जिससे सारे बागी तितर-बितर हो गए। बागियों की पूरी सेना बड़ी तेजी से पीछे लौटने लगी। वापसी के समय एक बार एक जंगल में, फिर एक देहात की गली में, वह थोड़ा लड़े भी, मगर कहीं उनके कदम जम न सके। अंततः जगदीशपुर और बाबू कुवँर सिंह के सारे भवनों को हमारे कब्जा में छोड़कर भाग गए। फिर उस दिन से हमने बागियों की शकल न देखी । हमने जगदीशपुर पहुँचकर कुछ लोगों को फाँसी दी। बाबू के भवनों और एक नवनिर्माण मंदिर को ध्वस्त कर दिया और कुछ स्थानों पर आग लगाकर आरा की ओर रवाना हुए ।[13]

जगदीशपुर से सासाराम की ओर बागियों का फरार होना

जगदीशपुर में पराजित होकर बागी भीतरी स्थानों में फैले और पेरू की ओर से अमर सिंह के साथ कुवाथ में पहुँचे। बस्ती से पूरब की ओर वाले बाग और खेतों मे ठहर गए । रईसों पर खाद्य सामग्री पहुँचाने पर भी अत्याचार हुआ। मगर यह लोग पहले से सावधान थे और अपने एक विशेष नौकर द्वारा विक्रमगंज में तैनात सरकारी पलटन को उनके आगमन की खबर पहुँचा चुके थे। इसी बीच बागियों का एक जत्था बस्ती में चला आया और इधर-उधर नोच-खसोट करने लगा और दो-तीन रईसों के घोड़े जो बाहर अस्तबल में बँधे थें, खोल ले गए । इतना ही होने पाया था कि सरकारी ऊँट सवारों का एक पलटन दो तोपों के साथ पहुँच गया। बागियों को खाने का भी अवसर नहीं मिला। उसी प्रकार उनको मारते-भगाते हुए उत्तर की ओर से निकाल बाहर कर दिया। सासाराम में Sir Edward Goodard का पलटन पहले ही से तैनात था। किला रोहतास पर कब्जा कर लेने की बड़ी धूम थी, इसलिए कुछ वहाँ भी सेना रख दी गई थी और कुछ शहर की विशेष रक्षा के लिए भी । सासाराम में एक तो किला रोहतास की रक्षा जरूरी थी, दूसरे सरकारी सेना उसी सड़क से प्रायः आया-जाया करती थी, उनका सुरक्षित और विस्तृत रखा जाना भी बड़ा जरूरी था। इन्हीं कारणों से सरकारी सेना की दो रेजीमेंट और तोपखाना शहर के बाहर उस स्थान पर स्थित था, जहाँ अभी महावीरजी का मंदिर और उसका भवन पाया जाता है। मुसलमानों और सारे सासाराम वासियों ने स्वर्गीय शाह कबीरूद्दीन साहब सज्जादानशीं खानकाह के नेतृत्व में शहर की रक्षा और सरकार की सहायता में पूरी वफादारी निभाई थी और बागियों को शहर में किसी

तरह कब्जा करने का अवसर न दिया। इसलिए हुकूमत की ओर से सासाराम को आदर एवं सम्मान के लिए विशेष रूप से *नासिर-उल-हुक्कूम* (अधिकारियों की सहायता करनेवाला) की उपाधि प्रदान की गई। सासाराम के बाद अकबरपुर आदि के आस-पास में उपद्रव की कुछ खबर पाई गई, जिसको रोहतास की सेना ने शीघ्र समाप्त कर दिया।[14]

जिला गया में गदर

शाहाबाद में इतना ही हुआ। गया में रेजीमेंट-46 और सिख पलटन के कुछ लोग सुरक्षा के लिए तैनात थे। कमिश्नर ने जिला के सारे अधिकारियों को सिपाहियों समेत बुला लिया। मिस्टर मनी उस समय जिला कलेक्टर थे। कमिश्नर के आदेश से वह वापस तो हुए, मगर फिर रास्ते में उनको यह खयाल आया कि खजाना में सात लाख रुपया असुरक्षित रूप से छूट गया है। वह वहीं से वापस हुए। मगर जब तक सामान लादने के लिए तैयार किया जाए, गया से पटना जानेवाली सड़क बंद हो गई। इसलिए इन लोगों ने सारा खजाना लेकर सीधा कलकत्ता का रास्ता पकड़ा। गया से थोड़ी दूर गए थे कि जेलखाने से भागते हुए कैदी और कुछ उपद्रवियों के गिरोह ने उनपर आक्रमण भी किया। लेकिन उन लोगों ने उनको मार भगाया और खजाने को सुरक्षित कलकत्ता तक पहुँचा दिया।[15]

जिला चंपारण का गदर

मेजर होम्स की मातहती में सुगौली की सेना थी। उन्होंने सारे क्षेत्रों में मार्शल लॉ लागू करा लिया था और चंपारण, छपरा, मुजफ्फरपुर और दरभंगा (तिरहुत) में भी यह सफलता से लागू हो गया और यह लाभदायक सिद्ध हुआ। उन्होंने अजीमाबाद से गोरखपुर तक मार्शल लॉ के लागू किए जाने की सरकार से अपील की और यह भी लिख दिया कि यही कानून हर जगह लागू कर दिया जाए। मगर सरकार ने अति शीघ्र इस कानून को निरस्त कर दिया। होम्स साहब को अपने देशी सिपाहियों पर पूरा विश्वास था। वह अपनी सेना से चालीस-चालीस आदमियों का पलटन बना-बनाकर सारे जिलों में भेजा करते थे। खेद है कि मेजर होम्स साहब अपने इन्हीं विश्वासी सिपाहियों के हाथों कत्ल कर दिए गए। वह अपनी पत्नी के साथ टहलने के लिए निकले, अचानक सवारों के सशस्त्र गिरोह ने उनपर आक्रमण कर दिया। उनके मारे जाने का विवरण नहीं मालूम हुआ। मगर उनकी आया वहाँ पहुँची तो उसने दोनों का शव जमीन पर पड़ा हुआ पाया। सुगौली के बागी सिपाहियों ने कुछ और अंग्रेजों की हत्या कर डाली। मिस्टर कार्नल अपने बँगले में

बैठे थे, उनको और उनके बेटे को भी मार डाला। केवल उनकी एक लड़की बच गई, उसको किसी देशी नागरिक ने छिपा दिया। मिस्टर डिप्टी पोस्टमास्टर भी मारे गए। केवल थोड़े से सिपाही, जो कैप्टन जोंस के मातहत थे, वफादार रहे।[16]

मुजफ्फरपुर

चंपारण से अधिक प्रभाव यहाँ दिखा। यहाँ की देशी सेना बागी हो गई। फौजदारी कचहरी को लूट लिया और जेलखाने पर भी आक्रमण किया, मगर जिले की पुलिस ने उनको पराजित करके छपरा की ओर भगा दिया।[17]

पूर्णिया

पूर्णिया में कुछ बागी घुस आए थे। मगर मिस्टर जॉर्ज बॉल, कमिश्नर भागलपुर की अच्छी व्यवस्था से वह नेपाल की ओर निकाल दिए गए।[18]

पलामू

खरवार की पहाड़ी कौम जमींदारों से बागी होकर रामगढ़ की बागी सेना के पास शरण लिया। उन्होंने जिला के कुछ जमींदारों को भी अपनी साजिश में ले लिया। इन सबमें तलमेर सिंह और पीतांबर सिंह नामी दो जमींदार सबसे अधिक बगावत पर उतारू थे। मद्रास रेजीमेंट-26 ने आकर उनको पराजित किया। तलमेर और पीतांबर सिंह को फाँसी दी गई। दरभंगा, भागलपुर, दार्जलिंग, संथाल परगना, कटक, बालासोर, एंगल, संभलपुर, राँची, मानभूम और सिंहभूम आदि जिलों में कोई अशांति नहीं हुई।[19]

गदर 1857 की विश्वव्यापी बगावत का हमारे सूबा से जिस प्रकार संबंध था वह जरूरत के अनुसार लिख दिया गया। यह सारी मुसीबतें लॉर्ड केनिंग के समय में पेश आईं और समाप्त हो गईं। हिंदुस्तान के इतिहास में लॉर्ड डलहौजी का जमाना यदि मुल्क को बढ़ाने के लिए मशहूर है, तो उसी प्रकार लॉर्ड केनिंग का जमाना मुल्क की सुरक्षा की कोशिशों में प्रायः यादगार रहेगा। जो उनकी बेमिसाल दूरदर्शिता, राजनीति दृढ़ता, प्रतिज्ञा को सिद्ध करता है ।[20]

संदर्भ :

1. तारीख–ए–जदीद सूबा उड़ीसा व बिहार/ फौक बिलग्रामी, पटना, 1915, पृ.–347
2. वही, पृ.–347–348

3. वही, पृ.-348-351
4. वही, पृ.-352-353
5. *Mr. George James Halls* ने आरा के गदर की इन आँखों-देखी घटनाओं को अपनी मातृभूमि (इंग्लैंड) के मित्रों के पास भेजा था। उन लोगों ने उनके योगदानों की यादगार और अपनी योग्यता सिद्ध करने के लिए छपवा दिया। मगर यह इतनी कम प्रकाशित हुई कि कहीं पहुँची और कहीं न पहुँची। दूसरी बार बंग बाशी प्रकाशन, कलकत्ता ने उपयोगी जानकर लेखकों की अनुमति से प्रकाशित किया। (लेखक)
6. तारीख-ए-जदीद सूबा उड़ीसा व बिहार/ फौक बिलग्रामी, पटना, 1915, पृ.-353-356
7. सैयद अजीमुद्दीन हुसैन खान बिलग्रामी, डिप्टी कलेक्टर, आरा : मौलवी सैयद करम हुसैन खान बिलग्रामी के लड़के, मुहल्ला सैयद वाड़ा, बिलग्राम के रईस और उस प्राचीन और प्रतिष्ठित परिवार के सदस्य, जिसको हुमायूँ के दरबार से जागीर समेत चौधरी का प्रमाण-पत्र मिला था। यह और उनके भाई सैयद जैनुद्दीन हुसैन खान अवध से आकर बंगाल में डिप्टी कलेक्टर के पदों पर एक जमाने तक रहे। उनके एक लड़के थे, जिनको कमिश्नर, लखनऊ का सचिव बनाया गया था। मगर अफसोस कि जवानी में उनकी मृत्यु हो गई। लडकियों की संतान बाकी है। उनकें बड़े भाई सैयद जैनुद्दीन हुसैन खान के चारों लड़के सैयद बदरूद्दीन बिलग्रामी, निदेशक शिक्षा एवं पंजीयन, हैदराबाद, सैयद हुसैन बिलग्रामी, भूतपूर्व सदस्य इंडिया कौंसिल, लंदन, सैयद मोहम्मद बिलग्रामी, कलेक्टर गोलकंड (दकन), डॉक्टर सैयद अली बिलग्रामी, एल.एल.डी., बार-एट-लॉ, भूतपूर्व प्रोफेसर, संस्कृत ऑक्सफोर्ड कॉलेज, मेजर सैयद अली बिलग्रामी, आई.एम.एस. (सेवानिवृत्त) सारे बिलग्रामियों की योग्यता एवं विशेषता की मिसाल हैं, और ऐसे मशहूर हैं कि हिंदुस्तान के सारे क्षेत्रों एवं तबकों में सम्मान और आदर के साथ उनके नाम लिये जाते हैं। इनमें केवल सैयद हुसैन बिलग्रामी और सैयद अली के लड़के हैं और सब इंग्लैंड से शिक्षा प्राप्त कर दक्कन सरकार में बड़े पदों पर आसीन हैं। (लेखक)
8. तारीख-ए-जदीद सूबा उड़ीसा व बिहार/ फौक बिलग्रामी, पटना, 1915, पृ.-356-359
9. वही, पृ.-359-361

10. . वही, पृ.–361–362
11. वही, पृ.–364–365
12. वही, पृ.–365–366
13. वही, पृ.–366–367
14. वही, पृ.–367–368
15. वही, पृ.–369–370
16. वही, पृ.–370–371
17. वही, पृ.–371
18. वही, पृ.–371
19. वही, पृ.–371
20. वही, पृ.–371–372

□

9

1857 का गदर

लॉर्ड डलहौजी गवर्नर जनरल के देशी प्रांतों को जब्त करने का बुरा प्रभाव इस हद तक फैला और दूसरी बदगुमानियों ने यहाँ तक जोर पकड़ा कि देशी सिपाहियों में अपार उपद्रव उत्पन्न हो गया। फिर यह हुआ कि बंगाल के सिपाहियों को इस प्रकार की बंदूकें दी गईं, जिनमें कारतूस दाँत से काटकर भरना पड़ता था। किसी ने अफवाह उड़ा दी कि इस कारतूस में सूअर और गाय की चरबी मिली हुई है। फिर क्या था हिंदू-मुसलमान दोनों प्रकार के सिपाही भड़क उठे। उस समय लॉर्ड केनिंग हिंदुस्तान का वाइसराय था। उसके पास दो लाख 45 हजार देशी और 51 हजार आठ सौ यूरोपियन सिपाही थे और उसमें भी अंग्रेजी रेजीमेंट आगरा से बैरकपुर के बीच दानापुर के अतिरिक्त कहीं न थी। 10 मई को मेरठ में देशी सिपाहियों ने खुलेआम बगावत शुरू कर दी और बहुत खून-खराबे के बाद दिल्ली की ओर कूच कर गए। बहादुर शाह को हिंदुस्तान का बादशाह बनाया गया और लखनऊ में बिरजिस कादिर को राज सिंहासन पर बैठाया गया। पंजाब के सिख और मद्रास, बंबई के देशी सिपाहियों के अलावा हिंदुस्तान के सारे सिपाही भड़क गए। दानापुर में नंबर 7, 8 और 40 की पलटनें थीं। अंतिम समय में यह भी बागी हो गए। उन्होंने पटना आदि को छोड़कर हमारे जिले शाहाबाद का रुख किया।[1]

शाहाबाद आरा में गदर

27 जुलाई को बागी नक्कारा बजाते हुए आरा पहुँचे और लूट-मार शुरू कर दी। कुछ यूरोपियन महिलाएँ और उनके बाल-बच्चे पहले ही दानापुर अंग्रेजी सेना के संरक्षण में भेज दिए गए थे। अब केवल आठ अंग्रेज यहाँ बाकी रह गए थे, जिन्होंने आरा हाउस को किले के स्थान पर बचाव के लिए तैयार कर लिया था। मगर बागियों का उपद्रव और उसकी शक्ति इतनी बढ़ी हुई थी कि अंग्रेजों की सहायक सेना भी उनसे पराजित हो गई। आरा हाउस में घिरे हुए लोगों पर कब्जा

पाने के लिए उन्होंने बहुत हाथ-पाँव मारे। मिरचें जलाईं, सुरंगें खोदीं। मगर अंग्रेजों की दृढ़ता ने उनकी एक भी नहीं चलने दी। रसद मौजूद था, केवल पानी की कमी थी, जिसको 18 फीट का गहरा कुआँ हथियारों से खोदकर पूरा कर लिया गया। अंग्रेज इसी परेशानी में थे कि मेजर आयर नंबर 5 सुल्तानी के 150 व्यक्ति और कुछ गोलांदाज और वालंटियर लेकर बक्सर से उनकी सहायता को पहुँचे। बागियों ने उनका अधिक मुकाबला करना उचित नहीं समझा और जगदीशपुर के जमींदार बाबू कुँवर सिंह के पास चले आए। मेजर आयर की मदद में नंबर 10 की सुल्तानी सेना के दो सौ गोरे और भी आ गए, जिसके साथ मिलकर यह जगदीशपुर की ओर रवाना हुए। बागियों ने पहला मुकाबला बनास नदी पर और फिर और कुछ स्थान पर किया। मगर प्राय: हार का सामना करना पड़ा। मेजर आयर ने जगदीशपुर पहुँचकर संदिग्ध लोगों को फाँसियाँ दीं। कुँवर सिंह के भवनों और मंदिर को ध्वस्त कर दिया। उसके बाद बागी अमर सिंह की अगुआई में विभिन्न स्थानों पर आक्रमण करते रहे, जिनमें एक कुवाथ भी था।[2]

सासाराम में गदर

सासाराम में उस समय मेजर बेकर साहब मजिस्ट्रेट थे। शेरशाही मार्ग और किला रोहतास का गदर के समय में एक विशेष महत्त्व था। बागी इस किले पर कब्जा करना चाहते थे। शेरशाही मार्ग अंग्रेजी सेना के यातायात के लिए था। इन दोनों स्थानों का सुरक्षित रहना अंग्रेजों के लिए बहुत जरूरी था। इसलिए सासाराम में स्राडवर्ड लेडर्ड की पहले से एक पलटन मौजूद थी। सरकारी सेना की दो रेजीमेंट और एक तोपखाना महावीरजी मंदिर के समीप गाँव से उत्तर धुस बनाकर मौजूद था। अगस्त में आरा के दो हजार बागियों ने इस गाँव पर हमला किया और सरकारी भवनों को जला दिया और इधर-उधर लूट-खसोट मचाते रहे। उनकी बड़ी संख्या थी। अच्छे-अच्छे जमींदार उनकी पीठ पर थे। इस प्रकार सासाराम उस समय अशांति का केंद्र था। गाँव की रक्षा के लिए शहर पनाह के फाटक बनाए गए, जिनमें कुछ अब तक मौजूद हैं। सासाराम वासियों ने अपनी स्वाभाविक वीरता से काम लेकर बागियों का पूरा-पूरा मुकाबला किया और उनका किसी प्रकार पाँव जमने न दिया। बागियों के किला रोहतास पर कब्जा करने में उनकी बहादुरी और वफादारी ने बड़ी कठिनाइयाँ उत्पन्न कर दी। कुँवर सिंह के अनुयायी अकबरपुर में पहुँचे और अक्तूबर में रामगढ़ बटालियन के बागी भी छोटा नागपुर के मौजा चतरा में पराजित होकर उनसे उस स्थान पर आ मिले। कैप्टन रैट्रे ने सिखों और सवारों के साथ उनपर आक्रमण किया। इस अवसर पर उनको उस बटालियन की ओर से

कुछ संदेह हो गया, जो केवल तलवार से हथियारबंद थी। कारबाइनें छीन लिये जाने के बाद भी यह अपनी वफादारी से एक कदम बाहर नहीं हुए और अपनी बहादुरी से बागियों को रोहतास के जंगलों में तितर-बितर कर दिया। सासाराम सैनिक व्यवस्था का केंद्र था। रोहतास किले पर यहीं से सहायता भेजी जाती थी। सत्तर नैजाबाज और चालीस पांडर बंदूकें खास रोहतास के लिए थीं। एक कब्रिस्तान, जो कोराइच के समीप स्थित है, उसमें उन अंग्रेज सिपाहियों की कब्रें हैं, जो बागियों के हाथों मारे गए। आदमपुर में भी, जो पश्चिमी शेरशाही सड़क पर स्थित है, एक ऐसा कब्रिस्तान है, जिसमें 17वीं रेजीमेंट के फिदाई दफन हैं, जो यहाँ 1859 में मारे गए थे।[3]

बाबू कुँवर सिंह इस क्षेत्र में एक जबरदस्त व्यक्तित्ववाले बागी थे। उनका भाई अमर सिंह एक बहादुर व्यक्ति था, जो जनरल की हैसियत से काम कर रहा था। निशान सिंह साकिन मौजा बड्डी इलाका सिंदवार उनके दाएँ हाथ थे। इसके अतिरिक्त और भी बहुत लोगों की भागीदारी थी, जिनके उपद्रव को सासारामवासियों ने ही समाप्त किया। वास्तव में सासारामवासियों ने इस कठिन घड़ी में केवल दृढ़ता ही नहीं दिखाई, बल्कि जान, माल और अपनी बहादुरी से सरकार की बड़ी सहायता की। उस समय उन लोगों के लोकप्रिय नेता शाह कबीरूद्दीन अहमद, सज्जादानशीं खानकाह सासाराम थे।[4]

गिरफ्तारियाँ और फाँसी

कुँवर सिंह के बारे में तो मशहूर है कि यह कोटा घाट के रास्ते से पहाड़ पर चढ़े और फिर कुछ विशेष जानकारी नहीं मिली। एक स्थान पर अंग्रेजी सेना ने आकर घेर लिया। बाबू साहब घोड़े पर सवार थे। किसी प्रकार जान की सलामती नजर नहीं आई तो घोड़े को गंगा में डाल दिया। अभी कुछ दूर ही पहुँचे थे कि बाँह पर गोली लगी और बायाँ हाथ लटक पड़ा। कुँवर सिंह ने तलवार म्यान से खींच ली और यह कहकर घायल हाथ को काट डाला ' गंगा माइ! यह तुम्हारी भेंट है'। इस घटना को एक कवि ने अपनी कविता में इस प्रकार ढाला है–

आकर देहात में और शिवपुर के घाट में
कुँवर सिंह जोझ गए बागियों के साथ में
तारीख तो कही हैगी बात ही की बात में
गोली लगी हाथ में गोली लगी हाथ में

अमर सिंह भी गुप्त हो गए। निशान सिंह गिरफ्तार हुए और मौजा कोराइच में तोप से उड़ाए गए। शायद अकबरपुर के किसी बड़े मुसलमान को भी गोली मारी

गई। इनके अतिरिक्त अधिकांश संदिग्ध लोगों को उसी प्रकार पेड़ों में लटकाकर फाँसियाँ दी गईं। उनकी संपत्तियाँ जब्त कर ली गईं। बगावत समाप्त होने के बाद शाह कबीरूद्दीन अहमद की सेवाओं को देखते हुए गवर्नर जनरल वाइसराय हिंद ने अपने हाथों से उन्हें प्रमाण-पत्र प्रदान किया।[5]

संदर्भ :

1. तारीख–ए–सहसराम/ मुस्लिह सहसरामी, सासाराम, 1918, पृ.–102
2. वही, पृ. 102–103
3. वही, पृ.–103
4. वही, पृ.–103–104
5. वही, पृ.–104

□

10

पटना में बागियों का विद्रोह 1857

3 जुलाई, 1857 को अचानक पदारी की हवेली अर्थात् रोमन कैथोलिक गिरजाघर के अहाता के समीप गली से साठ-सत्तर आदमियों का एक गिरोह हरा झंडा लहराता और नक्कारे के साथ 'या अली' का नारा बुलंद करता हुआ राजमार्ग पर आकर पूरब की ओर रवाना हुआ। रास्ते में शहर के लुच्चे-लफंगे भी साथ हो लिये और थोड़ी देर में सारे शहर में हलचल मच गई। अधिकारियों ने खबर पाते ही शीघ्र सिखों की पलटन को बुलाया और वह आदेश पाते ही आ पहुँची। लेकिन इसके पूर्व डॉक्टर लॉयल, प्रबंधक अफीम गोदाम ने यह समझ कर कि बागी उससे भयभीत होकर भाग जाएँगे, घोड़े पर सवार होकर उनका पीछा किया। इस अवधि में बागियों का गिरोह मछरहट्टा तक पहुँच गया था। उसी जगह किसी ओर से एक गोली आकर एक साहब महोदय को लगी, जिससे उनकी मृत्यु हो गई। हंगामा कुछ और बढ़ने वाला था, लेकिन उसी समय सिखों की पलटन पहुँच गई और बागी इधर-उधर भाग गए। उनमें से एक व्यक्ति मारा गया। लेकिन उसकी पहचान न हो सकी कि कौन था और इमामुद्दीन नाम का लखनऊ का रहनेवाला भी पकड़ा गया।[1]

दूसरे दिन गुरहट्टा में पीर अली (लखनवी) कुतुब फरोश की दुकान में तलाशी होने पर कुछ बगावत संबंधी पत्र प्राप्त हुए और उसके बाद पीर अली को भी गिरफ्तार कर लिया गया। अधिकारियों द्वारा खान बहादुर दीवान मौला बख्श 'सी.एस.आई.' डिप्टी मजिस्ट्रेट को आगे की छानबीन का दायित्व सौंपा गया। और नक्कारा बजानेवाले की पहचान पर नंदू कहार, हाजी जान, घसीटा खलीफा अखाड़ा, असगर अली, बुद्धन, अवसाफ हुसैन भाइयों समेत और शेख अब्बास इत्यादि कुछ व्यक्ति गिरफ्तार हुए और उन सबको पीर अली कुतुब फरोश सहित फाँसी दी गई। अंत में पहचान करनेवाले नक्कारा बजानेवाले को भी फाँसी दी गई।[2]

दारोगा वारिस अली और मौलवी अली करीम की गिरफ्तारी

इन्हीं घटनाओं के सिलसिले में तिरहुत के अधिकारियों ने नील के अंग्रेज सौदागरों की मदद से दारोगा वारिस अली को भी गिरफ्तार कराया। उसके पास कोई पत्र प्राप्त हुआ, जो उसने बगावत के बारे में मौलवी अली करीम, जमींदार, मौजा डुमरी, जिला पटना को लिखा था। इस पत्र के कारण मौलवी अली करीम की गिरफ्तारी हुई। अंत में दारोगा वारिस अली को फाँसी दी गई। मशहूर है कि फाँसी के समय उसने पुकार कर कहा कि 'कोई ऐसा है कि दिल्ली के बादशाह को इसकी खबर दे?'[3]

सूबा बिहार में 1857 के गदर की घटनाएँ

1857 का मशहूर गदर 10 मई को मेरठ से शुरू हुआ, जब सिपाहियों ने बागी होकर दिल्ली की ओर कूच किया, लेकिन इन घटनाओं का सूबा बिहार से कोई संबंध नहीं। बिहार बंगाल में शामिल था और बंगाल में बैरकपुर (कलकत्ता) और सूबा बिहार में दानापुर की फौजी छावनियाँ दो केंद्रीय स्थान थीं। दानापुर की छावनी में गोरों की एक पलटन और तोपखाना के अलावा देशी तोपखाना और नं.-7, 8 और 40 की देशी पलटनें मौजूद थीं। 1855 में संथाल परगना में संथालियों ने बगावत की थी। इसलिए अंग्रेजों ने एक देशी पलटन रोहिणी में तैनात कर रखी थी और उसका एक दस्ता देशी पलटन के साथ बौंसी जिला भागलपुर में और कुछ दस्ते देवघर और रामपुर हाट में भी तैनात थे। इसी तरह छोटा नागपुर की रक्षा के लिए एक छोटी पलटन डोरंडा (जो राँची का एक भाग था) में रखी गई थी और उसके साथ हजारीबाग, चाईबासा (सिंहभूम) और पुरुलिया में तैनात थे। नेपाल की सीमा के आस-पास के इलाकों की रक्षा के लिए सुगौली जिला चंपारण में एक पलटन तैनात थी। बगावत के कई कारण बयान किए जाते हैं। उनमें एक विशेष कारण यह था कि उस जमाने में Enfiled के कारखाने की जो बंदूकें सेना में प्रयोग होती थीं। उनके कारतूस पर एक चिकना कागज मढ़ा होता था और इन कारतूसों को बंदूक में लगाते समय उनके सिरों को सिपाही दाँतों से नोचकर लगाते थे। सिपाहियों को मालूम हुआ कि इस चिकने कागज में सूअर और गाय की चरबी लगाई जाती है। इसलिए न मुसलमान इनको छू सकते थे, न हिंदू। इस संबंध में फौजी अधिकारी भी सिपाहियों को संतुष्ट नहीं कर सके; क्योंकि स्वयं उनको खबर न थी कि किस प्रकार की चरबी प्रयोग में लाई गई थी और सरकार की ओर से जब इन कारतूसों का देना बंद कर देने से संबंधित या इसके अलावा जो काररवाई हुई, वह इस घटना के बाद हुई, इसलिए संदेह दूर न हुआ।[4]

जून के प्रथम सप्ताह में दानापुर के सिपाहियों ने पत्र[5] द्वारा पटना पुलिस को सूचना दी कि अतिशीघ्र पटना पर हमला किया जाएगा। तुम लोग भी सतर्क रहो कि खजाना हाथ से न जाए। यह पत्र अधिकारियों के हाथ लग गया। मिस्टर टेलर कमिश्नर ने यथासंभव छज्जू बाग की कोठी को मजबूत करके उसकी दीवारों में बंदूक चलाने के लिए छेद बनवाए और सारे इलाकों में अंग्रेज अधिकारियों को लिख भेजा कि पटना चले आओ। 7 जून को अधिकांश अंग्रेज इस कोठी में जमा हो गए। उस समय अंग्रेज सख्त खतरे में थे, विशेषकर इस कारण से कि यहाँ पहरे पर जो नजीब तैनात थे, उनकी वफादारी पर पूर्ण विश्वास नहीं था। मेजर होम्स अफसर पलटन सुगौली की सेना भी ऐसी थी कि कुछ दिनों के बाद बागी सिद्ध हुई। लेकिन कैप्टन रैट्रे के भेजे हुए सिख सिपाहियों की उपस्थिति से जान में जान आई।[6]

दानापुर की सेना एक बूढ़े, अनुभवी अधिकारी जनरल लॉयड के मातहत थी। कमांडर-इन-चीफ ने जनरल को लिख भेजा कि गोरों की सेना अतिशीघ्र दानापुर पहुँचेगी। उसके पहुँचने पर देशी पलटनों से हथियार ले लेना और उनको समझा देना कि तुम्हारे साथ कोई बुराई मंजूर नहीं, बल्कि स्वयं तुम्हारे पक्ष में यह अच्छा है। इसलिए कि स्वयं देशी बगावत से सुरक्षित रहोगे और यदि इस समझाने पर भी यह हथियार देने से इनकार करें तो बलपूर्वक ले लेना। इस आदेश के कुछ दिनों बाद 23 जुलाई को गोरों की सेना पहुँच गई। इसके बाद 25 जुलाई को देसी सेना के शस्त्रागार से बंदूक की टोपियाँ निकलवाकर अंग्रेजी पलटन की मैगजीन में रखवा दी गईं और देशी सिपाहियों को भी आदेश दिया गया कि बंदूक की टोपियाँ उनके पास है, दाखिल कर दें। सिपाहियों ने इस आदेश को मानने से इनकार किया तो गोरों ने उनपर गोलियाँ चला दी। संयोग से उस समय जनरल भी मौजूद न था। सिपाही छावनी से निकलकर सोन नदी के पार बाबू कुँवर सिंह, जमींदार जगदीशपुर के गिरोह से जा मिले।[7]

चार दिन के बाद अंग्रेजों ने सेना के एक दस्ते को, जिसमें पचास सिखों को शामिल करके चार सौ आदमी स्टीमर द्वारा आरा की ओर रवाना किया। 29 जुलाई की शाम यह लोग स्टीमर से उतरकर आरा की ओर रवाना हुए। आधी रात के करीब अचानक बागियों से मुकाबला हो गया। बागियों की अधिक संख्या ने अंग्रेजों की सेना को बुरी तरह पराजित किया। उनके डेढ़ सौ आदमी मारे गए और इतने ही घायल हुए। केवल पचास-साठ आदमी किसी प्रकार सुरक्षित पहुँचे।[8]

आरा में मिस्टर बायल नामक इंजीनियर ने एक बँगला निर्माण कराया था। गदर के आसार शुरू होते ही बायल ने रसद का सामान इकट्ठा करके बँगला को

ईंटों से घेर कर यथासंभव सुरक्षित कर लिया और 9 यूरोपियन, 6 यूरिशियन, तीन हिंदुस्तानी और उनके अलावा पुलिस के पचास सशस्त्र सिपाहियों ने इसी घर में शरण ले लिया। बागियों ने कई बार इसपर आक्रमण करने का इरादा किया। एक बार एक छोटी तोप भी सामने लगा दी और गोलियाँ चलाकर उनको डराते रहे। लेकिन घिरे हुए लोगों की होशियारी और अच्छी तदबीर के कारण बाकायदा आक्रमण करने का साहस न कर सके। अंततः सात दिन में 2 अगस्त 1857 को विंसेंट आयर नामक फौजी अफसर ने दो सौ अंग्रेज सिपाही और कुछ तोपें ले जाकर कुँवर सिंह के आदमियों को, जिनकी संख्या दो हजार के करीब थी, पराजित कर भगा दिया और घिरे हुए लोगों ने इस विपदा से रिहाई पाई। इसी बँगला को 'आरा हाउस' कहते हैं और इसको इतनी ऐतिहासिक अहमियत हासिल हो गई है कि 1912 में जार्ज पंचम ने आरा आकर इसका मुआयना किया। आयर ने अपनी कुमुक में तीन सौ सिपाही और मँगवाकर जगदीशपुर में कुँवर सिंह के गढ़ पर कब्जा कर लिया। बाबू कुँवर सिंह ने अपने साथियों को लेकर आजमगढ़ की राह ली और वहाँ पहुँचकर कुछ युद्धों में वीरता दिखाई। लेकिन कुँवर सिंह के भाई अमर सिंह शाहाबाद के दक्षिणी इलाकों में पहुँचकर अंग्रेजों से मुकाबला करने का निश्चय किया और इस अवधि में भागलपुर की नं.-5 पलटन के आदमी भी आकर इससे मिल गए। कुछ महीनों के बाद अप्रैल 1858 में कुँवर सिंह ने आजमगढ़ से वापस आकर फिर जगदीशपुर पर कब्जा कर लिया। अंग्रेजों ने एक सेना को, जिसमें चार सौ सिपाही थे, कुँवर सिंह से मुकाबला के लिए रवाना किया। लेकिन कुँवर सिंह ने उसको बुरी तरह पराजित किया। उस समय कुँवर सिंह की आयु 80 वर्ष के लगभग थी और पूर्व के युद्धों में शायद घायल भी हुए थे। अंग्रेजों को पराजित करने के बाद कुँवर सिंह का देहांत हो गया और बागियों के गिरोह ने बाबू अमर सिंह को सरदार बनाकर अपने गिरोह को बढ़ाना शुरू किया। अमर सिंह के इलाके में जंगल इतना था कि अंग्रेजों के अनुमान के अनुसार तीन लाख बीस हजार बेलदार छह सप्ताह काम करने पर उसको काटकर साफ कर सकते थे। एक समय तक अंग्रेज बाबू अमर सिंह के गिरोह से मुकाबला न कर सके, लेकिन अंततः बड़ी कठिनाइयों के बाद सर्वप्रथम सर एडवर्ड लुगार्ड और बाद में जनरल डगलस ने उनको तितर-बितर कर दिया। जब अंग्रेजों की सात हजार सेना सात विभिन्न स्थानों से उनको घेरना शुरू किया तो बागियों का गिरोह कैमूर पहाड़ियों की ओर भाग कर बिलकुल समाप्त हो गया।[9]

मिस्टर टेलर ने गदर के आसार शुरू होते ही जिला के अंग्रेज अधिकारियों को पटना चले आने का आदेश दिया था। इसके प्रतिपालन में केवल मुजफ्फरपुर

और बाढ़ के अधिकारियों ने पहल की और गया का कलेक्टर शहर से कुछ मील दूर जाकर वापस हो गया। दानापुर की बागी सेना का गया की ओर आना सुनकर उसने फिर यहाँ से रवाना होने का इरादा किया। उसके जाते ही खजाना के पहरेवाले नजीबों ने बागी होकर उधम मचा दी और जेलखाने के कैदियों को रिहा करके लूट-मार शुरू कर दी। उस समय भागलपुर की पलटन के बागी सिपाही भी गया पहुँचकर इन बागियों से मिल गए थे।[10]

दो सप्ताह के बाद गया पर अधिकारियों का कब्जा हो गया, लेकिन इसके बाद भी काफी समय तक बागियों ने दंगा एवं उपद्रव का क्रम जारी रखा।

सुगौली, जिला चंपारण में सिपाहियों के बागी होने पर मोतिहारी (चंपारण) और सारण के अंग्रेज अधिकारियों को भी दो सप्ताह तक अपने स्थान से हटकर रहना पड़ा। इन इलाकों में अधिकारियों की अनुपस्थिति में मौलवी मो. वाजिद[11] ने बड़े धैर्य से शांति बहाल रखी।

जिला मुजफ्फरपुर में भी पलटन के सिपाही बागी हो गए, लेकिन यहाँ पहरे वालों ने धैर्य से काम लिया और बागी सिपाही कुछ न कर सके।

हजारीबाग, राँची, चाईबासा इत्यादि विभिन्न स्थानों में बागियों ने फसाद बरपा कर रखा था और जंगली कोल भी उनके प्रभाव से जगह-जगह कत्ल एवं खून में व्यस्त थे, लेकिन वास्तव में बागियों में शाहाबाद के अतिरिक्त किसी जगह कोई संगठन न था। इसलिए उनको सफलता न मिली। उनकी लूट-मार के कारण जनता को भी उनके साथ कोई सहानुभूति न थी। अतः एक साल के अंदर ही अंग्रेजों ने गदर के हंगामे की पूर्ण रूप से रोकथाम कर दी (सूबा बिहार के गदर की घटनाओं और विवरण के लिए हर जिले का गजेटियर और पटना कमिश्नरी से संबंधित मिस्टर टेलर की किताब *Patna Crisis* और *Twenty Eight Years in India* और ओमैली साहब का इतिहास देखना चाहिए।[12]

संदर्भ :

1. तारीख–ए–मगध/ फसीहुद्दीन बल्खी, पटना, 2001(प्रथम संस्करण, 1944), पृ.–344
2. वही, पृ.–344–345
3. वही, पृ.–345
4. वही, पृ.–345–346
5. Twenty Eight Years in India/W. Taylor, Vol. 2 p. 242
6. तारीख–ए–मगध/ फसीहुद्दीन बल्खी, पटना, 2001(प्रथम संस्करण,

1944), पृ.-346-47

7. वही, पृ.-347
8. वही, पृ.-347
9. वही, पृ.-347-349
10. वही, पृ.-349
11. सरकार ने उनकी सेवाओं के फलस्वरूप विशेष पेंशन भी तय की थी, जो उनके जीवन तक जारी रही। (लेखक)
12. तारीख-ए--मगध/ फसीहुद्दीन बल्खी, पटना, 2001(प्रथम संस्करण, 1944), पृ.-349-50

□

~ खंड : तीन ~

उर्दू पुस्तकों में 1857 का बिहार-झारखंड (स्वतंत्रता के बाद)

11

पूर्वी और पश्चिमी बिहार

संथाल परगना : बिहार में सबसे पहला शोला संथाल परगना में भड़का, जो बंगाल के जिलों में से बर्द्धवान, बीरभूम, मुर्शिदाबाद और मालदा के साथ मिला हुआ है। यहाँ एक छावनी रोहिणी में थी। मेजर मैकडोनाल्ड वहाँ का कमांडर था। वह 12 जून को शाम के समय अपने बँगले के सामने अपने दो मित्रों के साथ चाय पी रहा था। एक मित्र उठकर बँगले में जाने लगा तो देखा कि तीन आदमी दबे पैर चले आ रहे हैं। फिर अचानक उन्होंने तलवारें खींचीं और अंग्रेजों पर टूट पड़े। एक मारा गया, दो बुरी तरह घायल हुए। फिर वह लोग भाग गए। किसी को पता न लग सका कि वे कौन थे!

कुछ दिन बाद एक सवार ने बताया कि तीनों सैनिक थे। उनपर मुकदमा चलाया गया और मौत की सजा सुनाई गई। लेकिन जानते हो, उन्हें किस प्रकार सजा दी गई? वही तरीका, जिसे इलाहाबाद के सिलसिले में अंग्रेजों ने स्वच्छ तरीका बताया था। अर्थात् पेड़ों के साथ रस्सा बाँधना, आरोपी को हाथी पर बिठाकर रस्सा गले में डालना और हाथी को चला देना।[1]

दानापुर और सुगौली : पश्चिमी बिहार में सेना के केंद्र दो थे। एक दानापुर, जो पटना से दस मील पर था, दूसरा सुगौली, जो जिला चंपारण में मोतिहारी से भी आगे सीमा के समीप था। दानापुर में सेना का डिवीजन रहता था और उसका कमांडर मेजर जनरल लॉयड था। उसका कार्यक्षेत्र बहुत बड़ा था। सुगौली में केवल एक सेना रहती थी, जिसका अफसर मेजर होम्स था।[2]

विलियम टेलर : विलियम टेलर पटना का कमिश्नर था। वह बदला लेनेवाला और द्वेषी था। उसने फैसला कर रखा था कि किसी भी देशी आदमी को सजा देने का अवसर मिलेगा, तो संभवत: कोई अवसर हाथ से न जाने देगा। 7 जून को खबर मिली कि दानापुर की देशी सेना में शायद बेचैनी फैली हुई है। टेलर ने अपने मकान में सारे अंग्रेजों के ठहरने की व्यवस्था की और स्वयं जाकर या

आदमी भेज-भेजकर सबको बुला लिया। सिखों की एक सेना भरती की गई और वह पटना से चालीस मील पर थी। टेलर ने 5 जून को संदेश भेज दिया था कि वह सेना अतिशीघ्र पटना पहुँच जाए। 7 जून को वह लोग भी पहुँच गए। इस तरह समझ लिया गया कि पटना बिलकुल सुरक्षित हो गया।[3]

लॉयड, टेलर और हुकूमत : मेजर जनरल लॉयड से कहा गया कि वह देशी सिपाहियों से हथियार रखवा लें। उसने इनकार किया और कहा कि मुझे अपने सेना पर पूरा विश्वास है। हुकूमत मेजर लॉयड की कार्यपद्धति को दुरुस्त समझती थी और उसी का पक्ष लेती थी। टेलर के आतंकित करने के बारे में किसी की भी राय अच्छी न थी।[4]

यह भी कह देना चाहिए कि सिखों की सेना पर हर ओर से कटाक्ष के तीर बरसते थे। वह लोग जहाँ से गुजरे अवाम ने उन्हें नास्तिक बताया। पटना में सिखों का एक बहुत बड़ा गुरुद्वारा था। जब उन सिपाहियों ने गुरुद्वारे में प्रवेश करना चाहा तो महंत ने उन्हें प्रवेश की अनुमति नहीं दी।[5]

गिरफ्तारियाँ और नजरबंदियाँ : टेलर चैन से बैठनेवाला आदमी नहीं था। 19 जून को उसे विश्वास हो गया कि शहर में जो बेचैनी और अशांति फैली हुई है, उसके जिम्मेदार तीन आदमी हैं, एक मौलाना अहमदुल्लाह सादिकपुरी, दूसरे मौलाना मोहम्मद हुसैन, मुहल्ला-ननमुहिया और तीसरे मौलवी वाइजुल हक। टेलर ने तीनों को मशविरा करने के बहाने बुलाया और उनको नजरबंद करने का आदेश दे दिया। साथ ही कहा कि वर्तमान नाजुक हालात में उन्हें आजाद नहीं छोड़ा जा सकता, बल्कि निगरानी में रखा जाएगा।

फिर गिरफ्तारियाँ शुरू कर दीं। सर्वप्रथम मौलवी मेहदी मजिस्ट्रेट को पकड़ा गया, जिस पर संदेह था कि बागियों की सरगर्मियों को नजरअंदाज कर रहा है। 22 जून को मुजफ्फरपुर में वारिस अली पुलिस का एक अधिकारी गिरफ्तार हुआ, जिसके पास से बहुत सारे कागजात निकले और उनसे षड्यंत्रकारियों के नाम मालूम हुए। उनमें सबसे बड़ा अली करीम था। लेकिन उसे गिरफ्तारी से पूर्व सूचना मिल गई और वह बच निकला।[6]

हंगामा : 3 जुलाई को पटना में हंगामे का आरंभ हुआ। पीर अली खान इस हंगामा का लीडर था और दो सौ आदमी उसके साथ थे। हरा झंडा इस गिरोह के साथ था। नक्कारा बजाकर ऐलान किया जा रहा था कि मुसलमानों! अल्लाह के दीन के लिए शामिल हो जाओ।

सिख को इस जनसमूह को कुचलने के लिए भेजा गया। इसी बीच अफीम विभाग का सहायक एजेंट, जिसका नाम डॉक्टर लॉयल था, जनसमूह को रोकने और

तितर-बितर करने के लिए घोड़े पर सवार होकर आया, वह मारा गया और कुछ मालूम नहीं, क्या हालात पेश आए! सिखों ने व्यापक गोलाबारी से भीड़ को भगा दिया। 4 जुलाई को 31 आदमी गिरफ्तार किए गए। उनमें पीर अली खान के अलावा शेख घसीटा भी था, जो पटना के मशहूर दौलतमंद सेठ लुत्फ अली खान का एजेंट था।

उनमें से 15 आदमियों को तुरंत फाँसी की सजा दी गई, जिनमें वारिस अली भी शामिल था और उसे मुजफ्फरपुर से पकड़ा गया था। पीर अली खान और शेख घसीटा को दूसरे या तीसरे दिन फाँसी दी गई। लुत्फ अली खान पर भी मुकदमा चलाया गया, लेकिन उसके विरुद्ध कोई आरोप सिद्ध न हो सका।[7]

दानापुर और सुगौली : दानापुर की सेना ने 25 जुलाई को बगावत का परचम बुलंद किया। वह लोग उठे अपनी वरदियाँ उतार फेंकी और आरा का रास्ता लिया, जो शाहाबाद का केंद्रीय स्थान था। ठीक उसी समय सुगौली में भी बगावत का परचम बुलंद हुआ। विश्वास है कि दोनों स्थानों की सेनाओं ने आपस में पत्राचार एवं संदेश द्वारा दिन और समय तय कर लिया होगा।[8]

कुँवर सिंह : अब एक नया कार्यकर्ता सामने आता है अर्थात् कुँवर सिंह जो जगदीशपुर में केवल एक जागीरदार था, लेकिन इस स्वतंत्रता संग्राम में उसने ऐसे शानदार कारनामे अंजाम दिए कि कुछ बड़े-बड़े कार्यकर्ताओं के सिवा वैसे कारनामे कोई अंजाम न दे सका।

यह एक पुराने रईस घराने का सदस्य था और अपने इलाका में राजा समझा जाता था। अंग्रेजी मालगुजारी व्यवस्था के कारण उसे सबसे अधिक नुकसान पहुँचा। उसके विरुद्ध मुकदमे कायम किए गए। एक अवसर पर उस गरीब ने स्वीकार किया कि मैं बीस लाख रुपया अदा कर दूँगा और मेरी जागीर नीलाम न की जाए, वह रुपया जमा करके सरकारी खजाना में पहुँचा रहा था। लेकिन आदेश दिया गया कि पूरा रुपया एक महीने में जमा करो, वरना नीलामी का आदेश जारी हो जाएगा। टेलर ने कुँवर सिंह के पक्ष में बहुत कुछ लिखा, मगर हुकूमत ने कोई सिफारिश न मानी, अर्थात् टेलर इतना बुरा और अविश्वासी समझा जाता था कि वह जिस का पक्ष लेता उसे अच्छा न समझा जाता और जिसका विरोध करता, उसे शुभचिंतक माना जाता।[9]

आरा पर आक्रमण : दानापुर के बागी सिपाही के पास सोन नदी को पार करने का कोई साधन न था और उसे पार किए बिना आरा नहीं पहुँच सकते थे। कुँवर सिंह हुकूमत से मायूस होकर ऐसे ही अवसर की प्रतीक्षा कर रहा था। उसने जगह-जगह से नाव इकट्ठा कीं और पूरी सेना को दरिया से गुजारकर दूसरे किनारे पर ले गया और आरा पर आक्रमण का फैसला कर लिया गया।[10]

अंग्रेजों का पहला प्रयास : वहाँ के अंग्रेजों ने एक मकान को पहले से

मजबूत कर रखा था। सब उसमें जा बैठे और मुकाबला शुरू हो गया। 27 जुलाई से 29 जुलाई तक घेराबंदी जारी रही। इसी बीच कैप्टन डनबर सेना लेकर आरा आ गया। रात के समय वह आरा के निकट पहुँचा। कुँवर सिंह ने उसके लिए एक विशेष योजना पहले से तैयार कर रखी थी। रास्ते के दोनों ओर उसने आमों के झुंड में बंदूकची बिठा रखे थे। अचानक गोलाबारी शुरू हुई। डनबर और दूसरे अधिकारी पहले ही वार में मारे गए। अंग्रेजी सेना के आदमी मर-मर गिरने लगे। बड़ी मुश्किल से उन लोगों को गड्ढा मिला, जिसमें यह गोलियों से सुरक्षित रहे। वहीं मशविरा किया और वापसी जरूरी समझा गया। अतः बची-खुची सेना दानापुर पहुँच गई।[11]

दूसरा प्रयास : घेराबंदी फिर जोर-शोर से शुरू हो गई और 2 अगस्त तक जारी रही। अब घिरे हुए अंग्रेजों के पास उपकरण एवं सामान बहुत कम रह गया था। वह सोच रहे थे कि बंदूकें और पिस्तौल लेकर रात के समय निकल जाएँ।

इस अवधि में अंग्रेजों ने मेजर आयर को सेना देकर आरा भेज दिया। वह 2 अगस्त को घटनास्थल पर पहुँचा। बागियों ने भी उसका मुकाबला आगे बढ़कर किया। बड़ी व्यापक लड़ाई हुई, लेकिन आयर को मालूम हो चुका था कि डनबर किस कारण पराजित हुए। इसलिए वह बड़ी सावधानी से आगे बढ़ता रहा और उसके पास उपकरण एवं सामान भी अधिक था। अतः वह 3 अगस्त को आरा में प्रवेश कर गया और कुँवर सिंह तमाम साथियों को लेकर जगदीशपुर चला गया।[12]

बाद की परिस्थितियाँ : बाद की परिस्थितियों के लिए अधिक विस्तार की जरूरत नहीं। कुँवर सिंह जगदीशपुर पहुँच चुका था। आरंभ में उसका यह विचार था कि अंग्रेजी सेना शीघ्रता से पीछा करेगी। लेकिन यह विचार सही सिद्ध नहीं हुआ, क्योंकि आयर को कुमुक की प्रतीक्षा में आठ दिन रुकना पड़ा। इस बीच कुँवर सिंह ने भी अपने साथियों को सहारा देकर फिर व्यवस्थित कर लिया और मुकाबले के लिए तैयार हो गया। आयर 11 अगस्त को जगदीशपुर के निकट पहुँचा। 12 अगस्त को उसे मालूम कि कुँवर सिंह टोला नारायणपुर में मौजूद है। आगे जंगल में व्यापक लड़ाई हुई। फिर कुँवर सिंह सहरसा चला गया। अब उसने फैसला किया कि वह अवध चला जाए। अतः वह इलाहाबाद और बनारस डिवीजन से गुजरता हुआ आजमगढ़ पहुँचा। वहाँ कुछ देर मुकाबला जारी रखा। जब हालात विपरीत प्रतीत हुए, तो फिर निकला, गाजीपुर को रौंदता हुआ अंग्रेजों को धोखा देकर गंगा से गुजरा और पुनः जगदीशपुर के जंगलों में पहुँच गया। गंगा से गुजरते समय कुँवर सिंह के बाजू पर गोली लगी थी, घायल बाजू स्वयं तलवार से काटकर दरिया में फेंक दिया। फिर एक लड़ाई भी की, जिसमें अंग्रेजी जनरल को पराजित किया। 26 अप्रैल, 1858 को बाँह के जख्म के कारण उसकी मृत्यु हो गई। कुँवर सिंह के

बाद उसके भाई अमर सिंह ने जंग जारी रखा। फिर लोप हो गया। अनुमान यह है कि वह नेपाल चला गया।[13]

अन्य जिले : अन्य जिलों में से चंपारण, सारण (छपरा) और गया में व्यापक कठिनाइयाँ उत्पन्न हुईं। उत्तर-पूरब में पूर्णिया के लिए भी खतरा पैदा हुआ। बिहार के अलावा छोटा नागपुर में भी हंगामे खड़े हुए। उनके संबंध में अधिक विस्तार में जाने की आवश्यकता नहीं।

कुछ जिलों में केवल इसलिए हंगामा हुआ कि जो बागी अवध या उससे सटे जिलों में अंग्रेजों से लड़ते रहे थे, वह लड़ते हुए पीछे हटे, तो बिहार पहुँच गए और उनकी वजह से जोश पैदा होना स्वाभाविक था। लेकिन जब बड़ी-बड़ी लड़ाइयों में अंतिम सफलता की कोई सूरत न निकल सकी तो विभिन्न असमंजसों में किसी निर्णायक नतीजा पर पहुँचने की क्या संभावना थी? अलबत्ता यह कहा जा सकता है कि बहादुर लोगों ने विपरीत परिस्थितियों की परवाह बिलकुल न की और अंतिम साँस तक जिस प्रकार भी संभव था, मुकाबला जारी रखा।[14]

संदर्भ :

1. 1857 : पाक व हिंद की पहली जंग–ए–आजादी/ गुलाम रसूल मेहर, लाहौर, 1975, पृ.–366
2. वही, पृ.–366
3. वही, पृ.–366
4. वही, पृ.–367
5. मैलेसन, भाग तीन, पृ.–3
6. 1857 : पाक व हिंद की पहली जंग–ए–आजादी/ गुलाम रसूल मेहर, लाहौर, 1975, पृ.–367–68
7. वही, पृ.–368
8. वही, पृ.–368–69
9. वही, पृ.–369
10. वही, पृ.–369–70
11. वही, पृ.–370
12. वही, पृ.–370
13. वही, पृ.–371
14. वही, पृ.–371–72

□

12

कुँवर सिंह और अमर सिंह

अंग्रेजों का दुर्व्यवहार : कुँवर सिंह जगदीशपुर जिला शाहाबाद, बिहार का राजपूत रईस था, जिसका परिवार प्राचीनकाल से जागीर का मालिक था। उसकी आय तीन लाख सालाना से कम न थी। एक लाख अड़तालीस हजार वह मालगुजारी अदा करता था। इसे कर्मचारियों ने तबाह कर डाला और कुँवर सिंह तेरह लाख का कर्जदार हो गया। कर्ज देने वालों ने प्रस्ताव दिया कि जागीर को सरकार अपने संरक्षण में ले ले और धीरे-धीरे कर्ज अदा कर दे। लेकिन जो लोग इस जागीर से लाभ उठा रहे थे, उन्होंने यह प्रस्ताव मंजूर न होने दिया या तो सरकारी कर्मचारियों से कह सुनकर या कुछ दे दिलाकर इस प्रस्ताव को निरस्त करा दिया। डॉक्टर सेन ने लिखा है कि शाहाबाद का अंग्रेज मजिस्ट्रेट, जिसका नाम Cunliffe था, कर्ज देनेवालों को उकसाता था।

अंतत: Review Board ने यह प्रस्ताव दिया कि कुँवर सिंह दस लाख रुपया कर्ज लेकर कर्ज चुकता करे। दो साहूकारों नारायण राव और माधो राव से कर्ज के लिए बातचीत की गई। मगर उचित शर्त तय न हो सकी और मामला समाप्त हो गया। कमिश्नर कुँवर सिंह की जागीर बचाने के पक्ष में था। उसने कहा कि जरूरी तकाजों को मामूली कर्ज लेकर चुकता कर दिए जाएँ और सैयद अजीमुद्दीन हुसैन खान डिप्टी कलेक्टर, शाहाबाद को जागीर की निगरानी पर नियुक्त कर दिया जाए। इस अवधि में छह लाख रुपये अदा हो चुके थे और केवल दो लाख साढ़े छप्पन हजार कर्ज लेने पड़े थे। बोर्ड ने कमिश्नर के इस प्रस्ताव को मंजूर नहीं किया।[1] और अचानक आदेश जारी हो गया कि एक महीने के अंदर-अंदर पूरा रुपया अदा कर दो तो ठीक है, वरना संपत्ति की नीलामी न रुकेगी। पटना के कमिश्नर ने इस आदेश का विरोध किया। हकीकत उच्च अधिकारियों पर जाहिर किया कि ऐसे पुराने रईसों को यों बरबाद न करना चाहिए, लेकिन कोई नतीजा नहीं निकला। मैलेसन ने लिखा है कि 1857 में केवल एक मुकदमा रह गया था, यदि उसका

भी निर्णय कुँवर सिंह की इच्छानुसार हो जाता, तो वह संभवतः सँभला रहता। लेकिन 1857 का हंगामा शुरू हो जाने के बाद यह निर्णय भी खिलाफ हुआ तो कुँवर सिंह, जिसकी आयु सत्तर साल से अधिक हो चुकी थी, अंग्रेजी हुकूमत का तख्ता उलट देने का निर्णय कर लिया। फिर अंतिम साँस तक उसने अपनी गतिविधि इसी मार्ग पर जारी रखीं और एक क्षण के लिए भी न रुका।[2]

लड़ाइयाँ : दानापुर की सेना बगावत कर चुकी थी और युद्ध के सामान के साथ सोन नदी के किनारे पहुँच चुकी थी। इसके लिए दरिया से पार उतरने का कोई साधन नहीं था। इसी अवसर पर कुँवर सिंह ने अपने काश्तकारों को उठाया और नावों का इंतजाम किया। 26 जुलाई को सेना दरिया पार उतरी और कुँवर सिंह ने साथ होकर हल्ला बोल दिया। यह लोग बड़ी वीरता से लड़े। अंग्रेजों को बार-बार पराजित किया। लेकिन 3 अगस्त को अतिरिक्त अंग्रेजी सेना आ गई। इसलिए कुँवर सिंह और उसके साथियों को मजबूर होकर जगदीशपुर की ओर हटना पड़ा।

फिर अंग्रेजों से जगह-जगह मुठभेड़ हुई। अंततः कुँवर सिंह अपने साथियों को लेकर जिला शाहाबाद से निकला, जिसका केंद्रीय स्थान आरा था और जिला मिर्जापुर में प्रवेश कर गया। वहाँ भी बड़ा हंगामा रहा। विभिन्न स्थानों पर हलचल मची रही। जब अंग्रेज बड़ी संख्या में पीछा करने के लिए पहुँच गए, तो कुँवर सिंह मिर्जापुर से निकलकर जिला इलाहाबाद चला गया। अब मालूम हो रहा था कि उसकी मंजिल अवध है, जहाँ अंग्रेजों के विरुद्ध सरगरमी से लड़ाइयाँ जारी थीं और जगह-जगह मुजाहिदीन की सेना फैली हुई थी।

डॉक्टर सेन ने लिखा है कि वह दिल्ली जाना चाहता था। इस खयाल से रीवाँ की ओर बढ़ा, लेकिन इस अवधि में अंग्रेजों ने दिल्ली पर कब्जा कर लिया और रीवाँ के राजा को अंग्रेजी पोलिटिकल एजेंट ने हस्तक्षेप करने पर आमादा कर लिया।[3]

अंग्रेजों में परेशानी : अचानक कुँवर सिंह को खयाल आया कि अंग्रेजी सेना हर ओर से लखनऊ की ओर बढ़ रही है और अवध के पूरब में जितने अंग्रेजी इलाके स्थित हैं, वह लगभग खाली हो चुके हैं। इसलिए उचित यह है कि उनपर आक्रमण किया जाए। इसी क्रम में वह अतरौली पहुँचा, जो जिला आजमगढ़ की सीमा से करीब है, वहाँ उसे कुछ और सिपाही मिल गए। 20, मार्च, 1858 को उसने आजमगढ़ की ओर कूच किया। रास्ते में अंग्रेजी सेना से टक्कर हुई और अंग्रेजों के लिए इसके सिवा कोई चारा न रहा कि पीछे हट जाए। इसी प्रकार कुँवर सिंह उसे दबाता हुआ आजमगढ़ तक ले गया। अंग्रेज जनरल ने हर ओर कुमुक के

लिए संदेश भेज दिए।

होम्स लिखता है कि कुँवर सिंह के मुकाबले में अंग्रेजों के पराजय की सूचना इलाहाबाद पहुँची, तो गवर्नर जनरल वहाँ आया हुआ था, इसलिए परेशानी बढ़ गई; क्योंकि खतरा था कि कुँवर सिंह बनारस पर आक्रमण करके कलकत्ता और लखनऊ के बीच परिवहन के साधन समाप्त कर देगा। शीघ्र एक सेना इलाहाबाद से उसके मुकाबले के लिए भेजी गई। 6 अप्रैल को आजमगढ़ के सामने भयानक लड़ाई हुई। साथ ही अतिरिक्त अंग्रेजी फौजें आ गईं और कुँवर सिंह आजमगढ़ से चला तो गंगा नदी पार करके पुनः अपने वतन जगदीशपुर के जंगलों में जा बैठा। वहाँ उसका भाई अमर सिंह भी बहुत से किसानों को साथ लेकर पहुँच गया।[4]

गंगा नदी पार करना : इस संबंध में गंगा नदी से पार उतरने की घटना एक रोमांच का रूप धारण कर चुकी थी, इसलिए इसे थोड़े विस्तार से बयान करना चाहिए।

आजमगढ़ से जगदीशपुर पहुँचना आसान न था। कुँवर सिंह ने अपनी सेना को इस तरह विभाजित किया कि मंजिल की ओर पेशकदमी भी जारी रहे और अंग्रेजों को यह अहसास भी होता रहे कि वह कहीं जाने के लिए तैयार नहीं, बल्कि मुकाबला जारी रखेगा। इसी व्यवस्था के साथ वह जिला गाजीपुर से गुजरा। अब उसके पास आदमी बहुत अधिक नहीं रहे थे। इसलिए उसने दुश्मन को धोखे में डालने के लिए अनोखे एवं निराले तरीके अपनाया। आम अफवाह फैला दी कि नाव नहीं मिलती, इसलिए दरिया को हाथियों द्वारा पार किया जाएगा और घाट का पता भी बता दिया। पीछा करनेवाले अंग्रेज अधिकारी ने अपनी सेना उसी घाट के आस-पास घात में बिठा दी। कुँवर सिंह ने इस स्थान से सात मील नीचे पार किया। अंग्रेज अधिकारी को यह हकीकत मालूम हुई तो तेजी से उस घाट पर पहुँचा, जहाँ से कुँवर सिंह गुजर रहा था और एक नाव भी पकड़ ली थी, जिसमें सेना का अंतिम दस्ता जा रहा था।[5]

कलाई गंगा की भेंट : स्वयं कुँवर सिंह ने अभी गंगा पार नहीं किया था, जब वह रवाना हुआ तो गोलियों की वर्षा शुरू हो गई। दरिया के ठीक बीच में एक गोली उसकी कलाई पर लगी। जख्म इतना व्यापक था कि कलाई काटे बिना बचाव की सूरत कोई न थी। बहादुर कुँवर सिंह, जिसकी आयु सत्तर और अस्सी के बीच थी, दूसरे किनारे पर पहुँचा तो उसे विश्वास हो गया कि कलाई काटनी ही पड़ेगी। इसलिए उसने अपनी तलवार म्यान से खींची और घायल कलाई को एक ही वार में कुहनी से काटकर फेंक दिया। फिर कटी हुई कलाई दरिया में

डालते समय गंगा को संबोधित करते हुए कहा –

'माता ! अपने सपूत के इस अंतिम बलिदान को स्वीकार कर।'

सावरकर ने खूब लिखा है कि असंख्य और अनगिनत आदमी गंगा को माता कहकर पुकारते हैं, लेकिन कुँवर सिंह जैसे असाधारण बहादुर बेटों के कारण गंगा के सम्मान एवं शान में चार चाँद लग जाते हैं। आकाश पर अनगिनत सितारे हैं, लेकिन चाँद का उदय उसके लिए सुंदरता एवं शोभा का कारण बनता है।[6]

ली ग्रांड की पराजय : कुँवर सिंह जगदीशपुर के जंगल में जा बैठा तो कैप्टन ली ग्रांड ने उसपर आक्रमण का निर्णय लिया। वह सेना के साथ 23 अप्रैल, 1857 को आरा से निकला। पहले उस जगह तोपों के गोले बरसाए, जहाँ कुँवर सिंह के बारे में सूचना मिली थी, फिर सेना को आगे बढ़ाया। कुँवर सिंह ने जब देखा कि दुश्मन गिरफ्त में आ गया है, तो अचानक अपने स्थान से निकल कर आक्रमण कर दिया। अंग्रेजों ने लिखा है कि उस समय किसी ने अंग्रेज सेना के लिए लौटने का बिगुल बजा दिया। हालाँकि ली ग्रांड ने ऐसा कोई आदेश नहीं दिया था। अत: अंग्रेजी सेना पीछे की ओर भागी। व्यवस्था तितर-बितर हो गई। आरा तक किसी को होश न रहा कि क्या हुआ इस सेना में 199 गोरे थे। केवल 80 बचे। घायलों को हाथियों पर लादकर लाए। लेकिन मरहम-पट्टी की कोई व्यवस्था न थी, क्योंकि कुँवर सिंह ने अस्पतालों पर कब्जा जमा लिया था।[7]

मृत्यु : इस विशाल एवं भव्य विजय से तीन दिन पूर्व 26 अप्रैल, 1858 को कुँवर सिंह का देहांत हो गया।[8] देहांत की सही जानकारी नहीं मिल सकी। अनुमान यह है कि उसने गंगा नदी पर अपने हाथ से अपना बाँह काटा था। इस कारण खून अधिक बह गया। नतीजा मौत के सिवा क्या हो सकता था? फिर भी वह जब तक जीवित रहा, आजादी की फिजा में साँस लेता रहा। जब मरा तो आजाद था और आजादी ही की हालत में उसकी अर्थी जलाई गई।[9]

व्यक्तित्व : सावरकर ने लिखा है कि 1857 के क्रांतिकारियों में देशी जंगी योग्यता का व्यक्ति कोई न था। मैलेसन कहता है कि क्रांतिकारियों में से तीन आदमियों ने जंगी योग्यता का प्रमाण दिया- एक मौलाना अहमदुल्लाह, दूसरा ताँत्या टोपे और तीसरा कुँवर सिंह। हमें आपसी तुलना की आवश्यकता नहीं, लेकिन निस्संदेह ताँत्या टोपे की हैसियत इतनी बुलंद नहीं, जितनी मौलाना अहमदुल्लाह और कुँवर सिंह की है और बहादुरी एवं वीरता में रानी लक्ष्मी बाई की तुलना आसानी से नहीं हो सकती।[10]

अमर सिंह: जाँबाजों ने स्वर्गीय सरदार के भाई अमर सिंह को उत्तराधिकारी बना लिया। अंग्रेजी बयानों के अनुसार इसे मई 1858 में लगभग चार बार लगातार

पराजय का सामना करना पड़ा और समझा जाने लगा कि कुँवर सिंह अपने साथ आक्रमण की ताकत और साहस भी ले गया। लेकिन अमर सिंह ने तुरंत ही अपनी असाधारण योग्यता का व्यावहारिक प्रमाण पेश कर दिया। उसने सोचा, सारी सेना को इकट्ठा रखकर लड़ाने का नतीजा यह होगा कि अंग्रेज भी अपनी ताकत एकत्र कर लेंगे। इसलिए उसने सारे साथियों को छोटी-छोटी टुकड़ियों में बाँटकर हर ओर फैला दिया और एक-एक समय में कई-कई स्थानों पर छापों का तार बाँध दिया। जगदीशपुर पर भी वह काबिज हो गया। फिर आरा के लिए बड़ा खतरा उत्पन्न कर दिया। बल्कि कहा जाता है आरा की बाहरी चौकियों पर भी अमर सिंह ने कई बार आक्रमण किया।[11]

अंतिम दौर : अंततः अंग्रेजों ने एक विशेष कार्यपद्धति अपना कर विभिन्न ओर से सेना जगदीशपुर भेजी, ताकि अमर सिंह को गिरफ्तार कर लिया जाए। जब उसने देखा कि आक्रमण का दायरा सीमित होता जा रहा है, तो अपने तीन-चार साथियों के साथ भेस बदलकर निकला और गन्ने के एक खेत में छुप गया। इसी प्रकार उसके साथी भी बच निकले और कैमूर की पहाड़ियों में पहुँच गए, जो जिला शाहाबाद के दक्षिण-पश्चिम में स्थित है।

अमर सिंह के संबंध में बाद के अंग्रेजी बयान खामोश हैं। केवल इतना बताते हैं कि उसे बिहार से निकाल दिया गया। मालूम होता है कि वह देर तक छापामार जंग करता रहा और अंततः नेपाल की ओर चला गया। कुँवर सिंह का तीसरा भाई रनमस्त सिंह था, जो संभवतः कुँवर सिंह की मृत्यु और अमर सिंह के नेपाल चले जाने के बाद भी लड़ता रहा। अंत में वह गिरफ्तार हो गया और 1862 में उसे अंडमान भेजा गया।[12] संभवतः वहीं उसकी मृत्यु हुई।[13]

प्रमुख मित्र : डॉक्टर सेन ने कुँवर सिंह के प्रमुख मित्रों में निम्नलिखित व्यक्तियों का वर्णन किया है-अमर सिंह, दत्त भंजन सिंह (कुँवर सिंह का भतीजा), तहसीलदार हरकिशन सिंह, निशान सिंह, दिलावर खान, सरनाम सिंह। डॉक्टर साहब लिखते हैं-'शाहाबाद के राजपूत सिद्ध करना चाहते थे कि हमारी खानदानी बहादुरी बीते समय की कहानी नहीं, बल्कि अब भी जीवित और शाश्वत है। निस्संदेह कुँवर सिंह ने इसकी रौशन मिसाल पेश कर दी।'[14]

मौलाना पीर अली खान लखनवी

मूल निवास लखनऊ था। संभवतः किसी गुप्त संगठन की ओर से राष्ट्रीय संगठनों के संबंध में पटना भेज दिया गया था। यहाँ आकर उन्होंने किताबों की दुकान खोली, ताकि पटना में बेकार ठहरना खोजी प्रवृत्ति के लोगों के लिए

बदगुमानी या आकर्षण का केंद्र न बन जाए और इस प्रकार भेद न खुल जाए। प्रमुख कार्य यही था कि अंग्रेजों के विरुद्ध अच्छे और सरगर्म कार्यकर्ता पैदा करें और उनके द्वारा राष्ट्रीय आंदोलन को जगह-जगह फैलाया जाए। जितना मैं अनुमान लगा सका हूँ, पीर अली खान अधिक धनी भी न था और सच्चा कार्यकर्ता अधिकांश इसी तबके में से उठते हैं, जिसके माली साधन बयान के लायक नहीं होते। इसलिए कि दर्द एवं अहसास का असली धन ऐसे ही दिलों में सुरक्षित रहता है, जिनकी जेबें हलकी हों और आराम के साधन अधिक महत्त्वपूर्ण न हो ।[15]

३ जुलाई, १८५७ : हमें कुछ मालूम नहीं कि पीर अली खान ने कब से पटना में काम शुरू किया और उसे किस हद तक पूरा कर सके थे कि 1857 का हंगामा शुरू हो गया, जिसने संगठन और तैयारी के लिए कोई अवसर बाकी न छोड़ा। अंग्रेजी बयानों से मालूम होता है कि 3 जुलाई, 1857 को पीर अली ने कोई दो सौ धार्मिक मुसलमान जमा किए और स्वयं हरा झंडा लेकर उनके आगे चला। ढोल या नक्कारा बजाकर ऐलान कर रहा था कि 'मुसलमानों, उठो और मेरा साथ दो।' कमिश्नर ने यह खबर सुनी, तो एक अंग्रेज कैप्टन को डेढ़ सौ सिखों के साथ पीर अली और उसके साथियों की रोकथाम के लिए भेज दिया और स्वयं अंग्रेजों की सुरक्षा में सरगर्म हो गया।[16]

डॉक्टर लॉयल : इस अवधि में अफीम के एक अंग्रेज एजेंट डॉक्टर लायल को खयाल आया कि लोग यूँ ही तमाशा के कारण जमा हो गए हैं। वह किसी अंग्रेज को देखेंगे तो तुरंत भाग जाएँगे। इसलिए वह घोड़े पर सवार हुआ और भीड़ के समीप पहुँच गया। उसे देखते ही भीड़ की ओर से गोलियों की बाढ़ आई। एक गोली से डॉक्टर लॉयल की मृत्यु हो गई। कहा जाता है कि उसका शव इतना बिगाड़ दिया गया कि कोई पहचान न सकता था।[17]

सिखों का आगमन : बाद में जो कुछ पेश आया, वह मैलेसन की जबान से सुनिए! इससे आपको अनुमान हो जाएगा कि अंग्रेज 1857 में भी फूट डालने पर किस नियोजित रूप से कार्यरत थे! अंग्रेज कैप्टेन सिखों को लेकर घटनास्थल पर पहुँचा –

"विरोधी दलों (मुसलमानों और सिखों) के बीच न केवल कोई सहानुभूति ही न थी, बल्कि वंश और धर्म की घृणा बाधक थी। एक ओर पक्षपात की वह आत्मा थी, जो अभी-अभी पैदा हुई थी, दूसरी ओर बहुत सारे गुप्त अपमानों का बदला लेने का अवसर आया था, जिसकी इच्छा मुद्दत से की जा रही थी। जो कुछ पेश आया, उसके बारे में संधि की बातचीत करने का कोई प्रश्न ही न था, विरोधी दल तुरंत भिड़ गए। कुछ ही क्षणों में सिखों की संगठित ताकत और बंदूकों

ने इस बगावत को समाप्त कर दिया, जो काफी समय से पटना के लिए खतरा का कारण बनी हुई थी।"[18]

गिरफ्तारियाँ और सजाएँ : चौथी और पाँचवीं जुलाई को तलाशी शुरू हुई, ताकि हंगामा के बड़े-बड़े लीडर गिरफ्तार कर लिये जाएँ। 31 आदमी गिरफ्तार हुए। उनमें पीर अली खान भी था। इसके अलावा शेख घसीटा गिरफ्तार हुआ, जो पटना शहर के सबसे बड़े सेठ लुत्फ अली खान का मुलाजिम था। 31 आदमियों में से 14 को अपराधी मानकर मौत की सजा दी गई। उनमें वारिस अली भी था, जो पुलिस अधिकारी था और उसे तिरहुत से गिरफ्तार किया गया था।

बहुत से लोगों को कैद और कोड़ों की सजा दी गई। जब टेलर को पटना से बदला गया तो उसके उत्तराधिकारी ने केवल कैद और कोड़ों की सजाएँ पानेवालों के कागजात अदालत में भेजे। छानबीन के बाद निर्णय हुआ कि गवाहों के बयानात सजाओं के लिए कदापि काफी न थे। वास्वत में टेलर ने सबको मनमानी सजाएँ दिला दी थीं। वह स्वयं स्वीकार करता है कि अदालती नियम का खयाल नहीं रखा गया। यदि ऐसा होता तो पटना के ईसाइयों का अंजाम खुदा जाने क्या होता ? टेलर जिन 21 कैदियों को मौत की सजा न दिला सका था, उन सबको अदालत ने रिहा कर दिया।

गोया पटना में अंधाधुंध सजा का सिलसिला टेलर ने शुरू किया था, जो कमिश्नर था और जिसका मकसद ईसाइयों की रक्षा था। यही टेलर था, जिसने 1865 में उन मुजाहिद मुसलमानों को भयानक सजाएँ दिलवाईं, जो हमारे यहाँ वहाबी मशहूर हुए।

मैलेसन लिखता है कि वारिस अली को फाँसी देने के लिए जा रहे थे तो उसने पुकारकर कहा कि अगर कोई व्यक्ति दिल्ली के बादशाह की दोस्ती का दंभ भरनेवाला मौजूद हो तो सामने आए और मुझे छुड़ाए।[19]

जब बगावत होती है तो सैकड़ों आदमी सफल गिरोह के समर्थन के लिए सामने आ जाते हैं और उलटी-सीधी गवाहियाँ देने के लिए तैयार हो जाते हैं। जब परिस्थिति विपरीत रूप धारण कर लेती है, तो उसी आजादी से विरोधी बन जाते हैं।[20]

पीर अली और शेख घसीटा : पीर अली खान और शेख घसीटा को उन 14 आदमियों में शामिल न किया गया था, जिन्हें चौथी या पाँचवी जुलाई को फाँसी दी गई थी। इसलिए कि वह समझते थे कि यह बड़े कार्यकर्ता हैं और इनसे दूसरे षड्यंत्रकारियों के नाम या षड्यंत्र की तफ्सीलात मालूम हो जाएगी । शेख घसीटा का बयान हमारे सामने नहीं। पीर अली खान से अब पूछा गया कि अपने

साथियों के नाम बता दो तो उसने बेधड़क जवाब दिया-

"जीवन में ऐसे अवसर भी आते हैं जिनमें जान बचा लेना पुण्य का कार्य होता है । ऐसे अवसर भी आते हैं, जिनमें प्यारी जान दे ही देना सबसे बड़ा पुण्य गिना जाता है। तुम मुझे फाँसी दे सकते हो । मुझ जैसे और आदमियों की भी जानें ले सकते हो। लेकिन इस घरती से हजारों आदमी तुम्हारे विरुद्ध उठते रहेंगे और शांति से हुकूमत करने का जो मकसद तुम्हारे सामने है, वह कभी पूरा न हो सकेगा।"[21]

विचारणीय बिंदु : पीर अली खान अधिक पढ़ा-लिखा न था और अधिक अनुभवी भी संभवत: न हो । उसकी बहादुरी और भेदों को प्रकट न करने का मामला भी हो सकता है, क्योंकि इन गुणों के लिए किताबी ज्ञान की जरूरत नहीं। लेकिन देखिए, उसने कितना अच्छा और कितना उत्तम बिंदु बयान कर दिया, जिसे असत्य के अस्तित्व एवं नाश के सिलसिले में बुनियादी हैसियत हासिल है! पीर अली खान ने क्यों कहा कि अंग्रेजों के लिए शांति से हुकूमत करने का अवसर कभी न आएगा और लोग उनके विरुद्ध उठते रहेंगे? इसलिए कि वह जानता था कि अजनबी हुकूमत का अस्तित्व बिलकुल अप्राकृतिक है और देशवासी उसे अधिक समय तक सहन नहीं कर सकेंगे। वह प्राय: उठते रहेंगे, यहाँ तक कि यह शीशमहल टुकड़ा-टुकड़ा हो जाएगा।

जिस हुकूमत की बुनियाद अवाम की राय एवं इच्छा पर स्थिर न हो, वह कितने ही उपाय करती जाए, लेकिन वह स्थिर न रह सकेगी और उसका बंधन जरूर तितर-बितर हो जाएगा। जनता में जितनी जागरूकता पैदा होगी, उसी अनुपात से अजनबी या नापसंद हुकूमत के लिए खतरा बढ़ेगा। यह जीवन की बुनियादी सच्चाइयाँ हैं। लेकिन बहुत कम लोग हैं, जिन्हें इनका अहसास हो। विशेषकर हुकूमत का नशा, जिसे वास्तव में खुमार से ताबीर करना चाहिए, आँखों पर ऐसी पट्टी बाँध देता है कि हकीकत नजर आ ही नहीं सकती। इस अंधेपन की मिसालें इतनी अधिक हैं कि उनकी ओर इशारे की भी आवश्यकता नहीं।

फिर देखिए कि जीवन के संबंध में पीर अली खान ने साधारण शब्दों में वही बात कह दी, जिसे इकबाल ने ऐसे कहा है –

बरतर अज अंदेश-ए-सूद-उ-जियाँ है जिंदगी
है कभी जाँ और कभी तस्लीम-ए-जाँ है जिंदगी।

अर्थात् कभी जान बचा लेना ही असल काम होता है। लेकिन कभी जान दिए बिना आदमी अपने मानवीय कर्तव्यों का पालन नहीं कर सकता।[22]

छानबीन : मुकदमा में जो बातें सामने आईं, उनमें से एक यह थी कि पीर

अली खान ही वास्तव में पटना में सबसे बड़ा कार्यकर्ता था। वही अंग्रेजों के विरुद्ध इज्जत और घृणा की आग भड़काता रहा –

"वह और शेख घसीटा महीनों अधिकांश लोगों को वेतन देते रहे, ताकि जब उन्हें धर्म के लिए और दिल्ली के बादशाह के लिए जंग के मकसद से बुलाया जाए तो वह तुरंत तैयार होकर आ जाएँ। इस काम के लिए बहुत से रुपए की जरूरत थी। पीर अली गरीब आदमी था। उसका मित्र घसीटा दरअसल बहुत बड़े सेठ का दाहिना हाथ था। इसलिए आसानी से समझा जा सकता था कि वह सेठ भी इस काम में शरीक था। लेकिन उस समय उसके विरुद्ध कोई काररवाई न की गई।"[23]

सेठ लुत्फ अली खान के विरुद्ध बाद में इस आधार पर मुकदमा चलाया गया कि उसने एक 'बागी' सिपाही को शरण दी थी। लेकिन अधूरे साक्ष्य के कारण वह बरी हो गया।[24]

पीर अली का एतराफ : अभी बताया गया है कि पीर अली खान ने जिन बातों को स्वीकार किया, उनमें से एक यह भी थी कि तैयारी का पूरा अवसर न मिल सका। कमिश्नर ने जो व्यापक योजना बनाई थी और जिस कड़ाई से काम लिया था, उनकी वजह से पूरी तैयारी के बिना कार्यक्षेत्र में आना पड़ा। यदि कमिश्नर इस सख्ती से काम न लेता तो 'षड्यंत्र' धीरे-धीरे दृढ़ और व्यापक होता जाता। उस समय दानापुर की सेना बगावत करती तो हालात निस्संदेह बहुत खतरनाक हो जाते।[25]

मौत की सजा : अंततः पीर अली खान और शेख घसीटा के लिए मौत की सजा सुनाई गई। पीर अली 3 जुलाई को घायल हो चुका था। पत्थर दिल अंग्रेजों ने उसके इलाज और मरहम पट्टी का भी कुछ खयाल न किया और बदस्तूर बेड़ियाँ पहनाए रखीं। मौत की सजा सुन लेने के बाद भी उसने अंग्रेज अधिकारी से केवल कुछ सवाल किए, जो जवाबों समेत नीचे दर्ज हैं–

पीर अली खान : मेरे मकान के बारे में आपका फैसला क्या है?

अंग्रेज अधिकारी : उसकी ईंट से ईंट बजा दी जाएगी।

पीर अली खान : मेरी संपत्ति के बारे में क्या आदेश जारी कर रहे हो ?

अंग्रेज अधिकारी : वह जब्त कर ली जाएगी।

पीर अली खान : मेरे संतानों के बारे में तुमने क्या फैसला किया है?

अंग्रेज अधिकारी : इस समय कुछ नहीं कहा जा सकता है और न कोई वादा किया जा सकता है।

पीर अली खान ने जो जुर्म किया था, उसके लिए अंग्रेजों ने सजा देकर

कलेजा ठंडा कर लिया। सवाल यह है कि उसके मकान और बाल-बच्चों ने क्या पाप किया था? मकान ढाने और संपत्ति जब्त करने का मतलब यह था कि बाल-बच्चे असहाय रह जाएँ। क्या पीर अली के जुर्म की सजा उन्हें देना उचित था? क्या दूसरे के जुर्म की सजा किसी और को न देने का नियम सत्य और न्याय का आधार न था? पीर अली यह जवाब सुनते ही किसी घबराहट या परेशानी के बिना फाँसी के लिए रवाना हो गया।

मैलेसन ने लिखा है कि पीर अली खान धार्मिक गैरत और अंग्रेजों से घृणा में मशहूर था।

डॉक्टर सेन ने लिखा है कि पीर अली खान के घर से एक पत्र प्राप्त हुआ था, जिसका विषय यह था कि शहर के कुछ प्रतिष्ठित लोग कैद में हैं। हुकूमत ने जो जुल्म और अत्याचार शुरू कर रखा है, उससे लोग तंग आ गए हैं और सब लोग हुकूमत पर लानत भेज रहे हैं।[26]

पटनावासी : पटना में अफरा-तफरी की खबरें फैलीं तो मौलाना अहमदुल्लाह, शाह मो. हुसैन और मौलाना वाइजुल हक को बुलाकर नजरबंद कर दिया गया। फिर एक मजिस्ट्रेट मौलवी मेहदी को शक में गिरफ्तार कर लिया गया, वारिस अली तिरहुत में पकड़ा गया और उसके कब्जे से पत्र निकले, जिन्हें बागियाना करार दिया गया और मालूम हुआ कि पूरे आंदोलन का संचालक मौलवी करीम था, जो पटना से लगभग नौ मील की दूरी पर रहता था और बड़ा प्रभावी माना जाता था। उसे समय पर खबर मिल गई और वह गिरफ्तार न हो सका। हंगामा समाप्त होने के बाद मौलाना अहमदुल्लाह, शाह मोहम्मद हुसैन और मौलवी वाइजुल हक रिहा हुए। मौलवी वाइजुल हक मक्का चले गए। मौलाना अहमदुल्लाह, उनके भाई मौलाना यहया और मौलाना अब्दुर रहीम को 1864 और 1865 के मुकदमों में मुजाहिदीन की सहायता के आरोप में उनकी संपत्ति को जब्त करने और आजीवन कारावास की सजा मिली। वारिस अली को पटना में फाँसी दी गई। पीर अली खान लखनवी, शेख घसीटा और लुत्फ अली खान के हालात पहले बयान हो चुके हैं।[27]

संदर्भ :

1. सेन की किताब, पृ.-256
2. 1857 के मुजाहिद/ गुलाम रसूल मेहर, लाहौर, 1960, पृ.-285-86
3. डॉ. सेन की किताब, पृ.-256
4. 1857 के मुजाहिद/ गुलाम रसूल मेहर, लाहौर, 1960, पृ.-287-88
5. वही, पृ.-288

6. सावरकर, पृ. 349–350
7. सावरकर, पृ.–352
8. डॉक्टर सेन ने मृत्यु की तिथि 22 अप्रैल बताई है।
9. 1857 के मुजाहिद/ गुलाम रसूल मेहर, लाहौर, 1960, पृ.–289
10. वही, पृ.–289–90
11. वही, पृ.–290
12. कश्फ-उल-अखबार, बंबई, 6 फरवरी, 1862
13. 1857 के मुजाहिद/ गुलाम रसूल मेहर, लाहौर, 1960, पृ.–290–91
14. वही, पृ.–291
15. वही, पृ.–297
16. वही, पृ.–297
17. वही, पृ.–298
18. मैलेसन, भाग–3, पृ. 36–37
19. मैलेसन, भाग–3, पृ. 37
20. 1857 के मुजाहिद/ गुलाम रसूल मेहर, लाहौर, 1960, पृ.–299
21. वही, पृ.–300
22. वही, पृ.–300–301
23. मैलेसन, भाग–3, पृ. 37
24. 1857 के मुजाहिद/ गुलाम रसूल मेहर, लाहौर, 1960, पृ.–301–302
25. वही, पृ.–302
25. डॉक्टर सेन की किताब, पृ.–250
26. 1857 के मुजाहिद/ गुलाम रसूल मेहर, लाहौर, 1960, पृ.–318

□

13

बिहार

अब आप बिहार की कैफियत पढ़िए कि राजा कुँवर सिंह ने क्या कारनामे किए! उस समय अंग्रेजी सेना दानापुर की छावनी में पड़ी थी। नं. 7, 8, 40 रेजीमेंटें मेजर लॉयड के मातहत और एक तोपखाना देशियों का मेजर होम्स के मातहत सुगौली में था। पहले कई जगह उल्लेख हो चुका है कि केंद्रीय स्थान पटना वहाबी मौलवियों की अगुआई में जेहाद का केंद्र बना हुआ था। मिस्टर टेलर कमिश्नर को विश्वास था कि पटना क्रांति में जरूर भाग लेगा, इसलिए उसने वहाबी नेताओं की सख्त निगरानी शुरू कर दी।[1]

पटना में पाँच वर्ष पूर्व से सैयद अहमद शहीद के अनुयायिओं ने अपना केंद्र और स्थान बना कर एक गुप्त संस्था बना रखी थी, जिसका उद्देश्य विदेशी हुकूमत से देश एवं धर्म को मुक्ति दिलाना था। इसमें मौलवी, व्यापारी, जमींदार और हर समुदाय के लोग सम्मिलित थे और बड़ी सावधानी के साथ लखनऊ, थानेसर और दानापुर इत्यादि स्थानों से गुप्त पत्राचार हो रहा था। शहर के सारे समुदाय इस प्रतीक्षा में बैठे थे कि कब बिगुल बजे और तलवारें निकाल लें![2]

जब पटना इस प्रकार क्रांति के लिए तैयार हो कर तड़प रहा था तो अन्य क्षेत्रों में भी खबरें पहुँचाकर तैयारी कराई गई और सारे स्थानों पर जमींदारों और राजाओं के यहाँ केंद्र बना दिए गए, ताकि क्रांति में नियम के अनुसार काम हो। रात के समय दानापुर के सिपाहियों ने भी बाकायदा सभाएँ स्थापित करके मशविरे शुरू कर दिए, यहाँ तक कि मेरठ की खबर पहुँच गई। मिस्टर टेलर बहुत चतुर था, वह समझ गया कि समस्त हिंदुस्तान में हंगामा होगा। सिखों की एक गद्दार, अंग्रेजों को भगवान् समझनेवाली रेजीमेंट वहाँ मौजूद थी, वह दानापुर से व्यवस्था करने के लिए पटना गए। रास्ते में उनपर हर ओर से फटकारें पड़ती थीं। लोग हर ओर से देश की वफादारी के लिए समझा रहे थे।[3]

जब यह सिख देश की फटकारें समेटते हुए पटना पहुँचे, लोगों ने फटकारों से

उनकी गोदें भर दीं। इसलिए कि पटना में हर समुदाय देश की आजादी का दीवाना था। पहले टेलर ने पुलिस जमादार वारिस अली को गिरफ्तार किया, क्योंकि उसने गया में अली करीम को क्रांति का पत्र भेजा था। उसको फाँसी दे दी गई। करीम को पकड़ने के लिए अंग्रेज गए, लेकिन गाँववालों ने छल करके गलत रास्ते पर डाल दिया। वह परेशान होकर चले गए।[4]

टेलर ने जेहाद आंदोलन के सात मौलवियों को एक स्थान पर बुलाया और छल करके कुछ बातचीत भी की। फिर उनमें से तीन को गिरफ्तार कर लिया। उनकी गिरफ्तारी से शहर में बेचैनी पैदा हुई तो टेलर ने शहर वालों से हथियार ले लेने का आदेश दिया। रात की सभाएँ तो उस आदेश से रुक गईं और खुलेआम हथियार का जमा करना भी क्रांतिकारियों के लिए मुश्किल हो गया।[5]

फिर भी यह लोग दानापुर की बगावत की प्रतीक्षा कर रहे थे। और जब यह खबर न पहुँची तो 3 जुलाई को मुसलमान पीर अली के घर जमा हुए और योजनाएँ बनाईं। फिर हरे झंडे लेकर धर्म-धर्म का नारा लगाते हुए दो सौ मुजाहिदों ने गिरजाघर पर आक्रमण कर दिया। इतने में लॉयल एक दस्ता लेकर पहुँच गया। पीर अली ने उसको गोली मारी और दूसरे लोगों ने उसका कीमा कर दिया। लेकिन रैट्रे अपने वफादार सिखों को लेकर पहुँचा और मुजाहिदों पर आक्रमण कर दिया और सेना ने उन थोड़े से मुसलमानों को शहीद कर डाला। कुछ गिरफ्तार कर लिए गए।[6]

पीर अली लखनवी शहर में किताबें बेचता था। यह मुसलमानों में बहुत प्रिय था। यह स्वभावतः ताकतवर, वीर और बहादुर था। उसे फाँसी दे दी गई, लेकिन उसने हँसते-बोलते मौत का स्वागत किया। जब अंग्रेज ने कहा कि दूसरों का नाम बताकर अपनी जान बचा ले, तो उस बहादुर मुजाहिद ने उत्तर दिया-

"जीवन में कुछ अवसर जीवन बचाने के आते हैं और कुछ बलिदान के। यह अवसर मेरे बलिदान का है।"

फाँसी पर चढ़ते समय उस बहादुर मुजाहिद ने कहा-

"तुम मुझे फाँसी दे सकते हो और मेरी तरह दूसरों को भी लटका सकते हो, लेकिन हमारे उद्देश्य को फाँसी नहीं दे सकते। जब मैं मर जाऊँगा तो मुझ जैसे हजारों देशप्रमी मेरे खून से उठेंगे और तुमहारी हुकूमत को बरबाद कर देंगे।"

सावरकर कहता है-

"इन अवतरित शब्दों के बाद वह सच्चा देशप्रेमी, बिना इसके कि अपने देश के चेहरे पर गद्दारी का दाग डाले, मौत के दरवाजे से होता हुआ शहीदों के उस गिरोह से जा मिला, जो न मिटने वाली याद में रहते हैं।"

जो तीन रेजीमेंटें सबसे अधिक वफादार थीं वह 25 जुलाई, 1857 को

दानापुर में उठ खड़ी हुईं और वरदियाँ फाड़कर दरिया की ओर चल पड़ीं। मेजर लॉयड और गोरा सेना ने उन्हें देखा लेकिन पीछा न किया। जगदीशपुर के बूढ़े राजा ने हिम्मत दिखाई और यह सिपाही दौड़कर उसके पास चले गए। उन्होंने एक ऐसा नेता पा लिया, जो देश की आजादी के लिए डटकर लड़नेवाला था। यह राजा बहुत बहादुर और पुराने राजपूत परिवार की निशानी था। यह राजा कुँवर सिंह था, जिसने इनकलाबी योग्यता से इतिहास में जगह पाई।[7]

उसके राज्य का क्षेत्र शाहाबाद था। जिस समय देश की आजादी का डंका बजा, कुँवर सिंह 80 वर्ष का बूढ़ा था, लेकिन उसकी रगों में जवानों के समान गरम खून दौड़ रहा था। वह नाना साहब के विचारों से सहमत होकर, मिलकर विदेशी हुकूमत का तख्ता उलटने के लिए उठ खड़ा हुआ और सिपाहियों ने उसे अपनी आशाओं का केंद्र बना लिया।[8]

सिपाहियों ने जगदीशपुर से आरा पहुँचकर खजाना लूट लिया, जेलखाना तोड़ दिया और किला पर झपटे, जिसमें थोड़े से अंग्रेज और पचास सिख मौजूद थे। 25 अंग्रेज जब प्यास से मरने लगे तो सिखों ने किला में एक नया कुआँ खोद लिया। फिर भी कुँवर सिंह ने उन्हें बहुत परेशान किया। अंग्रेजों ने कानपुर की घटना को याद करके हथियार रखने से इनकार कर दिया।[9]

सिपाही बुर्जों के पास आकर सिखों से कहते थे कि अंग्रेजों ने हमारा मुल्क छीन लिया है, हमें नष्ट कर दिया है, तुम उनके लिए क्यों बिछे जा रहे हो? गुरुओं और धर्म का ध्यान दिलाते थे, लेकिन सिख इन निवेदनों का जवाब गोलियों से देते थे और तालियाँ बजाते थे। घेराबंदी तीन दिन रही।[10]

इतने में अंग्रेजी सेना आ गई। 270 गोरे और सौ सिख दानापुर से दरिया पार करके सहायता के लिए पहुँच गए, सिखों को आगे रखा। क्रांतिकारी इन फौजों को देखकर जंगलों और बागों में छुप गए और रात को जब अंग्रेजी फौजें उजली वरदी में चमकीं तो चारों ओर से क्रांतिकारियों ने गोलियों की वर्षा कर दी। जनरल डनबर मारा गया तो सारी सेना सिमट कर खंदक के पास आ गई। वहाँ कुछ मुकाबला हुआ, लेकिन क्रांतिकारियों के दबाव से मृतक क्या, घायलों को भी छोड़कर दरिया की ओर भाग खड़े हुई। इस कुसमय फरार में कुँवर सिंह के वीरों ने अंग्रेजी सेना की धज्जियाँ उड़ा दीं और जब सिख और अंग्रेज दरिया पर मरते खपते पहुँचे तो देखा कि क्रांतिकारियों ने कुछ नावें रेत पर खींच दी हैं और शेष को जला दिया है। केवल दो नाव रह गई हैं। अंग्रेज उनमें बैठकर दानापुर इस हालत में पहुँचे कि न झंडा था, न बैंड था और सिर झुके हुए थे। 415 में से केवल 50 जीवित लौटे थे। शेष को कुँवर सिंह के बहादुरों ने काट फेंका था। एक अंग्रेज लिखता है—

"जब यह खबर दानापुर की अंग्रेज औरतों तक पहुँची तो उन्होंने रोने-धोने से फिजा को भर दिया, और वह दृश्य जिसने देखा है कभी भूल नहीं सकता।"

जब दानापुर की औरतें परिजनों के कत्ल पर छातियाँ पीट रही थीं, मेजर ऑयर बदला लेने के लिए फौजों के साथ आरा की ओर तेजी से बढ़ रहा था। कुँवर सिंह ने भी फौजें जमा कर लीं और 2 अगस्त, 1857 को बीबीगंज के स्थान पर युद्ध हुआ। दोनों फौजों ने पास के जंगल में पहुँचने की कोशिश की। कुँवर सिंह की सेना पहले पहुँच गई। जब अंग्रेजों ने सफलता की कोई सूरत न देखी, तो व्यापक आक्रमण किया। कुँवर सिंह की सेना परास्त हो गई।[11]

इसके बाद कुँवर सिंह, अमर सिंह और उसके मातहत सरदार निस्वार सिंह और जवान सिंह भी अपनी पत्नियों समेत युद्ध में सम्मिलित होने के लिए जंगलों की आड़ में आ बैठे। पुरुषों के हाथों में अंग्रेजों का खून बहाने वाली तलवारें थीं, तो महिलाओं ने तीर-कमान सँभाल लिया था, ताकि उनसे दुश्मनों के सीने को चीर दें। उस समय कुँवर सिंह के पास केवल एक हजार दो सौ सिपाही और पाँच सौ बेकायदा सेना थी। इसी कारण से उसने जगदीशपुर अथवा शाहाबाद पर आक्रमण न किया, जहाँ अंग्रेजों ने उसके पुश्तैनी निशानियों को न केवल ध्वस्त कर दिया था, बल्कि इस छोटे से दल को लेकर बिहार के पश्चिमी जंगलों में जल्दी से पहुँचकर अपनी पोजिशन को मज़बूत कर लिया। उसी समय उसे सूचना मिली कि अंग्रेजों और गोरखों की एक सेना लखनऊ को नष्ट करने के लिए भेजी गई है।[12]

कुँवर सिंह ने अपनी योजना स्थगित करके पूर्वी अवध की ओर कूच किया, ताकि वहाँ अंग्रेजों की कमजोर पोजिशन पर व्यापक आक्रमण करे और क्रांतिकारियों को एकत्र कर ले, जो लखनऊ के पराजय से बिखर गए हैं। 18 मार्च, 1858 को रीवाँ के क्रांतिकारी भी उससे आ मिले और उन सबने अतरौलिया के किले पर पहुँचकर पड़ाव डाल दिया।[13]

22 मार्च को मिल्मैन कुछ सेना लेकर वहाँ पहुँच गया। उसने तुरंत पहुँचते ही आक्रमण कर दिया। क्रांतिकारियों को पराजय का सामना करना पड़ा। थके हुए अधिकारी और सिपाही नाश्ते पर झुके ही थे कि कुँवर सिंह आकस्मिक विपत्ति की तरह सिरों पर टूट पड़ा और आमों के बाग से अंग्रेजी सेना पर वर्षा के समान गोलियाँ बरसने लगीं। मिल्मैन को कोसेला की ओर परास्त होना पड़ा।[14]

क्रांतिकारियों ने आक्रमण करके वहाँ से भी पाँव उखाड़ दिए और मल्मैन ने सेना लेकर वहाँ से भी हटना शुरू कर दिया। कुँवर सिंह चोट पर चोट लगाते-लगाते आजमगढ़ के समीप पहुँच गया। अब अंग्रेजों के पास बनारस और

गाजीपुर से अतिरिक्त सहायता पहुँच गई और अब सारी सेना की कमान कर्नल डेम्स के हाथ में थी।

28 मार्च को डेम्स ने सेना को कुँवर सिंह पर आक्रमण करने का आदेश दिया, ताकि अस्थायी पराजय का बदला ले। लेकिन नवीन सेना के बावजूद क्रांतिकारियों ने ऐसी वीरता से आक्रमण किया कि डेम्स आजमगढ़ की फसील में जा छुपा।

कुँवर सिंह की सैन्य योग्यता ने कमांडर-इन-चीफ को खतरे में डाल दिया। वह सख्त घबराया और यह देखकर हैरान हो गया कि यह अस्सी वर्ष का बूढ़ा, जवान जनरलों को मारता हुआ आजमगढ़ पर आ खड़ा हुआ है। सबसे अधिक यह खतरा हो गया कि कहीं बूढ़ा शेर बनारस पर आक्रमण न कर दे और बड़ा राजमार्ग खतरे में न पड़ जाए। यह भी शंका थी कि लखनऊ के भागे हुए क्रांतिकारी उसके पास पहुँच रहे थे और यह शेरदिल जान रहा था कि भगोड़ी सेना से किस प्रकार काम लिया जा सकता है।[15]

जब लॉर्ड केनिंग ने यह सोच लिया कि इलाहाबाद और बनारस के मुख्य शहरों को बचाना है तो शीघ्र एक बड़ी सेना लॉर्ड मार्कर की अगुआई में भेजी। यह जनरल, जो किरीमिया के युद्ध में लड़ाई का अनुभव प्राप्त कर चुका था, पाँच सौ आदमी और आठ तोपें लेकर आजमगढ़ से आठ मील पर अतिशीघ्र पहुँच गया।

6 अप्रैल, 1858 को प्रातःकाल थोड़ा आराम करने के बाद वह आगे बढ़ा। इसके बावजूद के कुँवर सिंह के सिपाही निगरानी पर थे, उसने बढ़कर क्रांतिकारियों के दाईं ओर आक्रमण किया। कुँवर सिंह की सेना ने एक बाढ़ गोलियों की मारी। बूढ़ा कुँवर सिंह अपने मशहूर उजले घोड़े को भड़का कर रणभूमि में कूद पड़ा। और थोड़ी सी सेना से लॉर्ड मार्कर पर आक्रमण कर दिया। अंग्रेजों की तोपें आग उगल रही थीं और यहाँ उनका जवाब देने के लिए एक भी तोप न थी।[16]

इन तमाम कमजोरियों के बावजूद बूढ़ा शेर अपनी सेना को लॉर्ड के पीछे ले आया और इस प्रकार दुश्मन की तोपें बेकार हो गईं। अब उनके क्रांतिकारी विजय के नारे लगा रहे थे। कुँवर सिंह ने अपनी स्थिति इतनी मजबूत कर ली कि दुश्मन के हाथी भी भाग पड़े। मार्कर ने बहुत कोशिश की कि बिगड़ी बात किसी तरह बन जाए, लेकिन कुँवर सिंह की सेना ने उसके छक्के छुड़ा दिए और मार्कर ने यह सोचकर कि यदि यहाँ विजय प्राप्त न हुई तो चलकर घिरे हुए लोगों की सहायता की जाए, शहर की ओर कूच किया। इस घटना के बारे में मैलेसन लिखता है-

"इस (कुँवर सिंह) ने छल-कपट के बजाए अपनी व्यक्तिगत योग्यता से

काम लिया। उसके युद्ध करने का तरीका अति उत्तम था, लेकिन कुछ गलतियाँ भी हुईं, जैसे जब मिल्मैन को पराजित कर दिया था तो उसे अवसर नहीं देना चाहिए था, तुरंत पूरी ताकत से उसे नष्ट कर देना चाहिए था। जिस समय वह आजमगढ़ के घरों में छिपा हुआ था तो जरूरी था कि सेना का एक दस्ता उसे घेरने के लिए छोड़ देता और शेष सेना से बनारस पर टूट पड़ता।''

बड़ी मुसीबत यह थी कि जो सरदार भी थोड़ी बहुत सेना उसके पास लाता था। वह चाहता था कि उसी का विचार चले और उसपर कार्य भी होता था। यह कारण भी योजनाओं में रुकावट डालता था। फिर भी कुँवर सिंह ने दुश्मन की ताकत और अपनी सेना की विशेषताओं का सही आकलन कर लिया था। वस्तु की कमी भी उसके सामने था। यही कारण था कि उस दूरदर्शी ने आजमगढ़ के घिरे हुए जनरल पर अंतिम आक्रमण न किया और साथियों की कमजोरी से हर स्थान पर फूँक-फूँककर कदम रखा।[17]

बूढ़े शेर ने अपनी विभिन्न प्रकार की सेना में से उच्च कोटि की सेना का चयन करके एक बड़ा भाग ताँव नदी के पुल की सुरक्षा के लिए भेज दिया, ताकि वह जनरल लुगार्ड को रोक दे, जो आजमगढ़ के अंग्रेजों को छुड़ाने के लिए आ रहा था। वास्तव में कुँवर सिंह की योजना यह थी कि वह दुश्मन को पूर्णतः आजमगढ़ पर उलझा दे और स्वयं जगदीशपुर जा पहुँचे। यह योजना युद्ध की दृष्टि से बेमिसाल थी।[18]

जो सेना पुल पर तैनात थी, उसने लुगार्ड के प्रत्येक आक्रमण को परास्त कर दिया और ऐसी चोटें लगाईं कि अंग्रेजों की हिम्मत जवाब दे गई। कुँवर सिंह के जाने की सूचना मिल गई कि वह गाजीपुर की ओर चल पड़ा है। यह बहादुर दस्ता इस खबर पर पुल छोड़कर कुँवर सिंह की सेना के साथ जा मिला। जब लुगार्ड आजमगढ़ पहुँचा तो वहाँ कुँवर सिंह का निशान तक नहीं था।

लुगार्ड ने कुछ अंग्रेज सवार मालूम करने के लिए भेजा, लेकिन बारह मील तक बूढ़े शेर का कहीं पता न चला और वह मिला तो गोरे देखकर घबरा गए, क्योंकि अब भागने का कोई रास्ता न था। क्रांतिकारियों ने उनपर आक्रमण कर दिया और उनमें से बहुत मार गिराए। बहादुर शेर गंगा नदी पर पहुँच गया।

आजमगढ़ से डगलस गंगा नदी पर सवारों की सहायता के लिए आ गया और मौजा निगाही पर दोनों सेनाओं का मुकाबला हुआ। कुँवर सिंह अपने चयनित दस्ते को सामने रख कर सेना के दो भाग कर दिए और गंगा की ओर भेज दिया। इस प्रकार अंग्रेजी सेना उलझकर रह गई और क्रांतिकारी चार मील तक गाजीपुर की ओर लड़ते चले गए।

दूसरे दिन डगलस फिर अपनी सेना के साथ रवाना हुआ, जबकि कुँवर सिंह की सेना 13 मील आगे निकल चुकी थी। यह मालूम था कि अंग्रेजी सेना थक चुकी है, इसलिए रातोरात तेजी से चलकर क्रांतिकारी गाजीपुर के क्षेत्र में प्रवेश कर गए। कस्बा मन्वर में आराम कर रहे थे कि डगलस भी सिर पर पहुँच गया। चूँकि बहुत थक चुके थे, परास्त हो गए और अधिकांश युद्ध के सामान और अन्य वस्तुएँ मैदान में छोड़ गए। इस तरह चले कि एक-एक दस्ता बारी-बारी दुश्मन के मुकाबले पर आता रहा और यात्रा जारी रखा।[19]

अंततः डगलस को धोखे में रख कर गंगा नदी से उतरने की कोशिश में थे कि अंग्रेजी सेना पहुँच गई और जब कुँवर सिंह बीच नदी में पहुँचा तो किसी गोरे की गोली कलाई से पार हो गई। उस बूढ़े शेर ने हाथ काटकर गंगा के पवित्र पानी के भेंट कर दिया और इस प्रकार घायल हाथ के साथ दरिया से पार हो कर अंग्रेजों की आशा को निराशा में बदल दिया। फिर एक बार शाहाबाद के जंगल में छुपकर 22 अप्रैल, 1858 को जगदीशपुर की दीवारों तले पहुँच गया।

आरा में जनरल ली ग्रांड इस सूचना से डर गया और तुरंत चार सौ जवान और दो तोपें लेकर जगदीशपुर पहुँचा। इन आठ महीनों में न कुँवर सिंह ने आराम किया था, न उसकी सेना ने। अंग्रेजी तोपों ने जंगल में गोलाबारी शुरू कर दी। जब सेना आगे बढ़ी तो राजा की थकी हुई सेना ने उसी प्रकार चुस्ती से सामने आकर मुकाबला किया। अब अंग्रेजों को न ठहरने का अवसर रहा, न भागने का, वह बुरी तरह पराजित हुई। केवल 80 आदमी बचे। व्हाइट कहता है कि यह सबसे बड़ी पराजय थी। हमारी ऐसी स्थिति हो गई कि दुश्मन के सामने न ठहर सकते थे, न भाग सकते थे। हममें से हर कोई सिर पर पाँव रखकर भागा। जो वस्तु जहाँ थी, वहीं रह गई। घायलों को 16 हाथियों पर लादा गया और सिख उन्हें लेकर उड़ गए। ली ग्रांड भी इस हंगामे में मारा गया।[20]

अंततः यह बिहार की आजादी का देवता, स्वतंत्रता संग्राम का लौह-पुरुष, हिंदुस्तानियों का सच्चा मित्र हाथ के जख्म के जहर से 26 अप्रैल, 1858 को इस विजय से तीसरे दिन इस संसार को छोड़कर चला गया और एक बार सिद्ध कर दिया कि बूढ़े राजपूत अपने देश की आजादी के लिए किस प्रकार लड़ते हैं! इस बहादुर बूढ़े ने अपने सिपाहियों को लेकर, जिनके पास तोप भी न थी, अंग्रेज अनुभवी जनरलों को तीन बार पराजित किया।

राजा के भाई अमर सिंह ने इस घटना पर ध्यान न दे कर चौथे ही दिन आरा के अंग्रेजों पर आक्रमण कर दिया। उधर से डगलस और लुगार्ड अपनी सेना लेकर आरा पहुँच गए। अमर सिंह ने उसी जंगल को आड़ बनाकर गुरिल्ला युद्ध शुरू कर

दिया। अंग्रेज एक ओर से हटाते थे तो दूसरी ओर निकलकर आक्रमण कर देते थे।

यह सेना कैमूर की पहाड़ियों में चली गई और हर मोड़ और हर घाटी, हर चोटी, हर टीले पर लड़ते–लड़ते एक-एक क्रांतिकारी ने अपने देश और धर्म की आजादी के लिए सीनों पर गोलियाँ खाकर जान दे दी। औरतें तक इस पवित्र युद्ध में भाग लेकर समाप्त हुईं। अमर सिंह ने जब देखा कि अब कोई चारा नहीं रहा, तो अंग्रेजों के अपवित्र हाथों से बचने के लिए स्वयं एक तोप के सामने खड़े होकर आग दे दी और इस प्रकार सम्मान के शिखर पर पहुँच गया।[21]

संदर्भ :

1. 1857 पहली जंग–ए–आजादी/मियाँ मो. शफी, सरगोधा, 1957, पृ.-241
2. वही, पृ.-241
3. वही, पृ.-241
4. वही, पृ.-241
5. वही, पृ.-241-42
6. वही, पृ.-242
7. वही, पृ.-243
8. वही, पृ.-243
9. वही, पृ.-243
10. वही, पृ.-243
11. वही, पृ.-244
12. वही, पृ.-244
13. वही, पृ.-244
14. वही, पृ.-244-45
15. वही, पृ.-245
16. वही, पृ.-245-46
17. वही, पृ.-246
18. वही, पृ.-246
19. वही, पृ.-246-47
20. वही, पृ.-247
21. वही, पृ.-248

□

14

वतन के एक शहीद मुजाहिद के त्याग एवं साहस की कहानी

'पीर अली शहीद'

वैसे तो 1857 के स्वतंत्रता संग्राम में हजारों देशप्रेमियों ने अपनी जान एवं धन की बलि दे दी। उनके वर्णन के लिए न तो यह किताब योग्य है और न यहाँ इतनी गुंजाइश है कि उन सभी का वर्णन किया जा सके। फिर यह बात भी है कि यदि उनमें से कुछ का वर्णन यहाँ किया जाए तो सारे हिंदुस्तान के शहीदों में से कुछ को चयनित करके उनका वर्णन करना बड़ा ही कठिन कार्य होगा। इस संदर्भ में मैं पटना के एक शहीद की वीरता और साहस का वर्णन कर रहा हूँ। मुझे आशा है कि केवल यही वर्णन 1857 के वातावरण की सच्ची तसवीर पेश करेगा, जिनमें उस समय के हजारों देशप्रेमियों के चेहरे नजर आएँगे।[1]

पटना गें कुछ लोग ऐसे थे, जिनके नेतृत्व में 1857 के स्वतंत्रता संग्राम का मजमून तैयार हुआ और उन्ही के इरादों ने लोगों के दिलों में सरफरोशी की भावना पैदा की। उन्हीं में पीर अली का नाम बड़ी विशेषता से आता है। असल में पीर अली खान लखनऊ के रहनेवाले थे और वहाँ से आकर पटना में बहुत दिनों पूर्व बस गए थे। यहीं के एक मुहल्ला गुरहट्टा में उनकी किताबों की एक दुकान थी। मुहल्ला गुरहट्टा खाजेकलाँ की कोतवाली के इलाका में पड़ता है, जो उस समय में पटना सिटी का अतिप्रसिद्ध इलाका था।[2]

बड़े आश्चर्य की बात है कि पीर अली खान की याद भी बहुत दिनों तक लोगों ने भुला दी थी। कुछ लोगों के सिवा किसी को याद भी न था कि इसी पटना में एक ऐसे मुजाहिद और देशप्रेमी ने मुल्क की आजादी के लिए जान दी है, जिसके चरित्र की महानता का एतराफ स्वयं उसके सबसे बड़े दुश्मनों को भी था। 1957 के निकट, जब गुजरे हुए 1857 के सरफरोशों और प्रथम स्वतंत्रता संग्राम के

जाँबाजों की यादगार मनाने की तैयारियाँ होने लगीं, तो इस संबंध में कुछ नौजवानों ने पुराने इतिहासों को खँगालकर पीर अली खान के गड़े हुए कारनामे भी ढूँढ़ निकाले और उस शहीद को ड्रामे के स्टेज पर ला खड़ा कर दिया। 1957 में 'इप्टा क्लब' के सदस्यों ने पटना में सौ साल पूर्व के पीर अली खान का ड्रामा प्रस्तुत करके उसको नया जीवन प्रदान किया। उन्हीं दिनों एक नौजवान प्रिय डॉक्टर कयामुद्दीन अहमद पी-एच.डी. ने, जो हिंदुस्तानी इतिहास की एक मशहूर संस्था 'अग्रवाल इंस्टीटट्यूट' के सदस्य हैं, बड़ी तलाश और अनुसंधान के साथ अपना लेख पत्रिकाओं में प्रकाशित करके पीर अली खान को पुनः जनता से परिचित कराया।[3]

पीर अली खान पटना में 1857 की हंगामी घटनाओं और उन हालात के साथ वाबस्ता हैं, जिन हालात के अंदर आजादी की जंग लड़ने की गुप्त तैयारियाँ की गई थीं। उस समय केंद्रीय स्थान होने के कारण पटना आजादी के प्रयासों का गुप्त केंद्र बना हुआ था। यहाँ विशेष रूप से तीन विभिन्न गिरोह अपने-अपने तरीके से आजादी का गुप्त आंदोलन चला रहे थे। उनमें एक तो अवध के उन हुर्रियत पसंदों का गिरोह था, जो अवध की हुकूमत को पुनः जीवित करना चाहते थे। पटना में इस गिरोह का नेतृत्व पीर अली खान के हाथों में था, जिनका सीधा संबंध इस आंदोलन के प्रमुख संस्थापक मसीहुज जमाँ से था, जो लखनऊ में इस तहरीक के सूत्रधार थे। पटना के कोर्ट गश्त के दारोगा मेहदी खान अंदर-अंदर पीर अली खान के सहयोगी एवं सलाहकार थे। दूसरा गिरोह सादिकपुर के मुजाहिदों का था, जिनकी तहरीक-ए-आजादी अपने तरीके से पूर्व और बाद में भी चलती रही। तीसरे गिरोह का संबंध सीधे दिल्ली सरकार से था, जिनके नाम पर हिंदुस्तान के हर इलाके से हिंदू और मुसलमान आजादी की जंग लड़ने के लिए एकजुट हो रहे थे और इसी गिरोह का आंदोलन सर्वव्यापी था। मौलवी अली करीम पटना में इस गिरोह और आंदोलन का नेतृत्व करते थे। पीर अली खान ने पटना में तीनों गिराहों से संबंध स्थापित कर रखा था और संयुक्त संगठन बनाने में सफल हो चुके थे। गुप्त रूप से सारी व्यवस्था पूरी हो चुकी थी और बगावत का एक दिन तय भी हो चुका था कि भाग्य ने हिंदुस्तानियों के साथ छल किया कि कुछ देशद्रोहियों ने इसकी सूचना पटना के कमिश्नर विलियम टेलर को पहुँचा दी। इस सूचना के मिलने पर विलियम टेलर ने जो किया, उसको वह अपने उन पत्रों में हुकूमत को समय-समय पर लिखता गया, जो सरकारी दस्तावेज के कार्यालय में सुरक्षित हैं। उन्हीं में से कुछ का संक्षिप्त विवरण प्रस्तुत करता हूँ। यह पत्र Indian Historical Record Commissioin के Vol. 22 में मिलते हैं–

"....मुझे जून के आरंभ ही में विभिन्न हलकों से खबर मिली थी कि मेहदी अली, जो शहर पटना के कोर्ट गश्त का दारोगा है, उसके यहाँ विभिन्न समयों में रात के वक्त सभाएँ हुआ करती हैं, जिसमें कुछ वहाबी भी शामिल होते रहते हैं। इसके अलावा गुमनाम पत्र भी मेरे पास आए, जिनमें भयानक षड्यंत्रों की सूचनाएँ थीं और तीन साक्ष्य भी थे। मुझे इसका विश्वास पहले से भी था कि ईसाइयों के विरुद्ध जो संगठन बन रहा है, उसमें हर वर्ग के लोग अपने-अपने मतभेदों को दूर करके शामिल हो जाएँगे। मुझे दो गिरोह से अधिक खतरा था। एक तो वह गिरोह जो अवध की हुकूमत की समाप्ति के बाद उसको फिर स्थापित करने से पैदा हो गया था। दूसरा गिरोह कट्टर और सांप्रदायिक वहाबियों का था। इन दोनों के अलावा एक बड़ा खतरा यह भी नजर के सामने था कि पटना में यदि थोड़ी सी भी हड़बूंग हुई तो यहाँ की जनता भी इस गदर के तूफान में कूद पड़ेगी। मेहदी अली पटना शहर के गश्ती दारोगा का व्यक्तित्व ऐसे समय में बहुत महत्त्वपूर्ण और खतरनाक भी था। वह बड़ी योग्यता और बड़े अधिकारों का मालिक था। और पहले कई बार अवध के दरबार में उसका प्रवेश भी हो चुका था। इसीलिए मैंने उसको निलंबित करके सारे अधिकार भी उससे ले लिये और तुरंत कड़ी सुरक्षा के साथ उसको कैद में डाल दिया। दूसरा गिरोह वहाबियों का था, जिनकी आपस में एकता, उनकी एक-दूसरे के साथ वफादारी और अपने रहनुमाओं के साथ उनकी श्रद्धा मशहूर है। मेरा इरादा उनके कुछ मुखिया को गिरफ्तार करने से यह था कि उनको आसान कैद में होशियारी के साथ इसलिए रखा जाए कि अगर जरूरत पड़े तो उनके अनुयायियों के रवैए के लिए वह जमानत का काम दे सकें। मैंने तीसरा काम यह किया कि जहाँ तक संभव हो सका, शहर के लोगों से हथियार रखवा लिये, जिसके लिए मैंने ऐलान करा दिया था कि सारे शहरवासी हुकूमत के पास अपने हथियार दाखिल कर दें। इस प्रकार स्वतः लोगों ने पाँच सौ हथियार विभिन्न थानों में जमा कर दिए। रात में नौ बजे के बाद लोगों को घरों से निकलने की मनाही भी कर दी...।"

यह तो विलियम टेलर के पत्रों का जगह-जगह से उद्धरण है। मगर इन बलपूर्वक कारवाइयों का विपरीत प्रभाव यह हुआ कि भयभीत होने के बजाए लोगों के दिलों मे अंग्रेजों से घृणा की भावना और भड़क उठी। यह तो विलियम टेलर का बयान है कि उनसे बलपूर्वक कार्यवाही केवल सावधानी के लिए की गई थी। लेकिन उस समय बगावत के पूर्व पटना का यह हाल था कि अंग्रेज सिपाहियों के डर से लोगों को घर से निकलने का साहस नहीं होता था। मसजिदों और मंदिरों में सभाओं को रोक दिया गया था। स्नान के घाट सुनसान पड़े थे। दो-एक आदमी

यदि एक साथ कहीं घर से बाहर निकले भी तो लाठी से पीटे गए या गिरफ्तार करके पूछ-ताछ के लिए थाने लाए गए। दुकानें बंद पड़ी थीं और सड़कों पर वीरानगी छाई रहती थी। इन सब बातों से जनता के दिल सुलग रहे थे और लोगों के धैर्य का पैमाना भरता जा रहा था।[4]

अंततः 3 जुलाई, 1857 को पटना के लोग जोश में भरे हुए आतुर होकर समय से पूर्व ही घरों से निकल पड़े। ये निहत्थे पहले ही कर दिए गए। ये आगे बढ़े तो अंग्रेज सिपाहियों की गोलियाँ उनके स्वागत को मौजूद थीं। फिर इन शस्त्रहीन जनता के जोश का यह हाल था कि गोलियाँ खाकर भी उनके कदम आगे बढ़ते ही रहे। जो घायल होकर या मरकर गिरा तो दूसरा उसका स्थान लेने को आगे बढ़ आता। लोगों के कत्ल और अत्याचार का यह हंगामा जारी रहा। सैकड़ों शहीद हुए, हजारों लूटे गए। इसका जिक्र तो विलियम टेलर के पत्रों में कहीं नहीं है केवल कुछ का वर्णन उसकी रिपोर्ट में मिलता है, जो उसने इस घटना के संबंध में हुकूमत बंगाल को 11 जुलाई, 1857 को भेजी थी। इस रिपोर्ट में विलियम टेलर ने जिस प्रकार असली घटनाओं को छुपाने की कोशिश की है, वह इस उद्धरण से स्पष्ट है–

"....वैसे मालूम होता है कि 3 जुलाई, 1857 की शाम में अनुमान के अनुसार दो सौ आदमी पीर अली खान कुतुब फरोश के घर जमा हुए और निर्धारित योजना के अनुसार, जो संभवतः एक दिन पूर्व तैयार हो चुकी थी। बड़े-बड़े झंडों के साथ धूम मचाते हुए और 'या अली', 'या अली' का नारा लगाते हुए सड़कों पर निकल पड़े। और इस इरादे से सीधे रोमन कैथोलिक गिरजाघर का रुख किया कि वहाँ के पादरी को मार डालें। पादरी तो भाग गया, मगर यह लोग वहाँ से निकलकर दूसरों को अपनी सहायता के लिए पुकारने लगे। पटना में अफीम कोठी के एजेंट लॉयल को जब यह खबर भेजी गई तो वह तुरंत पचास आदमियों का दस्ता और इसके अलावा एक सूबेदार और पचास सिख सैनिकों को लेकर पहुँच गया। उस समय तक क्रांतिकारी रोमन कैथोलिक गिरजा से निकलकर चौक तक आ गए थे। यहाँ क्रांतिकारियों ने अपना झंडा स्थापित किया। और धार्मिक नारा लगा रहे थे। दुर्भाग्य से डॉक्टर लॉयल क्रांतिकारियों के समझाने को आगे बढ़ा और उनसे शांति कायम रखने के लिए विनती करने लगा। मगर क्रांतिकारी उसपर दौड़ पड़े और उसको गोली का निशाना बनाया और उनमें से कुछ लोगों ने तलवार से डॉक्टर लॉयल का सिर काट लिया। यह देखकर उसके बाद दस्ते ने क्रांतिकारियाँ पर गोली चलाईं। क्रांतिकारियों में से एक मारा गया और गवाहों के अनुसार कुछ घायल भी हुए, मगर अभी तक एक के सिवा दूसरा घायल नहीं मिल सका है। इसके बाद से जनसमूह

तितर-बितर हो गया, मगर डॉक्टर लॉयल के मरने से पूर्व नए कोर्ट गश्त के दारोगा से इन क्रांतिकारियों की मुठभेड़ हो गई थी, जिसमें कोर्ट गश्त के दारोगा को बहुत ही भारी जख्म आए थे, मगर अब वह पूरी तरह अच्छा हो रहा था।…"[5]

विलियम टेलर का उपर्युक्त बयान जिस प्रकार वास्तविकता से दूर है उसी प्रकार अक्ल की दृष्टि से भी पूर्णतः निरर्थक है और यह बात साफ झलकती है कि उसने अपने दमनात्मक काररवाइयों पर परदा डालने के लिए जितना उससे संभव हो सका, उसने असली घटनाओं में काँट-छाँट की है। उसके एकपक्षीय बयान के विपरीत यदि उस समय के सही हालात लिखे जाएँ तो अलग कहानी तैयार हो जाए। फिर इस कत्लेआम के बाद पटना के बागियों पर मुकदमा चलाए जाने के बाद उनको जो सजाएँ दी गईं, इसकी रिपोर्ट भी विलियम टेलर ने हुकूमत बंगाल को इस प्रकार भेजी–

"…चौदह व्यक्तियों को मौत की सजा दी गई, जिनमें बारह आदमी मुकदमा के फैसलें के तीन घंटे के भीतर फाँसी पर लटका दिए गए। उसके पश्चात् ही फिर छह आदमियों को यहीं मौत की सजा दी गई। तीन आदमियों को लंबी कैद की सजा दी गई, जिनमें से दो आदमी को आजीवन शोर नदी के पार जाने की सजा मिली। शेष एक आदमी को चौदह साल कैद की सजा दी गई…"

जिस प्रकार विलियम टेलर ने अपने पत्रों और पहले रिपोर्ट में अपने कत्लेआम को छुपाया है, उसी प्रकार यहाँ भी सैकड़ों आदमियों की फाँसी की सजाओं पर परदा डालने की कोशिश की है। आज भी पटना के छज्जू बाग की धरती पर इन शहीदों की कहानियाँ लिखी हुई हैं। यही वह स्थान था, जहाँ देशप्रेम के आरोप में सैकड़ों देशप्रेमियों ने फाँसी पाई। जब देश में अमन एवं शांति स्थापित हो गई तो बाद में यही स्थान बंगाल के लेफ्टिनेंट गवर्नर का पटना में कार्यालय बना, जो इस जगह की खूनी याद को भुलाने के लिए अंग्रेजों की बड़ी अच्छी चाल थी।[6]

विलियम टेलर का दिल कत्लेआम के बाद भी जब न भरा तो उसने यहाँ के लोगों की इधर-उधर से धरपकड़ करानी शुरू की। यह सिलसिला सप्ताहों तक रहा। अमीर, गरीब सब उसके निशाने पर थे। किसी ने यदि थोड़ा सा भी विरोध किया और हाकिम के आगे एक नाम भी किसी का ले लिया, तो गोया उस नाम के भाग्य में सजा की मुहर लग गई। गरीबों की ओर से पैरवी करनेवाला कौन था, जो उनके लिए दौड़-धूप करता? मगर उनके बचाव का एक अवसर निकल ही आया। विलियम टेलर ने एक बड़े आदमी की शिकायत पर पटना के एक प्रतिष्ठित रईस नवाब लुत्फ अली खान को भी गिरफ्तार कर लिया। उनपर तुरंत मुकदमा भी चलाया और उनके लिए भी मौत की सजा का प्रस्ताव होने वाला था कि उनके

बहुत से शुभचिंतक विलियम टेलर की परवाह किए बिना कलकत्ता दौड़ पड़े और विलियम टेलर के जुल्म और अत्याचार की कहानियाँ वहाँ जाकर हुकूमत के उच्च अधिकारियों के सामने बयान कीं। इस अवधि में कलकत्ता के उच्च अधिकारियों को भी अपने तौर पर मालूम हो चुका था कि विलियम टेलर के अत्याचार हद से बढ़ गए हैं और पटना में अमन व शांति स्थापित होने के बाद भी कत्ल और लूट-खसोट का बाजार गरम है। इस दौड़-धूप का मनचाहा परिणाम निकला। तुरंत ही विलियम टेलर को पटना कमिश्नर के पद से निलंबित किया गया। और नवाब अमीर अली खान, जो बाढ़ के रहनेवाले और अदालत दीवानी के बड़े कामयाब वकील थे और जनता में भी बड़े ईमानदार माने जाते थे, उनकी अस्थायी बहाली विलियम टेलर के स्थान पर की गई। वह भी इस शीघ्रता के साथ कि यदि एक दिन की भी देरी हो जाती तो नवाब लुत्फ अली खान के साथ-साथ कितने निर्दोष विलियम टेलर के हाथों शहीद हो जाते! हकीकत तो यह है कि नवाब अमीर अली ने फाँसी का फंदा नवाब लुत्फ अली खान के गले से सही समय पर उतारा और उनकी जान बचाई और बहुत से निर्दोषों की जानें भी उन्हीं के कारण बच गईं, और वह पटनावालों के लिए वरदान सिद्ध हुए।

अभी तक विलियम टेलर के पत्रों में पीर अली खान का नाम स्पष्ट रूप से नहीं आया था, जिससे यह सिद्ध होता है कि पटना में स्वतंत्रता संग्राम के यही असली नेता थे। अब विलियम टेलर ही की जबानी यह भी सुन लीजिए! अपने एक पत्र में, जो विलियम टेलर ने हुकूमत बंगाल के सचिव को 14 जुलाई, 1857 में लिखा कि–

"...जो बातें प्रमाणित हो चुकी हैं उनसे साफ पता चलता है कि महीनों पहले ही से साजिशी तंजीमें बड़े पैमाने पर चलाई जा रही थीं। लोगों की नियुक्ति और बहाली हो रही थी और नियमित रूप से वेतन दिया जा रहा था। फंड भी जमा किए जा रहे थे, जिससे षड्यंत्र के खर्च पूरे किए जा रहे थे। संचार के साधन भी बड़ी उत्तमता के साथ षड्यंत्र के कार्य को बढ़ाने के लिए स्थापित किए जा चुके थे। जिनका मकसद यह था कि एक जेहाद ईसाइयों के विरुद्ध की जाए और देश में मुसलिम हुकूमत को पुनः स्थापित करने में बल और सहायता पहुँचाई जाए।"

अब अपनी किताब *Crisis* में जो, 1857 के हंगामे के कुछ दिनों बाद विलियम टेलर ने लिखी, उसमें निम्नलिखित बातों का संबंध पीर अली खान से साफ-साफ इस प्रकार जाहिर करता है–

"...पीर अली खान का लोगों को महीनों बाकायदा वेतन देना, बहुत से दारोगे तैनात करना और बड़ा-बड़ा धन बाँटना केवल सड़कों पर हंगामा मचाने की नीयत

से तो न था। जो घटनाएँ हंगामे की अवधि में प्रकट हुईं और षड्यंत्र करनेवाले के स्वयं इकरार, गवाहों की सामूहिक गवाही, उनसे यह बात पूरे तौर पर खुल गई कि यह षड्यंत्र, जो असफल हुआ, वह बड़े षड्यंत्र का एक भाग था। यदि समय पर उसको रोकने के उपाय और पहल न किए जाते तो उसके परिणाम बड़े भयानक होते…"[7]

विलियम टेलर के इन दोनों बयान से पीर अली खान का महत्त्व स्पष्ट है। अब पीर अली खान की गिरफ्तारी का किस्सा सुनिए! 3 जुलाई, 1857 में पटना में हंगामा शुरू हुआ और 5 जुलाई को दो दिनों के बाद वह गिरफ्तार हुए। इन दो दिनों में विलियम टेलर के कत्लेआम ने शहर में कयामत बरपा रखी थी। सैकड़ों कत्ल हो चुके थे। हजारों अपने घरों में शरण लेकर मुसीबत में पड़े कराह रहे थे। बड़ी बेदर्दी के साथ लोग पकड़े जा रहे थे। घरों के दरवाजे बंद थे। सड़कें वीरान और सुनसान थीं। पीर अली खान भी जख्मों से चूर थे। मगर हर जगह अपने साथियों की देख-रेख में व्यस्त थे। अकेले छुपते हर जगह जाते। लोगों को दिलासा देते और उनकी सहायता करते। अब स्वतंत्रता संग्राम का सारा बोझ अकेले उन्हीं पर आ गया था। इन्हीं परिस्थितियों में वह घूम रहे थे कि एक जगह उनकी संदिग्ध हालत देखकर पुलिसवालों ने उनको गिरफ्तार कर लिया। पीर अली खान ने उस समय वीरता दिखाई। बहुत अधिक घायल पहले ही से थे, फिर भी लड़े-भिड़े बिना गिरफ्तार होना उनको पसंद न था। वह लड़े और बहुत लड़े, मगर अकेले क्या करते? उधर मुकाबले में पुलिस का दल था। जब वह बिलकुल मजबूर हो गए तो गिरफ्तार कर लिये गए। गिरफ्तारी के बाद भी उस आजादी के अलमबरदार ने अपनी शिष्टता और गंभीरता कायम रखा। यह जानते हुए कि उस समय अंग्रेजों को उनकी बड़ी तलाश है और हर जगह सिपाही उनको खोजते फिर रहे हैं, और यह भी पुलिसवालों के बरताव से मालूम हुआ कि वह केवल संदेह की वजह से गिरफ्तार हुए हैं और गिरफ्तार करनेवाले उनको बिलकुल नहीं पहचानते हैं। फिर जब उनसे उनका नाम पूछा गया तो सच्चे वीर की तरह उन्होंने अपना सही नाम ही बताया। पीर अली खान 5 जुलाई को गिरफ्तार हुए और 7 जुलाई, 1857 को दो दिनों के अंदर ही उनका मुकदमा तजवीज करके पटना के कमिश्नर विलियम टेलर और यहाँ के मजिस्ट्रेट दोनों ने उनके लिए फाँसी का फैसला दिया, और वह भी इस प्रकार कि इस फैसले के तीन घंटे के अंदर उनको फाँसी दी जाए। यह सब घटना आज भी सरकारी कागजात में गवाहों के बयान के साथ सुरक्षित है।

पीर अली खान के चरित्र की बुलंदी एक तो वह थी कि उन्होंने संदेह में बेपहचान पकड़े जाने पर, जिसका ज्ञान किसी को भी न था, उन्होंने पुलिसवालों के

पूछने पर अपना सही नाम बता दिया था और झूठ बोलकर छूट जाने का सहारा न ढूँढ़ा था। अब सबसे बढ़कर उनके चरित्र की महानता देखए![8]

दवा और उपचार के बिना, बहते हुए जख्मों के साथ और दो दिनों तक अंग्रेजों के कैद की व्यापक मुसीबतें झेलने के बाद इस अवस्था में कि उनके कपड़े शरीर पर चीथड़े हो रहे हैं और यह चीथड़े उन्हीं के खून में सारे के सारे भीगे हुए हैं। जख्मों से खून और पीप जारी है। आँखें धँस गई हैं। प्रत्येक दिन पुलिस की मार-पीट और लगातार उपवासों से चेहरा सुता हुआ है। दाढ़ी और सिर के बालों में धूल भरी हुई है, चलते हैं तो पैर की बेड़ियाँ उनकी कमजोरी पर फरियाद करती हैं। दुनियावालों के सहारे से दूर, केवल हाथ की हथकड़ियाँ उनके हाथ थामे हुए हैं और कान यह अंतिम निर्णय भी सुन चुके हैं कि तीन घंटे के अंदर उनके जीवन की दीया फाँसी के हिचकोलों से बुझने वाली है। फिर भी जब पीर अली खान अंग्रेजों के सामने अंतिम बार पूछताछ के लिए लाए जाते हैं और जो कुछ कहते हैं, उनका हाल उनका सबसे बड़ा निर्दय शत्रु विलियम टेलर अपनी किताब *Crisis* में एक जगह फिर बयान करता है –

"पीर अली खान निडर, संजीदा, गंभीर और धार्मिक दीवानों का एक आदर्श था। रूप में घृणित, जिसमें दरिंदगी, घमंड और अहंकार टपकता था, मगर साथ-ही-साथ संतुष्ट, स्वाभिमानी और बातचीत और चरित्र में गुणवान नजर आता था। जब अंतिम सजा का आदेश उसके विरुद्ध दिया जा चुका तो मैंने उससे ऐसे कुछ प्रश्न पूछने के इरादे से, जिनसे षड्यंत्र के संबंध में कुछ और जानकारी प्राप्त हो सके, उसको एक विशेष कमरे में बुला भेजा। जंजीरों से बुरी तरह जकड़ा हुआ, मैले और गंदे कपड़े पहने हुए, जिन पर हर जगह उसके पहलू के जख्मों के खून के गहरे धब्बे थे, वह मेरे और दूसरे अंग्रेज साथियों के सामने लाया गया। उसको मालूम था कि उसके जीवन की अंतिम आस भी समाप्त हो चुकी है, मगर उसके मुख से थोड़ी सी भी बेचैनी, मायूसी और भय नहीं प्रकट होता था। इस प्रश्न पर कि क्या वह अब भी कोई ऐसा काम करने को तैयार है, जिससे उसकी जान बच जाए? उसने बड़े ही धैर्य और घृणा के स्वर में जवाब दिया कि 'कुछ अवसर ऐसे होते हैं जहाँ जान बचाना अक्लमंदी का काम है, मगर इसके विपरीत कुछ अवसर ऐसे भी मनुष्य के जीवन में आते हैं जहाँ जान की परवाह न करना ही सुशीलता और ईमानदारी है।' उसके बाद उसने मेरी कठोरता पर व्यंग्य करते हुए अपनी बात यूँ समाप्त की–'तुम मुझको और मेरे जैसे लोगों को प्रतिदिन फाँसी देते रहो, मगर याद रखो कि मेरी जगह पर हजारों पैदा होते रहेंगे और तुम्हारा दमनात्मक मकसद कभी न प्राप्त होगा।'

मैंने इस व्यक्ति का थोड़ा विस्तार से जिक्र किया है, क्योंकि इस प्रकार के लोगों से हमारा इस देश में कभी-कभी सामना होता है, जिनका धार्मिक जुनून उनको बड़ा खतरनाक बना देता है, मगर इसके साथ उनका धैर्य और उनका हौसला बड़ी हद तक उनको प्रतिष्ठा और प्रशंसा का पात्र भी सिद्ध करता है। चरित्र की बुलंदी के इस अंतिम दृश्य पर पीर अली खान के जीवन का ड्रामा समाप्त हुआ। उनको फाँसी हो गई, मगर उनके खून से कौम को नया जीवन मिला।[9]

संदर्भ :

1. हकीकत भी कहानी भी/ सैयद बदरुद्दीन, पटना, 1988, पृ.-251
2. वही, पृ.-251
3. वही, पृ.-251
4. वही, पृ.-252-54
5. वही, पृ.-254-55
6. वही, पृ.-256
7. वही, पृ.-256-57
8. वही, पृ.-257-59
9. वही, पृ.-259-60

□

15

1857 की पहली जंग-ए-आजादी

देश की स्वतंत्रता के लिए कंपनी से लोहा लेनेवाला अगर पहला वीर सपूत मीर कासिम था तो खोई हुई स्वतंत्रता की प्राप्ति के लिए पहला जनांदोलन वास्तविक रूप से वहाबी आंदोलन था और इन दोनों का संबंध बिहार से था। कंपनी की दमनात्मक काररवाइयों और लूट-खसोट से इस राज्य के लोग चूँकि बहुत अधिक प्रभावित हुए थे, इसलिए बिहारवासियों में दूसरों की तुलना में कंपनी के विरुद्ध अधिक आक्रोश पाया जाना स्वाभाविक था। यही कारण है कि जब भी कोई साधन उपलब्ध होता कंपनी के विरुद्ध उठ खड़े होते। इस बीच विभिन्न प्रकार के संघर्ष कंपनी के विरुद्ध लगातार होते रहे। डॉ. दत्ता ने Freedom Movement in Bihar के प्रथम भाग में भारतीय मामले के एक अनुभवी अधिकारी के 1857 के बयान के हवाले से उल्लेख किया है कि मीर कासिम के काल से ही पटना एक विद्रोही शहर रहा। उस समय पटना की जनसंख्या चार लाख थी, जिसमें मुसलमानों का अनुपात 25 प्रतिशत था।[1]

1781 में बनारस के राजा चेत सिंह ने कंपनी के विरुद्ध विद्रोह किया था तो उसका प्रभाव बनारस से सटे बिहार के क्षेत्रों पर भी पड़ा था और सासाराम के पूर्व शासक रजा कुली खान ने चेत सिंह का साथ दिया था। टिकारी के राजा पीतांबर सिंह ने भी उसकी सहायता की थी। कुटुंबा और सरेस के जमींदार ने सासाराम के रामनगर के समीप कंपनी की सेना को बनारस की ओर बढ़ने से रोका था। जिसके कारण उसे गिरफ्तार करके ढाका भेज दिया गया था। नरहट के राजा अकबर अली खान ने भी उस समय कंपनी के विरुद्ध बगावत कर दी थी। इस अवसर पर सारण में फतेह सिंह ने कंपनी के लिए कठिनाइयाँ उत्पन्न करने का प्रयत्न किया। फिर 1798 में जब कंपनी ने अवध की गद्दी पर से नवाब वजीर अली को हटा कर सआदत अली खान को बिठाया तो वजीर अली ने कंपनी के विरुद्ध पूरे हिंदुस्तान में एक बगावत खड़ी करने की कोशिश की थी, जिसमें टिकारी के राजा मित्रजीत

ने वजीर का साथ दिया था। अंग्रेजों से नफरत और नाराजगी की आम लहर के कारण वैसे भी लगातार छोटे-बड़े विद्रोह होते रहे थे, जिनमें किसानों की भूमिका काफी महत्त्वपूर्ण थी। छोटा नागपुर के आदिवासियों में भी अंग्रेजों के खिलाफ काफी नफरत पाई जाती थी, जिसका विस्फोट 1831 में कोल कबीले की बगावत के रूप में प्रकट हुआ। इससे भी भयंकर और लंबी अवधि का विद्रोह 1855 में संथालों ने राजमहल के क्षेत्र से प्रारंभ किया, जो बर्द्धवान से भागलपुर तक फैल गया था और 1857 तक जारी रहा।[2]

कंपनी ने हिंदुस्तानी शासकों के आपसी मतभेदों से लाभ उठाकर देशी सेना ही की सहायता से उन इलाकों पर कब्जा जमा लिया था और अब उस अधिकार की प्राप्ति के बाद मुल्क को काबू में रखने के लिए उन्हीं सेनाओं की मुहताज थी। इसका अहसास देशी सेनाओं को भी हो चला था और उनका आत्मविश्वास बढ़ गया था। अंग्रेजों के अपमानजनक व्यवहार पर वह प्राय: विद्रोह और बलवा पर उतारू हो जाते थे। इसके साथ ही कंपनी की इस कमजोरी पर उसके विरोधियों की नजर भी गई। और उन्होंने उसके देशी सिपाहियों के धार्मिक स्वाभिमान और देशभक्ति को उभारकर उन्हें कंपनी के विरुद्ध उकसाना शुरू कर दिया था। इस संदर्भ में यह बताना तो मुश्किल है कि यह काम कब से शुरू हुआ और किस इलाके में किस हद तक हुआ! लेकिन 1845 में पटना और दानापुर में इस तरह की जो कोशिशें की गईं, उसका उल्लेख डॉ. के.के. दत्ता ने अपनी किताब Freedom Movement in Bihar में किया है। उन्होंने Mr. Kaye की किताब History of Sepoy War के हवाले से लिखा है कि–

"1845-46 में जब अंग्रेज सिखों की सेना के जोरदार आक्रमण का मुकाबला कर रहे थे, कंपनी की सरकार की सारी शक्ति उत्तर-पश्चिम सीमा पर लगी हुई थी, तब पटना में उनकी सत्ता पर चोट पहुँचाने और उसे उखाड़ फेंकने के लिए योजना तैयार की गई। इसके संबंध में एक सैनिक अधिकारी ने 1857 में इसकी चर्चा करते हुए उल्लेख किया है कि इसके पहले 1846 ही में, जब हमारा भाग्य सतलुज के किनारे आशा और निराशा के बीच झूल रहा था, पटना के लोगों ने इससे लाभ उठाने का प्रयास किया और दानापुर के कुछ देशी सैनिक अधिकारियों और सिपाहियों को उकसाने में सफल हो गए।"

पटना प्रमंडल के तत्कालीन आयुक्त विलियम टेलर ने भी अगस्त 1858 में इसकी चर्चा इस प्रकार की है कि–

"पिछले कई वर्षों से पटना शहर षड्यंत्र में लीन समझा जाता था। 1846 में एक भयंकर साजिश पकड़ी गई, जिसमें पटना और आस-पास के जिलों के बहुत

से मुसलमान लिप्त थे। जिसमें सिपाहियों को उकसाने का प्रयास किया था। 1846 का वह षड्यंत्र इस देश के घटनाक्रम पर नजर रखनेवाले बहुत से लोगों की नजरों में बहुत बड़े षड्यंत्र का एक हिस्सा था। जिसका उद्देश्य अंग्रेजों को बरबाद करना, ब्रिटिश सरकार को उलट देना और पुनः मुसलिम शासन को स्थापित करना था।" (बंगाल आर्मी का विद्रोह, पृ.-174)

इस संबंध में सबसे महत्त्वपूर्ण बात यह है कि इस षड्यंत्र की योजना बनानेवाले मुसलमानों ने शाहाबाद के सबसे प्रभावशाली हिंदू भूस्वामी बाबू कुँवर सिंह को भी, जिन्होंने बाद में 1857 के विद्रोह में बिहार के अंदर सबसे महत्त्वपूर्ण भूमिका अदा की, इस अंग्रेज विरोधी षड्यंत्र में सम्मिलित कर लिया गया था। पटना के जिलाधिकारी ने बंगाल सरकार को 27 दिसंबर को इसकी सूचना देते हुए लिखा था-

"मुझे सूचना मिली है कि पड़ोसी क्षेत्र शाहाबाद के रहनेवाले एक अत्यंत प्रभावशाली जमींदार भी इस षड्यंत्र में लिप्त थे। यह खुली हुई सच्चाई है कि बाबू कुँवर सिंह कैदियों के प्रश्न पर फैली उत्तेजना के अवसर पर शहर पटना आए थे और राहत अली से उनका पत्राचार हुआ था।" (Freedom Movement in Bihar, vol. 16 p. 4)

डॉ. के.के. दत्ता की जानकारी के अनुसार इस षड्यंत्र की योजना तैयार करनेवाले असल आदमी मुंशी राहत थे, जो नेउरा के रहनेवाले और सर अली इमाम के पूर्वजों में थे। उन्होंने रेजीमेंट के मुंशी पीर बख्श और दुर्गा प्रसाद से मिलकर इनसे सेना को विद्रोह पर उतारू करने के लिए तैयार किया। मगर रेजीमेंट के एक हवलदार ने कमांडिंग ऑफिसर को सारा भेद बता दिया, जिसके परिणामस्वरूप पीर बख्श और दुर्गा प्रसाद गिरफ्तार कर लिये गए और बहुत से भू-स्वामियों और प्रभावशाली व्यक्तियों के पत्र उनके पास से पकड़े गए। जिससे इस षड्यंत्र का रहस्योद्घाटन हुआ। इसी में बाबू कुँवर सिंह के पत्र से मुंशी पीर बख्श और पंडित दुर्गा प्रसाद ने अपना अपराध स्वीकार कर लिया और उनके बयान पर मुंशी राहत अली और पटना शहर के प्रभावशाली नागरिक ख्वाजा हसन अली गिरफ्तार कर लिये गए। सभी पर मुकदमा चला। जिसका फैसला 1846 में हुआ। एकरारी अपराधियों ने मुंशी राहत अली और ख्वाजा हसन अली को पहचानने से इनकार कर दिया। इसलिए वह लोग रिहा हो गए। मगर पीर बख्श, दुर्गा प्रसाद और भीकन जमादार को सजा हुई और अंग्रेजी के लॉ ऑफिसर मौलवी नियाज अली, सरकारी वकील बरकतुल्लाह और मीर बाकर दारोगा को नौकरी से बरखास्त कर दिया गया। बाबू कुँवर सिंह जगदीशपुर, मौलवी अली करीम डुमरी और एक पुलिस जमादार

हसन अली खान भी इस षड्यंत्र में पूरे तौर पर सम्मिलित पाए गए थे, पर अपने प्रभाव से उस समय बच गए। ख्वाजा हसन अली, जस्टिस ख्वाजा नूर के दादा और मौलवी अली करीम लेडी अनीस इमाम के परदादा थे।[3]

डॉ. क्यामुद्दीन अहमद ने अपनी किताब 'Wahabi Movement' में इस मुकदमा पर अधिक विस्तार से प्रकाश डाला है। उनके अनुसार राहत अली और पीर बख्श की मुलाकात सितंबर 1845 को हुई और इस मुलाकात के समय एक व्यक्ति सैफ अली भी मौजूद था। जिसका राहत अली ने पीर बख्श से परिचय कराया और इस परिचय के आधार पर सैफ अली कुछ किताबें बेचने के बहाने पीर बख्श से मिलता रहा। बाद में सैफ अली ने पीर बख्श का परिचय ख्वाजा हसन अली से उनके मकान पर कराया। जहाँ उन्होंने धार्मिक मामलों में अंग्रेजों के हस्तक्षेप का उल्लेख करते हुए सेना को बगावत पर उकसाने के लिए अपनी योजना का जिक्र किया। पीर बख्श के पूछने पर यह भी बताया कि हम लोग कानपुर, बनारस, इलाहाबाद, सुगौली और डोरंडा की फौजी छावनियों में भी काम कर रहे हैं। साथ ही यह भी कहा कि हम नहीं चाहते कि सैनिक अभी हमारे साथ आ जाएँ और युद्ध करने लगें, बल्कि जब बगावत हो जाए तो वह हमारे साथ हों। यदि रेजीमेंट के सरदार हमारा निमंत्रण स्वीकार करें तो हम उन्हें एक महीने का वेतन देंगे। हमें एक करोड़ रुपया खर्च करने का अधिकार है। डॉ. क्यामुद्दीन अहमद की अनुसंधान के अनुसार सैफ अली, अमीर खान टोंक के राजा के बेटे का भेजा हुआ एजेंट था।[4]

इस प्रकार यह बात पूरे तौर पर साफ हो जाती है कि 1857 के विद्रोह के पूर्व से ही देशभक्त शक्तियाँ अपने स्तर पर कंपनी के देशी सिपाहियों को विदेशी अंग्रेज सरकार के विरुद्ध उकसाने की योजनाबद्ध काररवाइयों में सक्रिय थीं। दूसरी ओर भारत के तमाम देशी शासकों को परास्त कर संपूर्ण भारत में अपना प्रभुत्व स्थापित करने के बाद अंग्रेज शासकों की दमनात्मक काररवाइयाँ इतनी चरम सीमा पर पहुँच गई थीं कि उन्होंने जनभावनाओं को तिलांजलि देकर भारतीयों के रीति-रिवाजों और धार्मिक मामलों में भी हस्तक्षेप शुरू कर दिया और शिक्षा के नाम पर ईसाई धर्म के प्रचार-प्रसार की योजना को सरकारी स्तर पर प्रोत्साहन देने लगे। इसके अलावा देशी सिपाहियों के साथ भी वे अपमानजनक बरताव करने लगे। अपमानजनक बरताव के अलावा अब उन्हें उनकी परंपराओं और धार्मिक भावनाओं के बिलकुल खिलाफ काम करने पर मजबूर किया जाने लगा। इसके साथ ही कंपनी ने अपनी अधीनता स्वीकार कर लेने वाले वफादार देशी शासकों को भी समाप्त करके राजनीतिक स्तर पर समूचे हिंदुस्तान को सीधे अपने अधिकार में लेने की योजना बनाया। इस

योजना के तहत 1848 से 1856 तक की संक्षिप्त अवधि में सितारा, झाँसी, संभलपुर के राज्यों पर कब्जा कर लिया। तंजूर के राजा और कर्नाटक के नवाब की मृत्यु के बाद उनके उत्तराधिकारियों को उनकी उपाधि और पदों से वंचित कर दिया। हैदराबाद के निजाम से बरार का उपजाऊ इलाका छीन लिया। मैसूर के राजा को पेंशन देकर इस राज्य का इंतजाम भी अपने हाथों में ले लिया। पेशवा बाजीराव द्वितीय के उत्तराधिकारी नाना साहब की पेंशन बंद कर दी और 1856 में नवाब वाजिद अली शाह को अपदस्थ करके अवध के राज्य पर भी कब्जा कर लिया। जिसका नतीजा यह हुआ कि इन राज्यों के शासकों, वजीरों और दरबारियों के साथ उनसे संबंधित दस्तकारों और दूसरे कलाकारों को भी भयंकर बेरोजगारी का सामना करना पड़ा। नए अधिगृहीत इलाकों के किसानों को भी व्यापक कठिनाइयों का सामना करना पड़ा, क्योंकि उनपर एक ओर तो लगान बढ़ा दिया गया और दूसरी ओर पूर्व शासकों के काल में जो सुविधाएँ मिलती थीं, वह भी बंद कर दी गईं। आरंभ में कंपनी ने जिन इलाकों पर कब्जा किया था, उनपर वह दिल्ली के मुगल शहंशाह के नाम और फरमान का हवाला दे कर उसके एक आज्ञाकारी एजेंट की हैसियत से हुकूमत करती थी। लेकिन अब उसने दिल्ली के मुगल बादशाह को हिंदुस्तान का कानूनी शासक मानने से भी इनकार कर दिया था। इसलिए नए अधिगृहीत इलाकों पर उसी के नाम से हुकूमत करने का प्रश्न ही नहीं था। इस प्रकार से इन इलाकों के पूर्व शासक परिवारों को अधिकारहीन कर देने से अवाम की राष्ट्रीय भावनाओं को भी ठेस पहुँची, जिससे उत्तर प्रदेश और मध्य प्रदेश के इलाकों में कंपनी की हुकूमत के खिलाफ व्यापक क्रोध और गुस्सा की लहर दौड़ गई। जिसका प्रभाव कंपनी की देशी सेनाओं पर भी पड़ा, क्योंकि उसकी सेना का बड़ा भाग इन ही इलाकों के जवानों से सम्मिलित था।[5]

उस समय कंपनी की सेना में दो लाख देशी और चालीस हजार अंग्रेज सिपाही थे, जो बंगाल, मद्रास और बंबई की आर्मी के नाम से तीन कमानों में विभाजित थे। इसमें सबसे बड़ी बंगाल आर्मी थी, जिसमें एक लाख चालीस हजार हिंदुस्तानी सिपाही थे। जो प्रायः सभी बिहार, यू.पी. और उनके आस-पास के इलाकों के ब्राह्मण, राजपूत, मुसलमान और जाट थे, जिनका अपने ग्रामीण जीवन से गहरा संबंध था। इनमें चालीस हजार सिपाही तो केवल अवध क्षेत्र के थे, जिन्हें वाजिद अली शाह को अपदस्थ किए जाने और अवध के विलय से भारी ठेस पहुँची थी। अतः सेना में निराशा और उदासी तो बहुत दिनों से काम कर रही थी और उसके साथ ही उनको बगावत पर तैयार करने के लिए योजनाबद्ध गुप्त काररवाइयाँ भी जारी थीं। लेकिन कंपनी के अत्याचारी स्वभाव ने हालात को इतना

बिगाड़ दिया कि लोगों में क्रोध और गुस्सा की आग भड़क उठी, जिससे सेना भी प्रभावित हुई। बंगाल आर्मी के अंदर तो व्यापक नाराजगी फैल गई थी, जिससे पूरे उत्तरी हिंदुस्तान में बगावत की आग भड़क उठी।[6]

महान् राजनीतिक चिंतक कार्ल मार्क्स ने इस विद्रोह को उसी समय सिपाहियों का विद्रोह कहना अनुचित बताया था और इसे कंपनी की निर्दय सरकार के विरुद्ध आम हिंदुस्तानियों का एक सशस्त्र विद्रोह करार दिया। उन्होंने अपने लेख में इस बात का स्पष्ट उल्लेख किया कि इस विद्रोह की असली शक्ति हिंदुस्तानी अवाम थी। उन्होंने विद्रोह में हिंदुओं, मुसलमानों और हिंदुस्तान की विभिन्न जातियों और गुटों की आपसी एकता की विशेष रूप से चर्चा करते हुए लिखा था कि विद्रोह का शुभारंभ तो हिंदुओं ने किया, मगर दिल्ली की गद्दी पर हिंदुस्तान का शासक बनाया एक मुसलमान को।[7]

वास्तव में हिंदुस्तानी राजनीति में उस समय तक हिंदू-मुसलमान का प्रश्न इस तरह पैदा नहीं हुआ था। पूरी सामाजिक व्यवस्था पूरे तौर पर भू-स्वामियों के सिद्धांतों के अंतर्गत चल रही थी, जिसके फलस्वरूप प्रतिष्ठित लोगों का स्थान समाज में श्रेष्ठ माना जाता था और इसे सभी स्वीकार करते थे। इसलिए विद्रोही सिपाहियों ने अपना राजा बहादुर शाह जफर को बनाया, जिसे हिंदुस्तान की जनता राष्ट्रीय गौरव का प्रतीक और मुगल शासनकाल की मर्यादा की निशानी मानती थी। वैसे भी उस समय की परिस्थिति में भू-स्वामियों को छोड़कर इस विद्रोह के नेतृत्व के लिए किसी अन्य वर्ग का प्रश्न ही पैदा नहीं हो सकता था। हालाँकि भू-स्वामी वर्ग ने कंपनी का साथ दिया था और देशहित से गद्दारी की थी। फिर भी इस वर्ग के राष्ट्र-प्रेमियों ने विद्रोह का साथ दिया। जिन्हें आम जनता ने अपना सरदार स्वीकार कर उनकी गतिविधियों पर देश के लिए बलिदान देने की मुहर लगा दी। इस प्रकार इस विद्रोह का नेतृत्व पूर्णतः भू-स्वामी वर्ग ही के हाथों में रहा। यही कारण है कि इस विद्रोह का जोर यू.पी. में सबसे अधिक रहा, जहाँ उसकी कमान बेगम हजरत महल, नाना साहब, नवाब नजीब खान, शाहजादा फीरोज शाह और खान बहादुर खान आदि जैसे शासकों के हाथों में थी। जिनकी परिवारिक प्रतिष्ठा का बड़ा प्रभाव अवाम पर था। मगर हमारे बिहार में कंपनी ने अपनी सौ वर्षों की फासिस्ट सरकार में इस प्रकार के परिवारों को ध्वस्त कर दिया था, इसलिए यहाँ विद्रोह की कमान उन प्रतिष्ठित और उत्साहित भू-स्वामियों के हाथों में रही, जिनका प्रभाव जनता पर उतना नहीं था। इसलिए यू.पी. के तुलना में बिहार दूसरे स्थान पर ही रहा। क्योंकि कंपनी के हाथों सबसे अधिक सताए गए यहाँ के दस्तकारों, किसानों और आम कलाकारों ने इसे एक अवामी जंग बना दिया

था। पंडित जवाहर लाल नेहरू ने अपनी किताब 'तारीख-ए-आलम की झलकियाँ' में इस बगावत का उल्लेख करते हुए लिखा है कि-

"अतः गुप्त रूप से एक व्यापक विद्रोह की व्यवस्था की गई। ऐसा लगता है कि बहुत से स्थानों पर एक ही समय में विद्रोह शुरू करने के लिए एक तिथि तय की गई थी। मगर मेरठ की सेना की कुछ रेजीमेंटों ने बहुत जल्दबाजी कर दी और 10 मई, 1857 ही को बगावत कर दी। समय से पूर्व के इस हंगामी उबाल ने बगावत के नेताओं की योजना को गड़बड़ा दिया; क्योंकि उससे हुकूमत चौकन्ना हो गई। यह केवल सैनिक गदर नहीं था, यह अंग्रेजों के विरुद्ध एक आम बगावत थी।" (पृ.-414)

सैनिकों को बगावत पर आमादा करने के लिए जो गुप्त प्रचार चलाया जा रहा था, उसमें सबसे अधिक बल धर्म और धार्मिक मामलों में हस्तक्षेप के प्रश्न पर दिया जा रहा था। उसी बीच कंपनी ने ऐसे कारतूस जारी किए थे, जिनमें चरबी लगी हुई थी और जिन्हें सिपाहियों को मुँह लगाकर खींचना पड़ता था। अतः गुप्त गतिविधियों से संबंधित लोगों ने साधुओं और फकीरों के वेष में उसे लेकर इतना व्यापक प्रचार सैनिकों के बीच किया। इसका तुरंत प्रभाव यह पड़ा कि सैनिकों ने जहाँ-तहाँ समय से पूर्व विद्रोह शुरू कर दिया और असल योजना गड़बड़ा गई।[8]

जैसाकि पहले उल्लेख हुआ है कि सैनिकों को बगावत पर आमादा करने के लिए पटना में यदि बहुत पहले से नहीं तो कम-से-कम 1845 से तो जरूर ही योजनाबद्ध कोशिश की जा रही थी, जिसमें बाबू कुँवर सिंह और मौलवी अली करीम पूरी लगन के साथ लगे हुए थे। बिहार के यही दो ऐसे प्रभावशाली व्यक्ति थे जिन्होंने इस बगावत की गुप्त योजना तैयार करने से लेकर बगावत फूट पड़ने तक इस इलाके की अगुआई की और विपरीत हालात मे भी जहाँ और जिस तरह भी हो सका कंपनी के विरुद्ध जंग करते रहे। ऐसा लगता है कि गुप्त गतिविधियों के बाद के समयों में पीर अली भी एक महत्त्वपूर्ण सलाहकार की हैसियत से उनके साथ थे और इन तीनों ने मिलकर बगावत की जो योजना तैयार की थी, वह समय से पूर्व हंगामा हो जाने के कारण सफल न हो सकी। इसीलिए इस बगावत के समय बिहार में विशेष रूप से प्रबंध एवं व्यवस्था और आपसी संबंध का वैसा सिलसिला भी स्थापित नहीं हो सका, जैसा यू.पी. में बुरी स्थितियों में हो सका था।[9]

सबसे पहले 23 जनवरी, 1857 को दमदम में देशी सिपाहियों ने कारतूस का प्रयोग करने से इनकार किया, फिर कई स्थानों पर और इनकार किया। बैरकपुर में इनकार करने पर उनके खिलाफ कारवाई की गई, जिसपर क्रोधित होकर सिपाहियों ने कुछ अंग्रेज अधिकारियों का कत्ल कर दिया, तो उन्हें वहीं पर गोली

मार दी गई। 9 मई को मेरठ में इनकार करने पर 86 सिपाहियों को मौत की सजा दी गई। जिसपर 10 मई को समूचे देशी सिपाहियों ने बगावत कर दी और सीधे दिल्ली चले गए। वहाँ के देशी सिपाहियों ने भी उनका साथ दिया। सारे अंग्रेज अधिकारी भाग गए और सिपाहियों ने कंपनी की हुकूमत की समाप्ति और बहादुर शाह जफर को हिंदुस्तान का बादशाह बनाने का ऐलान कर दिया, जिससे पूरे उत्तरी हिंदुस्तान में कंपनी सरकार के विरुद्ध अवामी बगावत की आग भड़क उठी।[10]

बिहार में सैनिक विद्रोह का शुभारंभ देवघर जिला संथाल परगना से हुआ। जहाँ तीन देशी सिपाहियों ने अपने कमांडर मेजर मैकडोनाल्ड पर 12 जून को आक्रमण कर दिया, जिसमें वे स्वयं तो बच गए पर दो अंग्रेज पदाधिकारी मारे गए और दो घायल हुए। मेजर ने विद्रोह पर तुरंत नियंत्रण पा लिया और आक्रमण करनेवाले तीनों सिपाहियों को उसी समय फाँसी दे दी, जिनमें कम-से-कम एक अवश्य मुसलमान था; क्योंकि मैकडोनाल्ड के कथानुसार फाँसी के समय वह कलमा पढ़ रहा था। इस सेना का मुख्यालय देवघर से हटाकर भागलपुर कर दिया गया, जहाँ अगस्त में देशी सिपाहियों की एक टुकड़ी ने विद्रोह कर दिया। उसके बाद कई टुकड़ियों में विभाजित होकर उन्होंने मध्य बिहार के कई जिलों को अपने विद्रोह का केंद्र बनाया।[11]

मेरठ और दिल्ली की सूचनाओं से चौकन्ना होकर कंपनी के अधिकारी बगावत को दबाने में पूरे लगन से लग गए। अत: 12 जून को पटना के कमिश्नर टेलर ने अपने सभी अधिकारियों को अतिरिक्त पुलिस भरती का आदेश दिया, जिसमें मुसलमानों, राजपूतों और ब्राह्मणों की भरती करने की सख्त मनाही कर दी गई। इससे स्पष्ट होता है कि अंग्रेज इन तीनों की गिनती विद्रोहियों में करते थे। 19 जून को उसने मो. हुसैन, वाइजुल हक और अहमदुल्लाह नामक तीन मुसलिम नेताओं को धोखे से गिरफ्तार कर लिया। उसने मौलवी अली करीम को भी उसी दिन गिरफ्तार करने का प्रयास किया था, मगर वह बच निकले और जब उसके आदेश से पटना के जिला मजिस्ट्रेट लुईस ने उनका पीछा किया, तो ग्रामीणों ने एक भीड़ की शकल में इकट्ठा होकर उसे भागने पर मजबूर कर दिया। इसके बाद कमिश्नर ने पूरे शहर में यह आदेश निर्गत कर दिया कि कोई व्यक्ति भी रात के नौ बजे के बाद अपने घर से बाहर न निकले। शहर के सभी नागरिकों के हथियार जमा करा लिये गए। 30 जून को उसने अपने सभी सहायकों को आदेश दिया कि गाँव में घूमते विद्रोहियों को तुरंत गिरफ्तार कर उन्हें दंडित किया जाए। फिर भी पटना के नागरिकों ने 3 जुलाई को खुला विद्रोह कर दिया। जिसे दबाने के लिए लॉयल पचास सिपाहियों को लेकर आए, लेकिन उन्हें ही मौत के घाट उतार दिया

गया। ऐसी भयावह स्थिति को देखते हुए पटना के जिला मजिस्ट्रेट लुईस, कैप्टन रैट्रे के साथ सिखों की सेना को लेकर घटनास्थल पर पहुँचे और बड़ी कठिनाइयों के बाद इस विद्रोह पर नियंत्रण पाने में सफल हो सके। यह विद्रोह असल में मौलवी अली करीम की अगुआई में हुआ था, जिन्हें गिरफ्तार करने के लिए अंग्रेजों ने एड़ी-चोटी का जोर लगा दिया, लेकिन सफल नहीं हो सके। क्योंकि मौलवी अली करीम गंगा पार करके गोरखपुर में विद्रोहियों के एक दूसरे गुट से मिल गए। अलबत्ता फौजदारी नाजिर जिसके यहाँ उन्होंने शरण ली थी, उसे बंदी बना लिया गया। 8 जुलाई को मौलवी अली करीम की सारी संपत्ति जब्त कर ली गई। उनके सिर के लिए पाँच हजार रुपए के पुरस्कार की घोषणा हुई। 4 जुलाई को व्यापक पैमाने पर पटना के नागरिकों की घर-घर तलाशी ली गई जिसमें पीर अली के घर से हथियार और कुछ महत्त्वपूर्ण पत्र पकड़े गए। मगर पीर अली बच निकला। जिसका अंग्रेजों ने पीछा किया और अंततः मुठभेड़ के बाद उसे गिरफ्तार कर लिया। उरके अतिरिक्त 36 व्यक्ति और गिरफ्तार किए गए, जिनपर मुकदमा चलाकर 16 को मृत्युदंड, दो को उम्रकैद और बाकी को विभिन्न स्तर की सजाएँ दी गईं। मात्र एक व्यक्ति को रिहा किया गया। 6 जुलाई को पुलिस जमादार वारिस अली खान के पास कुछ विद्रोही क़िस्म के पत्र पकड़े गए, जिसकी सजा उसे फाँसी देकर दी गई। 9 जुलाई को पीर अली, लुत्फ अली, शेख घसीटा और एक अन्य विद्रोही सिपाही इनायत अली को फाँसी की सजा का आदेश सुनाया गया। टेलर की 21 जुलाई की रिपोर्ट से ज्ञात होता है कि पटना के पचास अन्य नागरिकों पर भी मुकदमा चलाकर सजाएँ दी गईं। इस प्रकार स्वयं टेलर के कथानुसार अनगिनत गिरफ्तारियों और फाँसी से 20 जुलाई तक पटना को ठंडा और उसके नागरिकों को बुरी तरह भयभीत कर दिया गया और सामूहिक नरसंहार के द्वारा स्थिति पर काबू पा लेने के बाद भी टेलर ने अपने अत्याचारों में कोई कमी नहीं की। वह बेकसूर लोगों को इधर-उधर से पकड़वाता और सैनिक न्यायालय में उनपर मुकदमे चलाकर फाँसी पर लटकवा देता। यह सिलसिला हफ्तों चला। यहाँ तक कि उसने पटना के एक प्रतिष्ठित रईस नवाब लुत्फ अली खान को भी गिरफ्तार कर लिया और उनपर मुकदमा चलाकर उन्हें फाँसी देने की पूरी तैयारी कर ली थी। मगर नवाब साहब के शुभचिंतक कलकत्ता दौड़ पड़े और टेलर के अत्याचारों की शिकायत गवर्नर तक पहुँचाई। उधर गवर्नर को भी अपने तौर पर मालूम हो चुका था कि पटना में पूरी तरह से शांति हो जाने के बाद भी टेलर ने कत्ल एवं खून का बाजार गरम कर रखा है, अतः गवर्नर ने टेलर को तुरंत कमिश्नर के पद से निलंबित कर दिया और उसके स्थान पर नवाब अमीर अली खान को,

जो बाढ़ के निवासी थे, अस्थायी रूप से पटना का कमिश्नर बहाल किया। नवाब अमीर अली खान ने कमिश्नर का पद ग्रहण करते ही नवाब लुत्फ अली खान को रिहा कर दिया और उनके साथ दूसरे तमाम निर्दोषों को भी रिहा कर दिया। इस प्रकार वह पटनावासियों के लिए वरदान सिद्ध हुए। उस समय विद्रोहियों के सीने में राष्ट्रीयता की आग किस कदर धधक रही थी, इसका अनुमान इसी से लगाया जा सकता है कि फाँसी की सजा सुनाने के बाद जब टेलर ने कुछ और जानकारियाँ प्राप्त करने के उद्देश्य से पीर अली को अपने विशेष कक्ष में बुलाकर उससे प्रश्न किया कि क्या वह अब कोई ऐसा काम करने को तैयार है जिससे उसकी जान बच जाए? तो उसने अपने उत्तर में कहा कि कुछ अवसर ऐसे होते हैं जहाँ जान बचाना बुद्धिमानी है, इसके विपरीत कुछ ऐसे अवसर भी व्यक्ति के जीवन में आते हैं जहाँ जान की परवाह न करना ही शराफत और ईमानदारी है।[12]

अंग्रेजों के पटना पर पूरी तरह नियंत्रण पा लेने के बाद दानापुर छावनी की तीन रेजीमेंटों ने 25 को विद्रोह कर 26 जुलाई को आरा मार्च किया। असल में बाबू कुँवर सिंह और मौलवी अली करीम की योजना दानापुर के पुलिसकर्मियों के साथ मिलकर आक्रमण करने की थी। लेकिन मेरठ के समय से पूर्व विद्रोह के कारण अंग्रेजों को पटना में विद्रोहियों की शक्ति को छिन्न-भिन्न करने का पूरा अवसर मिल गया था। फिर भी बाबू कुँवर सिंह ने जगदीशपुर में काफी तैयारी कर ली थी। उनके साथ उस समय दस हजार जान न्योछावर करनेवाले देशप्रेमी जमा हो चुके थे। उनके विशेष सलाहकार में डॉ. के.के. दत्ता ने उनके भाई-भतीजों के अलावा जिन छह वीर सपूतों की चर्चा की है उनमें दो मुसलमान भी हैं। जो बाद में फाँसी पर चढ़ा दिए गए। बाबू कुँवर सिंह की अगुआई में देश के लिए बाजी लगा देनेवालों के इस दस्ते ने अंततः 27 जुलाई को आरा पर कब्जा कर लिया। परंतु आरा को मुक्त कराने के लिए दानापुर में पाँच सौ सिख और यूरोपियन सिपाही आरा भेजे गए, मगर उनकी एक न चली। उन्होंने 30 जुलाई को बुरी तरह शिकस्त खाई। वे प्रायः सभी मारे गए। अब आरा पूरे तौर पर बाबू कुँवर सिंह के कब्जे में आ गया। उन्होंने आरा शहर को दो थानों में विभाजित किया, जिसका कोतवाल शेख अफजल के लड़कों तुराब अली और खादिम अली को बनाया। शेख गुलाम यहया को आरा का मजिस्ट्रेट नियुक्त किया। शेख मो. अजीमुद्दीन मिलकी मुहल्ला के निवासी को पूर्वी थाने का जमादार बनाया, मगर आरा पर बाबू कुँवर सिंह का कब्जा अधिक दिनों तक नहीं रह सका। मेजर विंसेंट ऑयर, जो गंगा के रास्ते नाव से सेना को लेकर इलाहाबाद जा रहा था, अंग्रेजों की पराजय की खबर सुनकर अपनी सेना के साथ आरा के निकट उतर गया और 3 अगस्त ही को बीबीगंज के

स्थान पर बाबू कुँवर सिंह की सेना को पराजित कर आरा में प्रवेश कर गया। बाबू कुँवर सिंह की सेना तो जगदीशपुर चली गई पर आम नागरिकों से उसने 24 घंटों के अंदर हथियार एकत्रित करवा कर प्रतिशोधात्मक काररवाई शुरू कर दी। बाबू कुँवर सिंह के सभी समर्थकों-सहायकों का कोर्ट मार्शल कर फाँसी पर चढ़ा दिया गया। आरा से आगे बढ़कर ऑयर ने 12 अगस्त को जगदीशपुर पर कब्जा कर लिया। बाबू कुँवर सिंह को दक्षिण रोहतास की ओर हटना पड़ा। जगदीशपुर में भी उसने दिल दहला देनेवाले अत्याचार किए। आम नागरिकों को गोली से उड़ाने और फाँसी देने के अलावा बाबू कुँवर सिंह के सभी सरकारी भवनों के साथ उनके महल, यहाँ तक कि मंदिरों को भी को ध्वस्त कर दिया गया।[13]

मुजफ्फरपुर में भी केवल शंका के आधार पर मुसलमानों को गिरफ्तार कर लिया गया और एक मुसलमान थानेदार को फाँसी दे दी गई। लालगंज और संघया के देहातों में भी गिरफ्तारियाँ हुईं। सुगौली फौजी छावनी के मेजर होम्स ने बहुत से निर्दोषों को बेकसूर फाँसी दे दी, यहाँ तक कि उसके अत्याचारों से तंग आकर घुड़सवार दस्ते के सिपाहियों ने उसकी पत्नी समेत उसे और कुछ दूसरे अंग्रेजों का कत्ल कर दिया और बगावत करके सीवान होकर उत्तर पश्चिम की ओर बढ़ गए। 30 जुलाई को पटना, शाहाबाद के साथ-साथ चंपारण और मुजफ्फरपुर के जिलों में भी मार्शल लॉ लगा दिया गया। आरा पर बाबू कुँवर सिंह के कब्जा की खबर सुनकर पटना का कमिश्नर टेलर इतना घबरा गया कि मुजफ्फरपुर और गया के मजिस्ट्रेटों को उसने खजाना के साथ तुरंत पटना चले आने का आदेश दिया। अत: मुजफ्फरपुर के मजिस्ट्रेट के पटना प्रस्थान के बाद 31 जुलाई को वहाँ भी बगावत हो गई, मगर उसे कुछ ही दिनों में दबा दिया गया और उसके बाद बगावत के आरोप में बहुत से लोगों को फाँसी पर चढ़ा दिया गया। सारण में बहुत से लागों ने मो. हुसैन खान की अगुआई में बगावत कर दी, जिनके पास बहुत बंदूकें और दूसरे हथियार भी थे। गया में आम नागरिकों ने बगावत कर दी। जिला मजिस्ट्रेट को शहर से भगा दिया और सारे कैदियों को जेल से रिहा कर दिया। कुछ दिनों वहाँ भी कंपनी की हुकूमत नहीं रही। मगर सहायक मजिस्ट्रेट स्कीपविथ टेलर ने सिपाहियों के दो दस्तों की सहायता से 16 अगस्त को पुन: शहर पर कब्जा कर लिया। मगर राजगीर से लेकर नवादा और वजीरगंज से लेकर जहानाबाद तक के क्षेत्रों पर कंपनी का कोई प्रभाव नहीं था, क्योंकि हैदर अली खान, अहमद अली खान, मेहदी अली खान और हुसैन बख्श खान ने, जो नामदार खान नरहट के राजा के उत्तराधिकरियों में थे, हक्कू सिंह, नेकू सिंह, फतेह सिंह, माया सिंह और कौशल सिंह इत्यादि स्थानीय जमींदारों से मिलकर कंपनी सरकार की समाप्ति का ऐलान कर दिया था

और क्षेत्रों पर कब्जा किए हुए थे, टेलर ने उन्हें दबाने और उन क्षेत्रों पर कब्जा करने के लिए बार-बार फौजी दस्ते भेजे, लेकिन प्रायः नाकामी होती रही। इसी बीच रोहिणी (देवघर) के बागी सिपाहियों का पहला दस्ता वहाँ से मार्च करता हुआ नवादा पहुँच गया। कैप्टन रैट्रे ने गया से आगे बढ़कर उसे रोकना चाहा। 8 सितंबर को मुकाबला हुआ, लेकिन रैट्रे की नाकामी हुई और बागी सिपाही गया शहर में प्रवेश करने में सफल हो गए। वहाँ उन्होंने टिकारी के राजा से दस हजार रुपए प्राप्त किए और आगे बढ़ गए। यहाँ तक कि सितंबर-अक्तूबर के दरमियान सासाराम जाकर अमर सिंह से मिल गए। उनका दूसरा दस्ता संथाल परगना से जब नवादा तक पहुँच गया तो अधिकारियों में बड़ी खलबली मच गई और उन्होंने बहुत सावधानी बरती लेकिन वह सिपाही गया छोड़कर अरवल के पास 24 अक्तूबर, 1858 को सोन नदी पार कर गए। देवघर के बागी सिपाहियों की टोली राजमहल से बीरभूम जिला की सूरी छावनी चली गई और वहाँ बगावत कराकर उसी रास्ते बिहार लौटी। उनकी नवादा में 2 नवंबर को कैप्टन अंग्रेजी से और 6 नवंबर को रैट्रे से सख्त लड़ाई हुई। उन्होंने बहादुरी के साथ मुकाबला किया और अपना रास्ता काटते हुए सोन नदी पार करके सासाराम की ओर बढ़ गए। इस प्रकार से इन इलाकों में कंपनी के विरुद्ध विद्रोह जारी रहा और कम-से-कम कंपनी दिसंबर तक इनपर काबू नहीं पा सकी। इन जमींदारों ने कठिन हालात में भी बड़ी वीरता के साथ कंपनी का मुकाबला किया और उनमें अधिकांश शहीद हुए या फाँसी पर चढ़े।[14]

जगदीशपुर की पराजय और वहाँ ढाए गए अत्याचारों से वयोवृद्ध कुँवर सिंह और उनके भाई अमर सिंह की हिम्मत और जोश में कोई अंतर नहीं आया। अमर सिंह ने कैमूर की पहाड़ियों को अपनी गतिविधियों का केंद्र बनाकर गुरिल्ला युद्ध शुरू कर दिया। शाहाबाद और उससे सटे दूसरे जिलों के आस-पास के क्षेत्रों में उनका व्यापक प्रभाव था, इसलिए उन्हें हर प्रकार की सहायता मिल जाती थी। जिसने उनकी सैनिक गतिविधियों में काफी गति पैदा कर दी थी, जिससे सरकारी क्षेत्रों में इतनी चिंता पैदा हो गई कि पटना के कमिश्नर को 3 सितंबर को लिखे पत्र में एक अंग्रेज पदाधिकारी को अपने आवश्यक निर्देश में स्वीकार करना पड़ा कि आरा जिला के इस पूरे क्षेत्र की स्थिति चिंताजनक है। यदि अमर सिंह जी.टी. रोड के उत्तरी भाग पर फिर कब्जा कर लेगा तो उसके भयंकर परिणाम न केवल आरा, बल्कि गया और पटना जिले पर भी भारी पड़ेंगे। इसी घबराहट में उसने 5 सितंबर को एक सूचना निकाल कर पटना कमिश्नरी के सभी अंग्रेजों को अपने परिवार सहित कलकत्ता या कम-से-कम राजमहल से उधर हटा देने का आदेश दिया। इसी बीच देवघर और दूसरे स्थानों के बागी सिपाहियों की विभिन्न टुकड़ियाँ

भी उनसे आकर मिलती गईं, जिनसे उनकी ताकत में और वृद्धि होती गई। इस प्रकार से आगे कई महीनों तक वह अपनी लड़ाई को जोश और उत्साह से चलाते रहे। दूसरी ओर कुँवर सिंह ने जगदीशपुर से पराजित होकर कुछ दिनों तक नोखा और रोहतास में प्रवास किया, जहाँ के जमींदारों ने खुलकर उनकी सहायता की। लेकिन उनके पास गोला-बारूद की कमी थी, इसलिए वह रामगढ़ और देवघर के बागी सिपाहियों के आगमन की प्रतीक्षा करते रहे और जब रामगढ़ के सिपाही आ गए तो उन्हें और अपने बचे-खुचे सिपाहियों को साथ लेकर अपनी ताकत को और बढ़ाने और यू.पी. में लड़ी जाने वाली लड़ाइयों में भाग लेने के उद्देश्य से वह 26 अगस्त को यू.पी. की ओर मार्च कर गए।[15]

वैसे तो कंपनी के अधिकारियों ने अपनी अत्याचारी नीति द्वारा उत्तरी बिहार पर अगस्त के आरंभ ही में काबू पा लिया था। लेकिन जब यू.पी. के सीमांत जिलों, विशेषकर गोरखपुर में बागियों का जोर बहुत बढ़ गया, जहाँ मौलवी करीम अपने सहयोगियों के साथ पहले से मौजूद थे और अनुमानतः मो. हुसैन की गतिविधियाँ सीमा पर जारी थीं, तो सरकारी हलकों ने इस ओर से हस्तक्षेप का खतरा महसूस करते हुए उत्तरी बिहार में फिर से चौकसी और पूरी सख्ती बरतनी शुरू कर दी। दूसरी ओर अधिकारियों को यह भी खबर मिली कि ढाका की बागी सेना की योजना पूर्णिया के रास्ते बिहार में प्रवेश करने का है। इससे नवंबर और दिसंबर के बीच एक बार फिर खलबली मच गई और बागी सिपाहियों को रोकने और अवाम को काबू में रखने के लिए बड़े पैमाने पर सैनिक गतिविधियाँ शुरू हो गईं। लेकिन बागी सिपाही भागलपुर के कमिश्नर और मेजर रिचर्डसन की सेनाओं से लड़ते-भिड़ते पूर्णिया से दरभंगा तक चले आए। यहाँ कमिश्नर भागलपुर ने मेजर रिचर्डसन और नेपाल जनरल रत्न मान सिंह की सेनाओं की सहायता से फिर उन्हें घेरने की कोशिश की, मगर असफल रहा और बागी सिपाही 27 जनवरी, 1858 को जनकपुर के रास्ते से नेपाल की तराई में प्रवेश कर गए और हर स्थान पर अपनी रसद प्राप्त करते हुए उसी रास्ते से यू.पी. की ओर चले गए।[16]

कुँवर सिंह बिहार से मिर्जापुर होते हुए रीवाँ पहुँचे। जहाँ का शासक उनका रिश्तेदार था, मगर सरकार का पक्का वफादार था, इसलिए उन्हें अपने क्षेत्र में प्रवेश करने से उन्हें रोका। मगर वहाँ के अत्यंत सम्मानित व्यक्ति हशमत अली खान उन्हें पूरी इज्जत के साथ रीवाँ ले गए। कुँवर सिंह ताँत्या टोपे से मिलना चाहते थे। उस समय यू.पी. के विभिन्न शहरों में अंग्रेजों के विरुद्ध भयंकर विद्रोह फूट पड़ा था, जिससे अंग्रेजों में भारी हड़कंप मची हुई थी। सरकार ने कुँवर सिंह को गिरफ्तार करानेवाले को पचीस हजार रुपये पुरस्कार स्वरूप देने की घोषणा की। कुँवर सिंह

उस समय अपने जख्मों के कारण निढाल थे। उनका एक हाथ कट गया था और टाँग पर बहुत बड़ा जख्म लगा था। इस कष्टदायक परिस्थिति में वे 21 अप्रैल को गंगा पार करके 22 अप्रैल को जगदीशपुर पहुँच गए और अपनी सरकार स्थापित कर ली। 23 अप्रैल को अंग्रेजों ने पुनः जगदीशपुर पर आक्रमण किया, जिसमें उन्हें शिकस्त हुई। उसके बाद वह अधिक दिनों तक नहीं बचे और जगदीशपुर के स्वतंत्र शासक के रूप में 27 अप्रैल को उनका वहीं निधन हो गया।[17]

कुँवर सिंह के बाद उनके भाई अमर सिंह ने लड़ाई जारी रखी। हालाँकि जगदीशपुर पर अंग्रेजों ने अपना कब्जा जमा लिया था, लेकिन वे लोग कई टुकड़ियों में बँटकर जंगलों, ग्रामीण क्षेत्रों में छिपकर अपने गुरिल्ला युद्ध से अंग्रेजों की नींद हराम किए हुए थे। इस बीच गाजीपुर के कुछ जमींदारों ने उनकी पूरी सहायता का जिम्मा ले रखा था, जिससे उन्हें काफी बल मिला। मौलवी अली करीम टांडा के निकट करतारगढ़ में अंग्रेजों से संघर्ष कर रहे थे। अमर सिंह से उनका पत्राचार बराबर जारी था। उन्होंने उनसे बिहार आकर उनके साथ युद्ध में भाग लेने की इच्छा प्रकट की थी। अमर सिंह ने अपनी गतिविधियों से शाहाबाद, पटना, गया और छपरा के देहातियों में फिर से कंपनी सरकार के विरुद्ध लड़ने का ऐसा जोश और उत्साह पैदा कर दिया कि इन इलाकों से पुलिस भाग गई और व्यवस्था सेना को सँभालनी पड़ी। अमर सिंह की यह गतिविधियाँ 1858 के अंत तक जारी रहीं। यहाँ तक कि नवंबर 1858 में मल्लिका विक्टोरिया की ओर से आम माफी का ऐलान हो जाने पर भी पटना के कमिश्नर ने शाहाबाद के मजिस्ट्रेट को और सभी बागियों की माफी की अनुमति देते हुए भी अमर सिंह सहित उनके पाँच-छह विशिष्ट मित्रों और सहयोगियों को माफी देने से इनकार किया था। जिनमें एक जमानिया के इब्राहीम खान भी थे। इसके बाद वह लोग छिपकर काम करने लगे, जिसमें अमर सिंह के बहुत से साथी पकड़े और मारे गए। मगर अमर सिंह जगह-जगह छिपते और लड़ते नाना साहब के सिपाहियों के साथ मिलकर लड़ाई जारी रखने के खयाल से नेपाल के तराई के क्षेत्रों में पहुँच गए। जहाँ 1859 में नेपाल सरकार ने उन्हें गिरफ्तार करके अंग्रेजी सरकार के हवाले कर दिया, जिसने उन्हें गोरखपुर जेल में रखा और वहाँ से उन्हें शाहाबाद लाकर मुकदमा चलाने की योजना बनाई जा रही थी कि इसी बीच 5 फरवरी, 1860 को गोरखपुर जेल अस्पताल में उनका निधन हो गया।[18]

मौलवी अली करीम भी नेपाल पहुँचे गए थे। जहाँ वे शरणार्थी के रूप में अपनी जान बचाने में सफल रहे। जब महारानी विक्टोरिया की ओर से आम माफी की शाही घोषणा हुई तो वह भारत लौटे। मगर उनकी संपत्ति उन्हें वापस नहीं

मिली, उसे सरकार ने जब्त कर लिया था। उनके लड़के का नाम उमर करीम था। जो पटना के निवासी थे। सर अली इमाम की पत्नी लेडी अनीस इमाम उनकी पोती थी।[19]

छोटा नागपुर में पहले ही से आदिवासियों की छोटी बड़ी बगावतें होती रहती थीं। मगर इस अवसर पर जब इस क्षेत्र में स्थित कंपनी के हर सैनिक कैंप के देशी सिपाहियों ने बगावत कर दी तो उन्होंने भी खुलकर उनका साथ दिया। जिसके कारण इन क्षेत्रों में कई महीनों तक कंपनी का राज नहीं रहा। इस क्षेत्र में सब से पहले जुलाई 1857 में हजारीबाग के पैदल सिपाहियों ने बगावत करके अपने अंग्रेज अधिकारियों को भगा दिया और शहर पर कब्जा कर लिया। हजारीबाग के बागियों का अनुसरण करते हुए माधो सिंह जमादार की अगुआई में रामगढ़ के सिपाहियों ने भी बगावत कर दी और जाकर राँची पर कब्जा कर लिया।[20]

डोरंडा कैंप के सिपाहियों ने जयमंगल पांडे की अगुआई में बगावत की और एक जमींदार भोला सिंह के नेतृत्व में काराचंदवा और चतरा पर कब्जा कर लिया। पुरूलिया और चाईबासा कैंप के सिपाहियों ने 5 अगस्त, 1857 को बगावत की। हालाँकि आमतौर पर जमींदारों ने कंपनी का साथ दिया, लेकिन कुछ ने खुलकर बगावत का साथ भी दिया। जिनमें भोला सिंह के अलावा हरतारगढ़ के बशोनाथ शाही और भँवरों के पांडे गणपत राय ने बड़ी वीरता के साथ कंपनी के विरुद्ध युद्ध में भाग लिया।

अंग्रेजों ने अपनी सारी ताकत को जमा करके सबसे पहले 2 अक्तूबर को व्यापक युद्ध के बाद चतरा में बागियों को परास्त किया। जयमंगल पांडे और सूबेदार नादिर खान युद्ध के बीच ही पकड़े गए और उन्हें गोली से उड़ा दिया गया। बशोनाथ शाही और पांडे गणपत राय उस समय बच निकले थे, मगर बाद में पकड़े गए और उन्हें राँची में 10 अप्रैल, 1858 को पेड़ पर लटकाकर फाँसी दे दी गई। वहाँ दो सौ और सिपाहियों को भी उसी समय पेड़ पर लटका दिया गया था। साथ ही हजारों को उम्रकैद की सजाएँ दी गईं। हालाँकि राँची, हजारीबाग और पूर्णिया पर कंपनी का कब्जा कुछ ही महीनों के भीतर हो गया, लेकिन सिंहभूम और पलामू में बागियों की गतिविधियाँ पूरे जोर-शोर से जारी रहीं।[22]

पोरहाट का राजा अर्जुन सिंह, जिसने अपने पीछे कोल कबीले को पूरी तरह व्यवस्थित कर लिया था, जनवरी 1858 तक कंपनी के अधिकार के लिए व्यापक चुनौती बनी रही। जिसके केंद्रीय स्थान पर जनवरी के बाद ही कंपनी की सेना के कदम पहुँच सके। मगर राजा जंगलों में चला गया और अपने कबीलों की सहायता से 1858 के पूरे साल बहादुरी के साथ लड़ता रहा। अंत में 1859 में एक रिश्तेदार

की गद्दारी से चाईबासा में पकड़ा गया। पलामू जिला में स्थानीय जमींदार उमराव सिंह, शेख भिकारी, पीतांबर शाही और लीलांबर शाही की अगुआई में इस क्षेत्र के सारे आदिवासियों और दूसरे नागरिकों ने बगावत कर दी और नवंबर 1857 तक पलामू जिला को अपने कब्जा में रखा। 26 दिसंबर को आस-पास के क्षेत्रों के जमींदारों की सहायता से लेस्लीगंज में खरदार कबीले के एक अहम सरदार को लेफ्टिनेंट ग्राहम पराजित करने में सफल हो गए। इस युद्ध में पकड़े जानेवाले बागी सरदारों को उसी समय फाँसी दे दी, लेकिन उमराव सिंह, शेख भिकारी, पीतांबर शाही और लीलांबर शाही बच निकले थे। अतः उन्होंने आदिवासियों की अतिरिक्त ताकत जमा करके अपनी गतिविधियाँ जारी रखीं और जनवरी से जंगलों में छुपकर गुरिल्ला लड़ाई शुरू कर दी। फरवरी के महीनों में अंग्रेज कुछ बागियों को पकड़ने में सफल हो गए, जिनमें उमराव सिंह और शेख भिकारी को तुरंत फाँसी दे दी गई। उसके कुछ ही महीनों के भीतर शाही बंधु भी पकड़े गए और उन्हें भी फाँसी दे दी गई। लेकिन आदिवासी अपने सरदारों के नेतृत्व में फिर भी लड़ते रहे और 1859 के पूर्व उनपर काबू नहीं पाया जा सका।[23]

इन तथ्यों से यह बात पूरी तरह स्पष्ट हो जाती है कि इस विद्रोह के उत्पन्न होने से बहुत पहले ही बिहार में एक गुट, जिसमें मुसलमानों का आधिपत्य था, गुप्त रूप से सिपाहियों को इसके लिए तैयार करने का योजनाबद्ध प्रयास करता चला आ रहा था। जिसने बिहार के अंदर सुगौली से लेकर डुरंडा तक कंपनी के सभी सैनिक कैंपों से अपना संपर्क विद्रोह से दस वर्ष पूर्व ही स्थापित कर लिया था। यह गुट सैनिकों के अतिरिक्त समाज के अन्य वर्गों के प्रभावशाली व्यक्तियों, विशेषकर जमींदारों के बीच काफी सक्रिय था। इनमें सबसे बड़ी विशेषता यह थी कि यह लोग बिना किसी धार्मिक भेदभाव के और राष्ट्रहित में कार्य किया करते थे, लेकिन आम जनता की धार्मिक भावनाओं का भी पूरी तरह प्रयोग करने का कोई अवसर नहीं छोड़ते थे। उन्होंने विद्रोह की अगुआई के लिए कुँवर सिंह का पहले से ही चयन कर लिया था। विद्रोह की घटनाओं के अध्ययन से पता चलता है कि विद्रोह उनके निर्धारित कार्यक्रम से पूर्व ही फूट पड़ा। फिर भी बिहार के लगभग सभी सैनिक कैंपों के पुलिसकर्मियों ने इसमें भाग लिया। इस विद्रोह का सबसे अधिक प्रभाव शाहाबाद, पटना, गया और छोटानागपुर के क्षेत्रों में देखा गया, जहाँ के राजपूत, मुसलमान और जमींदारों ने इसमें सक्रिय भूमिका अदा की। लेकिन विद्रोह की समाप्ति के बाद सबसे अधिक निशाना मुसलमानों को बनना पड़ा। इसके लिए किसी विस्तार में जाने की आवश्यकता नहीं। सर सैयद से लेकर तुफैल अहमद मंगलोरी और पंडित सुंदरलाल से लेकर डॉ. ताराचंद तक सभी इतिहासकार

इस बात पर एक मत हैं कि विद्रोह के उपरांत मुसलमानों के मन–मस्तिष्क से शासन की चाह निकाल देने के उद्देश्य से अंग्रेजों ने विशेषकर मुसलमानों को अपने अत्याचार का निशाना बनाया।[24]

संदर्भ :

1. तहरीक–ए–आजादी में बिहार के मुसलमानों का हिस्सा/ तकी रहीम, पटना, 1998, पृ.–73
2. वही, पृ.–73
3. वही, पृ.–73–75
4. वही, पृ.–75
5. वही, पृ.–75–76
6. वही, पृ.–76–77
7. वही, पृ.–77
8. वही, पृ.–77–78
9. वही, पृ.–78
10. वही, पृ.–78–79
11. वही, पृ.–79
12. वही, पृ.–79–80
13. वही, पृ.–80–81
14. वही, पृ.–81–82
15. वही, पृ.–82–83
16. वही, पृ.–83
17. वही, पृ.–83–84
18. वही, पृ.–84
19. वही, पृ.–84–85
20. वही, पृ.–85
21. वही, पृ.–85
22. वही, पृ.–85
23. वही, पृ.–85–86
24. वही, पृ.–86

□

~खंड : चार~

चिनगारी से शोला तक

16

बिहार-झारखंड में 1857 का घटनाक्रम

1781	– बनारस के राजा चेत सिंह ने कंपनी के विरुद्ध बगावत की थी। उसका प्रभाव बनारस से सटे बिहार के क्षेत्रों पर भी पड़ा था। सासाराम के गवर्नर रजा कुली खान, टिकारी के पीतांबर और कुटुंबा के नारायण सिंह ने चेत सिंह का साथ दिया था।
1798	– नवाब वजीर अली ने कंपनी के विरुद्ध पूरे हिंदुस्तान में बगावत खड़ी करने की कोशिश की थी, जिसमें टिकारी के राजा मित्रजीत ने वजीर अली का साथ दिया था।
1831	– छोटानागपुर के कोल कबीले ने बगावत कर दी।
1845	– सैनिकों को बगावत पर तैयार करने के लिए पटना में योजनाबद्ध कोशिश की जा रही थी, जिसमें बाबू कुँवर सिंह और मौलवी अली करीम पूरे लगन से लगे हुए थे।
नवंबर 1854	– पटना के कमिश्नर डैंपियर ने कहा कि अब कुँवर सिंह के जीवन के कुछ वर्ष ही बाकी हैं।
1855	– संथालियों ने बगावत शुरू की, जो बर्द्धवान से भागलपुर तक फैल गई थी और 1857 तक चलती रही थी।
19 दिसंबर, 1856	– टेलर ने Board of Revenue को लिखा कि 'इस पत्र को समाप्त करते हुए मैं यह बात जरूर लिखना चाहूँगा कि बाबू कुँवर सिंह बहुत बूढ़े हो गए हैं और मुझे यह कहते हुए खेद हो रहा है कि वह इस प्रकार बीमार हैं कि शायद अधिक दिनों तक जीवित भी न रह सकें।
जनवरी-मई 1857	– यह बगावत मेरठ, दिल्ली और लखनऊ, बल्कि सारे पश्चिमी और उत्तरी जिलों तक फैल गई।

23 जनवरी, 1857 – सर्वप्रथम दमदम में देशी सिपाहियों ने कारतूस प्रयोग करने से इनकार किया। फिर और स्थानों पर इनकार किया।

09 मई, 1857 – मेरठ में कारतूस के प्रयोग से इनकार करने पर 86 सिपाहियों को मौत की सजा दी गई।

10 मई, 1857 – मेरठ में 86 सिपाहियों को मौत की सजा देने के कारण वहाँ के समस्त देशी सिपाहियों ने बगावत कर दी और सीधे दिल्ली चले गए।

25 मई, 1857 – जिला चंपारण के मेजर होम्स ने गवर्नर जनरल को सूचना दी कि मैंने यहाँ के अधिकारियों को पूरी तरह समझा दिया है कि बागियों का उद्देश्य केवल लूट-मार है। आप लोगों के मातहत जो अमीर और रईस हैं, उनको इससे पूरी तरह सावधान कर दें कि जो व्यक्ति थोड़ा भी बागी नजर आए, उसे कत्ल कर दें। और फौजी कानून लागू कर देना जरूरी है। इस सूचना के बाद उन्होंने जिला तिरहुत, छपरा और चंपारण आदि में फौजी कानून लागू कर दिया।

2 जून, 1857 – दानापुर सेना के जनरल लॉयड के पत्र से, जो उन्होंने गवर्नर जनरल को लिखा था, मालूम होता है कि अब तक वहाँ कोई हंगामा न था।

– जिला गया के बागियों ने यह बात मशहूर की कि अंग्रेजी सेना को बागियों ने बुरी तरह पराजित कर दिया है।

7 जून, 1857 – अधिकांश अंग्रेज छज्जू बाग की उस कोठी में, जिसको मिस्टर टेलर कमिश्नर ने बहुत मजबूत बनाया था, जमा हो गए।

– दानापुर की सेना को बनारस की घटनाओं के बारे में जानकारी मिली।

– टेलर ने शहर की यूरोपियन आबादी की सुरक्षा के लिए सारी जिम्मेदारी अपने ऊपर ले ली और उसने अपने बँगले को छावनी में बदलकर सबको शरण देना शुरू किया।

8 जून, 1857 – आरा में कमिश्नर ने सूचना भेजी कि दानापुर में बगावत होने वाली है।

9 जून, 1857 – दानापुर के जनरल लॉयड ने लिखा कि सैकड़ों महिला और पुरुष आस-पास से भाग-भागकर यहाँ जमा हो गए हैं

और व्यापक भय की स्थिति बनी हुई है।

11 जून, 1857 – छपरा के एक अधिकारी ने कमिश्नर को सूचना दी कि पटना और दानापुर के लोगों की सहायता से कुछ हंगामा होने वाला है।

12 जून, 1857 – बिहार में सबसे पहला शोला देवघर के रोहिणी (संथाल परगना) में पाँचवीं घुड़सवार सेना के कुछ सवारों द्वारा भड़का। मेजर मैकडोनाल्ड वहाँ का कमानदार था। वह शाम के समय अपने दो मित्रों के साथ चाय पी रहा था। उसी समय तीन व्यक्तियों ने उनपर आक्रमण किया। उनमें नार्ममन लेस्ली मारा गया और मैकडोनाल्ड एवं डॉ. ग्रांट गंभीर रूप से घायल हुए।

– आरा से पाँच लाख रुपया सिख पलटन की सुरक्षा में भेजा गया।

– नजीब नाम का एक व्यक्ति सिखों को बगावत पर उकसाते हुए पाया गया। उसपर मुकदमा चलाया गया। आरोप सिद्ध हुआ और उसे फाँसी दे दी गई।

14 जून, 1857 – पलटन-17 के दो सिपाही को बागी जानकर अलीगंज सीवान से नौ बजे रात को मेजर होम्स के पास भेजा गया, जिनको उन्होंने तुरंत फाँसी दे दी।

टेलर ने हुकूमत बंगाल के सचिव को लिखा कि 'बहुत से लोगों ने मुझे इस प्रकार के पत्र भेजे हैं, जिसमें बहुत से जमींदारों, विशेषकर बाबू कुँवर सिंह की बेवफाई का उल्लेख किया है। मैं पूरे विश्वास के साथ इन खबरों का खंडन करता हूँ।'

– मेजर होम्स ने गवर्नर को लिखा कि हमारे सारे सिपाही गश्त करते हैं। मैंने यह ऐलान कर दिया है कि अधिकारी हो या सिपाही, मामूली उपद्रव के कारण उनका कत्ल कर दिया जाएगा।

– अंग्रेज अधिकारी रोलैंड ने लिखा कि रोहिणी के आक्रमणकारियों का पता लगाना संभव नहीं है।

– चंपारण में डॉ. सिंपसन के आवास पर विद्रोह के आशंका को लेकर अंग्रेजों की बैठक हुई।

– मुजफ्फरपुर में यूरोपियन प्लांटर आतंकित हो गए थे। इस संबंध में उन्होंने गुप्त बैठक की।

19 जून, 1857 -- मिस्टर टेलर ने पटना में शहर की स्थिति पर चिंतन करने के लिए प्रतिष्ठित लोगों की एक बैठक बुलाई, जिसमें शाह मो. हुसैन, अहमदुल्लाह और वाइजुल हक को भी आमंत्रित किया गया और धोखे से उनको टेलर ने हिरासत में ले लिया।

– मौलवी अली करीम को भी गिरफ्तार करने की कोशिश की थी, मगर वह बच निकले। और जब पटना के जिला मजिस्ट्रेट ने उनका पीछा किया तो उसपर आक्रमण कर के भगा दिया। उसी कमिश्नर ने पूरे शहर में यह आदेश जारी किया कि कोई व्यक्ति भी रात के 9 बजे के बाद अपने घर से बाहर न निकले। साथ ही शहर के सारे लोगों के हथियार भी जमा करा लिये।

20/21 जून, 1857 – तिरहुत पुलिस के जमादार वारिस अली को संदेह के आधार पर नील के सौदागरों और सर विलियम रॉबर्टसन के द्वारा गिरफ्तार किया गया। उस समय वह डुमरी के जमींदार मौलवी अली करीम को बगावत पर आधारित एक पत्र लिख रहे थे।

22 जून, 1857 – जज को शहर का दौरा करते समय एक पत्र मिला, जिसमें लिखा था कि जिला आरा के चारों ओर सारे हिंदू और मुसलमान सिपाहियों में बगावत होने वाली है, जिसमें पटना और छपरा के बड़े-बड़े लोग शामिल हैं।

– रोलैंड ने स्थानापन्न आयुक्त को लिखा कि रोहिणी के बरखास्त सिपाहियों ने अपना अपराध स्वीकार नहीं किया।

23 जून, 1857 – विलियम टेलर को तिरहुत के मजिस्ट्रेट रिचर्डसन का पत्र मिला। उसमें पुलिस जमादार वारिस अली की गिरफ्तारी का ब्योरा लिखा गया था।

29 जून, 1857 – मेजर होम्स ने गवर्नर जनरल को लिखा कि हमने गोरखपुर से अजीमाबाद तक मार्शल लॉ लगा दिया है, क्योंकि कई जिलों से हमारे पास ऐसे पत्र आए हैं, जिनसे हंगामा होने का अनुमान है।

30 जून, 1857 – पटना के कमिश्नर ने अपने सारे अधिकारियों को सूचित करते हुए कहा कि बागी गाँव-गाँव घूम रहे हैं, उन्हें तुरंत पकड़ने और सजा देने का आदेश दिया।

3 जुलाई, 1857 – शाम के समय पीर अली की अगुआई में पटना के लोगों ने प्रदर्शन किया। इसकी रोकथाम के लिए डॉ. लॉयल वहाँ पहुँचे, जहाँ उनको गोली मार दी गई, जिससे उनकी मृत्यु हो गई। बाद में सारे बागी भाग गए। उनमें से केवल एक मारा गया और एक घायल हुआ।

4 जुलाई, 1857 – पटना शहर की मुकम्मल तलाशी ली गई, जिसमें पीर अली के घर से हथियार और कुछ पत्र प्राप्त हुए। मगर पीर अली बच निकला, जिसका पीछा किया गया और कुछ संघर्ष के बाद पकड़ा गया।

5 जुलाई, 1857 – बगावत के आरोप में 36 व्यक्ति गिरफ्तार हुए। जिन पर मुकदमा चलाकर 16 को मौत की सजा दी गई, दो को उम्रकैद हुई। केवल एक को रिहा किया गया और अन्य को विभिन्न प्रकार की सजाएँ दी गईं।

6 जुलाई, 1857 – पुलिस जमादार वारिस अली खान के पास बगावत से संबंधित कुछ पत्र पकड़े गए। अतः उसे भी फाँसी दे दी गई।

– मुंगेर के हाजी अहमद का एक पत्र पकड़ा गया, जो उन्होंने नाजिर फौजदारी अली हुसैन खान को लिखा था। इस पत्र के आधार पर वकील अदालत दीवानी के मुंशी जकीउद्दीन और कातिब हाजी अहमद को गिरफ्तार कर तफ्तीश के लिए भागलपुर भेजा गया।

7 जुलाई, 1857 – पीर अली, लुत्फ अली, घसीटा और एक बागी सिपाही इनायत अली को फाँसी की सजा सुनाई गई और यह निर्णय लिया गया कि तीन घंटे के अंदर इनको फाँसी दे दी जाए।

8 जुलाई, 1857 – मौलवी अली करीम की सारी संपत्ति जब्त कर ली गई और उनके सिर के लिए पाँच हजार रुपए के पुरस्कार का ऐलान हुआ।

– तिरहुत में छह विद्रोही बागियों को फाँसी दी गई।

15 जुलाई, 1857 – हिंदुस्तानी सेना के कमांडर-इन-चीफ ने लायड को लिखा कि आज गोरों की पलटन दानापुर प्रस्थान कर रही है। बाकी कल या शुक्रवार को रवाना होगी। जब यह दानापुर पहुँच जाएँ तो हिंदुस्तानी सेना से हथियार ले लेना।

17 जुलाई, 1857 – आरा के जज को नाश्ता के समय मेज पर एक अज्ञात पत्र मिला, जिसमें लिखा था कि अब्दुल करीम नामक मुजरिम पटना से भागकर जगदीशपुर में बाबू कुँवर सिंह के पास ठहरा हुआ है।

19 जुलाई, 1857 – कमिश्नर दानापुर में थे। उसी समय छपरा के मजिस्ट्रेट मिस्टर डोनियल और सहायक कमिश्नर पटना मिस्टर रॉस मैंगल्स भी वहाँ पहुँचे। इन दोनों की इच्छा हुई कि यदि कोई पलटन आरा रवाना हो तो हम लोग भी उनके साथ अपने मित्रों की सहायता के लिए जाएँ। अत: साढ़े आठ बजे के करीब यह जहाज आरा की ओर रवाना हुआ।

20 जुलाई, 1857 – टेलर के कथानुसार लगातार गिरफ्तारियों और फाँसी से पटना को ठंडा और उसके निवासियों को बुरी तरह भयभीत कर दिया गया।

– नील के सभी काश्तकार गवर्नर जनरल से मिले और उनसे दानापुर के सिपाहियों को तुरंत ही शस्त्रहीन किए जाने का आदेश देने के बारे में कहा।

21 जुलाई, 1857 – एक रिपोर्ट से पता चलता है कि पटना के पचास और व्यक्तियों को गिरफ्तार करके उनपर मुकदमा चलाया गया और सजाएँ दी गईं।

23 जुलाई, 1857 – पिपरा में विद्रोहियों ने अधिकारियों और उनकी पत्नियों की हत्या कर दी और उसके बाद वे सीवान की ओर रवाना हो गए।

24 जुलाई, 1857 – गोरों की दो पलटन दानापुर पहुँच गईं। अंग्रेज अधिकारियों ने हथियार लेने का आदेश दिया।

25 जूलाई 1857 – विंसेंट आयर एक फौजी अधिकारी को कमांडर इन-चीफ ने थोड़ी सी सेना देकर पश्चिम की ओर रवाना किया। उनका जहाज 25 जुलाई, 1857 को दानापुर से आगे जाकर रुका। जब आरा में घिरे हुए अंग्रेजों का हाल सुना तो

बक्सर की ओर रवाना हुआ और इन अंग्रेजों को आजाद कराया।

- दानापुर में जहाँ–जहाँ हिंदुस्तानी सेना को सुरक्षा पर लगाया गया था, उनको हटाकर उनके स्थान पर गोरा रेजीमेंट को तैनात किया गया।
- मुंगेर के मजिस्ट्रेट डब्ल्यू. टकर ने बंगाल सरकार को लिखा कि यहाँ पूरी तरह शांति है।

26 जुलाई, 1857 – बागियों ने दरिया पार कर के शाहाबाद मजिस्ट्रेट के एक गुप्तचर को गोली मार दी।

एक स्टीमर, जिसमें बहुत से बंदूकधारी थे, सोन नदी तक भेजा गया। लेकिन यह स्टीमर आगे नहीं बढ़ सका। क्योंकि यहाँ पानी बहुत कम था। एक दूसरा स्टीमर आरा के लिए रवाना किया गया, ताकि वह Civilian को ले कर वापस आए। लेकिन यह भी रेत में फँस गया। एक तीसरा स्टीमर, जो इलाहाबाद से चला था और जिसमें कलकत्ता के यात्री बैठे थे, वह शाम को यहाँ आया। इस स्टीमर को तुरंत बुला लिया गया। लेकिन स्टीमर के कैप्टेन ने सोते हुए यात्रियों को जगाना उचित नहीं समझा।

27 जुलाई, 1857 – प्रातःकाल बागी आरा पहुँचे गए। जेलखाना को तोड़ डाले। खजाना से 17 हजार रुपया लूट लिया। जेल के कैदी और आस-पास के लोग उनके साथ हो गए।

- गलटन–37 के कुछ गोरे नाव से आरा भेजे गए, ताकि उन अंग्रेजों को वापस ले आएँ, जो तितर-बितर हो गए हैं।

28 जुलाई, 1857 – मिस्टर मनी ने एक रिपोर्ट पटना भेजी कि शहरवालों से मुझे कोई भय नहीं है और यदि बागी भी गया आए तो मैं उनके मुकाबले के लिए तैयार हूँ।

- मेजर विंसेंट आयर बक्सर पहुँचा और उसने बागियों के आगमन के बारे में सुना। उसके बाद वह गाजीपुर गया, जो उस समय अफीम की तिजारत का बड़ा केंद्र था। गाजीपुर से वह फिर अपने 25 साथियों के साथ बक्सर लौटा।
- छपरा शहर अंग्रेज अधिकारियों से खाली हो गया था।

29 जुलाई, 1857 – मिस्टर फोर्ब्स जज मुजफ्फरपुर ने कमिश्नर को लिखा कि

जिला तिरहुत बड़ी खतरनाक हालत में है, क्योंकि जेम्स होम्स के हिंदुस्तानी सेना के बागी हर जगह फैल गए हैं। जब तक कोई पूर्ण सुरक्षा वहाँ नहीं की जाएगी कब्जे से वह जिला निकल जाएगा।

30 जूलाई, 1857 – अंग्रेजी सेना के एक दस्ते ने, जिसमें पचास सिख समेत चार सौ व्यक्तिय थे स्टीमर द्वारा आरा की ओर प्रस्थान किया। आधी रात में बागियों से मुकाबला हुआ। अंग्रेजी सेना पराजित हो गई। उसके डेढ़ सौ आदमी मारे गए और उतने ही घायल हुए। केवल 50–60 आदमी किसी प्रकार सुरक्षित रहे। कैप्टन डनबर और उनके साथ कई अधिकारी मारे गए।

– पटना, शाहाबाद के साथ-साथ सारण, चंपारण और मुजफ्फरपुर के जिलों में भी मार्शल लॉ लगा दिया गया। आरा पर कुँवर सिंह के कब्जा की खबर सुनकर पटना का कमिश्नर टेलर इतना घबरा गया कि मुजफ्फरपुर और गया के मजिस्ट्रेटों को उसने खजाने के साथ तुरंत पटना चले आने का आदेश दिया।

31 जुलाई, 1857 – मुजफ्फरपुर के मजिस्ट्रेट के पटना प्रस्थान के बाद वहाँ भी 11वीं पैदल सेना के सवारों ने विद्रोह कर दिया। मगर उसे कुछ ही दिनों में दबा दिया गया और उसके बाद बगावत के आरोप में बहुत से लोगों को फाँसी पर चढ़ा दिया गया।

– सारण में बहुत से लागों ने मो. हुसैन की अगुआई में बगावत कर दी।

– आरा में घिरे हुए लोगों को सहायक सेना के आने की खबर दी गई।

– हजारीबाग शहर में रामगढ़ बटालियन की दो कंपनियों ने विद्रोह कर दिया।

अगस्त 1857 – मुंगेर में मोहनपुर गाँव के पठान मालिकों ने विद्रोह कर दिया।

1 अगस्त, 1857 – अधिकारियों को यह सूचना मिल चुकी थी कि बागी दस्तों ने आरा शहर को लूट लिया है, जो बंगाली मिला, उसका कत्ल कर दिया गया और अंग्रेज घिरे हुए हैं।

– पूर्णिया के कलेक्टर एच. वलफोर ने बंगाल के सचिव को लिखा कि दानापुर की पलटनों के विद्रोह का समाचार पाकर यहाँ के यूरोपीय निवासियों की बेचैनी बढ़ गई है।

2 अगस्त, 1857 – 80 गोरे सिपाहियों का एक दस्ता बैलगाड़ियों में शेरघाटी से गया पहुँचा। लेकिन यह दस्ता भी गया की सुरक्षा के लिए पर्याप्त न था।

– गया के जमींदारों ने जनसेवा और शहर की सुरक्षा के लिए एक सौ आदमियों को भेजा। लेकिन यह भी देहातों के बूढ़े, बीमार और निकम्मे लोगों से सम्मिलित था।

– डोरंडा(राँची) के सिपाहियों ने भी विद्रोह का बिगुल फूँक दिया।

3 अगस्त, 1857 – मिस्टर मनी के पास दानापुर से एक संदेश भेजा गया कि 8वीं देशी पैदल रेजीमेंट दानापुर से गया की ओर जा रही है। सावधान हो जाओ।

– 80 गोरे सिपाही गया की सुरक्षा नहीं कर सकते थे। इसलिए मिस्टर मनी ने उचित समझा कि खजाने का रुपया साथ लेकर ग्रैंड ट्रंक रोड की ओर निकल जाना चाहिए। अतः शाम छह बजे यह गिरोह गया से रवाना हुआ।

– अंग्रेजी सेना की अतिरिक्त टुकड़ी पहुँच गई। इसलिए कुँवर सिंह और उनके साथियों को जगदीशपुर की ओर हटना पड़ा।

4 अगस्त, 1857 – कार्यकारी आयुक्त रामगढ़ राजा की मदद से हजारीबाग पर पुनः कब्जा करने में कामयाब तो हुआ, लेकिन वहाँ अधिक दिन ठहरना उचित नहीं समझा।

5 अगस्त, 1857 – मिस्टर टेलर को कमिश्नर के पद से निलंबित कर दिया गया।

– मानभूम के जिला मुख्यालय पुरुलिया में तैनात रामगढ़ बटालियन के सिपाही भी इस जंग में कूद पड़े।

4–15 अगस्त, 1857– गया में उथल-पुथल का दौर रहा। कैदियों और नजीबों ने खजाना में जो कुछ रुपया बाकी बच गया था, वह लूटा। कैदी अपने-अपने घर लौट गए और नजीब आरा की ओर रवाना हो गए।

8 अगस्त, 1857 – पाँचवीं घुड़सवार सेना ने भागलपुर में विद्रोह कर दिया।

10 अगस्त, 1857 – होम्स की हत्या के मामले में मोतिहारी के मजिस्ट्रेट रैक्स ने बेतिया के राजा के दीवान निजामुद्दीन को गिरफ्तार कर लिया था। लेकिन बाद में रिहा कर दिया गया।

11 अगस्त, 1857 – दिल्लौर के स्थान पर कुँवर सिंह की सेना और अंग्रेजी सेना में सख्त मुकाबला हुआ। बागी सेना पराजित हुई। कुँवर सिंह ने जंगल का रास्ता लिया। अंग्रेजी सेना जगदीशपुर में प्रवेश कर कुँवर सिंह के सारे भवनों को ध्वस्त कर दिया और एक प्राचीन मंदिर को भी तोड़ दिया।

12 अगस्त, 1857 – भागलपुर के कमिश्नर यूल ने पूरवा के लिए मार्च किया। वह पूरवा से कोषागार स्थानांतरित करना चाहता था। वहाँ उसे कोषागार खाली मिला।

13 अगस्त, 1857 – कमिश्नर यूल पूरवा से खाली हाथ भागलपुर लौट आया।

14 अगस्त, 1857 – दानापुर और कानपुर का संयुक्त कमांडर आउटरम स्थिति का जायजा लेने भागलपुर पहुँचा।

16 अगस्त, 1857 – अंग्रेजी सेना को सूचना मिली कि कुँवर सिंह सासाराम में हैं। इसलिए अंग्रेजों ने उनका पीछा किया।

– 230 सिखों और 35 गोरों से सम्मिलित एक दस्ते ने बिना किसी रुकावट के पुनः गया पर कब्जा कर लिया और ग्यारह दिन के बाद फिर से अंग्रेजी हुकूमत स्थापित हुई।

– विद्रोही सैनिक भागलपुर से बौंसी के लिए रवाना हुए। वहाँ उन्होंने कोई समस्या नहीं पैदा की।

20 अगस्त, 1857 – Electric Telegraph के Deputy Suprintendent ने बेडन को सूचना दी कि कुँवर सिंह रोहतास के निकट अकबरपुर में है और अमर सिंह सासाराम के समीप जी.टी. रोड से लगे पहाड़ियों में छुपा हुआ है और वह सरकारी अधिकारियों को धमका रहा है।

– विद्रोही भागलपुर से मुंगेर जिला के चकाई पहुँच गए और वहाँ से नवादा चले गए।

24 अगस्त, 1857 – दानापुर में रजीमेंट 7, 8 ने दोपहर बाद रात के समय बिना मार–काट किए सोन नदी की ओर प्रस्थान किया और रातो–रात दरिया किनारे चलकर आरा की सीमा में प्रवेश

कर गए। शेरघाटी और नवादा पर भी पुनः कब्जा किया गया।

25 अगस्त, 1857 – शाहाबाद के मजिस्ट्रेट मस्टर मनी कलकत्ता से वापस आए।

27 अगस्त, 1857 – आरा में बागियों ने मिस्टर बायल के बँगले पर एक तोप स्थापित कर दिया और एक तोप पूरब की ओर लगाकर गोलाबारी करने लगे।

28 अगस्त, 1857 – प्रातः छह बजे आरा में मौजूद बागी सेना को जमा करने के लिए बिगुल बजा। परेड करने के बाद सारे सिपाही शहर की ओर रवाना हुए और पाँच सौ आरा में घिरे हुए अंग्रेज अधिकारियों की निगरानी के लिए रह गए।

29 अगस्त, 1857 – आरा में घिरे हुए अंग्रेज अधिकारियों की सहायता के लिए सेना पहुँची, लेकिन परास्त होकर असफल लौट गई।

30 अगस्त, 1857 – बागियों ने तोप मोरचे से हटाकर मिस्टर बायल के बँगले की ऊपरी मंजिल पर स्थापित किया।

सितंबर 1857 – शाह कबीरूद्दीन ने सुना कि कुँवर सिंह रेवाँ में है। वह मिर्जापुर के जंगलों से होता हुआ रेवाँ के हिंदू राज में प्रवेश कर गया है और दोनों के लिए खतरा बना हुआ है।

1 सितंबर, 1857 – आरा में बागियों की तोपों से गोलाबारी होती रही।

2 सितंबर, 1857 – आरा में बागियों ने बड़ी तेजी से सुरंग खोदना शुरू किया। इस अवसर पर चार बागी शहीद हो गए।

3 सितंबर, 1857 – आरा में घिरे हुए अंग्रेज अधिकारियों को रिहाई नसीब हुई।
– चाईबासा स्थित बटालियन के सिपाही भी इस विद्रोह में शामिल हो गए।

5 सितंबर, 1857 – डैंपियर ने तिरहुत जिला मजिस्ट्रेट का पदभार ग्रहण किया।

8 सितंबर, 1857 – रोहिणी (देवघर) के बागी सिपाहियों का पहला दस्ता वहाँ से मार्च करता हुआ नवादा पहुँच गया। कैप्टन रैट्रे ने गया से आगे बढ़कर उसे रोकना चाहा। दोनों में मुकाबला हुआ। लेकिन रैट्रे को नाकामी हुई और बागी सिपाही गया शहर में प्रवेश करने में सफल हो गए।

अक्तूबर, 1857 – दो देशी पैदल कंपनी भागलपुर में बागी होकर गया में यलगार करती हुई पहुँची और जहानाबाद के रास्ते से सोन

नदी की ओर चली गई।
– कुँवर सिंह बाँदा चला गया।

22 अक्तूबर, 1857 – देवघर में अचानक सिपाहियों ने पुनः विद्रोह का बिगुल बजा दिया।

22 अक्तूबर, 1857 – अंग्रेजी रेजीमेंट का एक दस्ता गया की रक्षा के लिए आ गया और अधिकारियों को कुछ दिनों के लिए शांति नसीब हुई।

25 अक्तूबर, 1857 – शेरर ने म्योर को लिखा 'कहा जाता है कि कुँवर सिंह बाँदा से चल चुका है और काल्पी में वह ग्वालियर दस्ते के साथ शामिल होना चाहता है।

5 दिसंबर, 1857 – ग्यारहवीं अनियमित सेना के घुड़सवारों ने पूर्णिया में विद्रोह कर दिया।

9 दिसंबर, 1857 – किशनगंज में सूचना मिली कि विद्रोही दक्षिण की तरफ निकल गए हैं।

11 दिसंबर, 1857 – फ्रेड्रिक हैलिडे ने विद्रोह के दौरान गिद्धौर के राजा जय मंगल सिंह द्वारा दी गई सेवाओं के लिए धन्यवाद ज्ञापित किया और उपहार स्वरूप छह गाँवों की जागीर मिली।
– अंग्रेजी सैनिकों के साथ पूर्णिया के विद्रोहियों की मुठभेड़ हुई। अनेक विद्रोही मारे गए।

19 दिसंबर, 1857 – विद्रोहियों के एक छोटे से दल ने गोरखपुर से सारण में प्रवेश कर गुठनी आउटपोस्ट पर हमला कर दिया।

दिसंबर (अंतिम सप्ताह)
1857 – सोहनपुर में बड़ी लड़ाई हुई जिसमें 120 विद्रोही मारे गए। गोरखपुर फ्रंटियर की इस लड़ाई में हरकिशन सिंह और अली करीम भी थे।

जनवरी 1858 – बगावत की आग हर जगह धीमी होने लगी।
– हिंदी बेड़ा के एक सौ अंग्रेजी सिपाही और अधिकारी गया आ गए।

27 जनवरी, 1858 – बागी सिपाही भागलपुर के कमिश्नर और मेजर रिचर्डसन की सेना से लड़ते-भिड़ते पूर्णिया से दरभंगा तक चले आए। यहाँ कमिश्नर भागलपुर ने मेजर रिचर्डसन और नेपाल जनरल रत्न मान सिंह की सैनिकों की सहायता से

		फिर उन्हें घेरने की कोशिश की, मगर असफल रहा। और बागी सिपाही जनकपुर के रास्ते से नेपाल की तराई में प्रवेश कर गए और उसी रास्ते से यू.पी. की ओर चले गए।
फरवरी 1858	–	कुँवर सिंह लखनऊ और दरयाबाद के क्षेत्रों में थे।
मार्च 1858	–	कुँवर सिंह ने अपनी गतिविधि तेज कर दी।
26 मार्च, 1858	–	कुँवर सिंह ने अंग्रेजों को हरा कर आजमगढ़ पर कब्जा कर लिया और वहाँ अपनी हुकूमत स्थापित कर लिया। इससे अंग्रेजों में भारी तहलका मच गया।
29 मार्च, 1858	–	कुँवर सिंह ने आजमगढ़ की ओर पेशकदमी की और अंग्रेजों को दबाते हुए आजमगढ़ तक ले गए।
6 अप्रैल, 1858	–	आजमगढ़ के सामने सख्त लड़ाई हुई। अतिरिक्त अंग्रेजी सेना पहुँचने के कारण कुँवर सिंह को आजमगढ़ से जगदीशपुर के जंगलों में जाना पड़ा।
13 अप्रैल, 1858	–	अंग्रेजी सेना ने आजमगढ़ पर आक्रमण किया। कुँवर सिंह आजमगढ़ को छोड़कर गाजीपुर की ओर चल पड़े। हुकूमत ने कुँवर सिंह को गिरफ्तार करने वाले को 25 हजार रुपए का पुरस्कार देने का ऐलान किया।
21 अप्रैल, 1858	–	कुँवर सिंह जख्मों से चूर थे। उनका एक बाजू कट गया था, फिर भी जगदीशपुर जाने के लिए वह गंगा किनारे पहुँचे गए।
22 अप्रैल, 1858	–	कुँवर सिंह जगदीशपुर पहुँचे गए, और वहाँ पुनः अपनी हुकूमत बना ली।
23 अप्रैल, 1858	–	कैप्टन ली ग्रांड ने जगदीशपुर के जंगल में कुँवर सिंह पर आक्रमण करने का निर्णय लिया, लेकिन अंग्रेजी सेना को बुरी तरह पराजित होना पड़ा। 199 में से केवल 80 गोरे जीवित रहे।
24 अप्रैल, 1858	–	कुँवर सिंह की मृत्यु हो गई।
मई 1858	–	अमर सिंह को लगातार चार बार पराजित होना पड़ा।
2 मई, 1858	–	कोरफील्ड ने रिपोर्ट दी कि 'अमर सिंह खतरा महसूस कर रहा है और वह लड़ाई के लिए तैयार नहीं है, जबकि सिपाही उसपर जोर दे रहे हैं।'
9 मई, 1858	–	अंग्रेजों ने जगदीशपुर पर पुनः कब्जा कर लिया।

22 जून, 1858	–	रात के अँधेरे में अमर सिंह के दो सौ साथी दबे पैर जेलखाना के दरवाजे तक आ पहुँचे। किसी को खबर न हुई और कैदियों को रिहा कर दिया।
24 जून, 1858	–	जहानाबाद के थाना पर बागियों के एक दस्ते ने अचानक आक्रमण कर दिया। सरकारी भवनों को जला डाला। दारोगा टुकड़े-टुकड़े कर दिया गया और उसका धड़ उलटे पैर थाना के सामने लटका दिया गया।
जुलाई 1858	–	अमर सिंह ने आरा पर आक्रमण किया और शहर के किनारे मिस्टर विक्टर के बँगले में आग लगा दी।
27 अगस्त, 1858	–	जालौन की रानी तेजबाई और उनके पति को विद्रोह के आरोप में मुंगेर जेल में रखा गया था। सचिव एडम स्टोन ने अपने पत्र में लिखा था कि रानी की निगरानी इतनी होनी चाहिए कि वह हिरासत से भाग न सकें।
3 सितंबर, 1858	–	पटना के कमिश्नर को अपने एक अंग्रेज अधिकारी को जरूरी निर्देश देते हुए यह लिखना पड़ा कि 'आरा जिला के इस पूरे क्षेत्र की स्थिति अच्छी नहीं है। यदि अमर सिंह ने ग्रैंड ट्रंक रोड के उत्तरी भागों को फिर कब्जा में कर लेगा तो उसका खतरनाक प्रभाव न केवल आरा, बल्कि गया और पटना जिले पर भी पड़ेगा।
5 सितंबर, 1858	–	अंग्रेज अधिकारियों ने घबराहट में एक नोटिस निकालकर पटना कमिश्नरी के सारे अंग्रेजों को अपने परिवार को कलकत्ता या कम-से-कम राजमहल से हटा लेने का आदेश भी कर दिया था।
5 सितंबर, 1858	–	मुंगेर में कुँवर सिंह के एक जासूस मौजी राम कल्वार को सात साल की सजा दी गई।
30 सितंबर, 1858	–	बंगाल के लेफ्टिनेंट गवर्नर ने अपनी डायरी में लिखा कि 'उस समय कोई भी न तो ऐसा प्रमाण सामने आया और न वहाबियों के विरुद्ध किसी प्रकार का कोई आरोप। बल्कि एक बूढ़े वहाबी लीडर द्वारा दी गई सूचना को भी नजरअंदाज कर दिया गया।
20 अक्तूबर, 1858	–	घुड़सवार दस्ते ने अमर सिंह का पीछा किया और बागियों को नष्ट कर दिया। लेकिन अमर सिंह बच निकला और

		उसने कैमूर की पहाड़ियों में शरण ली।
24 अक्तूबर, 1858	–	देवघर के बागी सिपाहियों की टुकड़ी ने अरवल के पास सोन नदी को पार किया और राजमहल से बीरभूम जिला की सूरी छावनी चली गई और वहाँ बगावत कराकर उसी रास्ते बिहार लौटी।
नवंबर 1858	–	महारानी विक्टोरिया की ओर से आम माफी का ऐलान हो जाने पर भी पटना के कमिश्नर ने शाहाबाद के मजिस्ट्रेट और सभी बागियों को माफी देने की अनुमति देते हुए भी अमर सिंह के पाँच-छह साथियों को माफी देने से इनकार कर दिया था, जिनमें एक जमानिया के इब्राहीम खान भी थे।
	–	डगलस ने कैमूर की पहाड़ियों पर आक्रमण किया और इस तरह पश्चिमी बिहार की यह लड़ाई समाप्ति पर पहुँची। लेकिन अमर सिंह अब भी आजाद था।
	–	निशान सिंह और हरकिशन सिेह को गिरफ्तार करके फाँसी पर लटका दिया गया।
2 नवंबर, 1858	–	देवघर के बागी सिपाहियों का मुकाबला कैप्टन इंग्लिश से नवादा में हुआ।
6 नवंबर, 1858	–	देवघर के बागी सिपाहियों से सख्त मुकाबला हुआ। उन्होंने वीरता के साथ मुकाबला किया और अपना रास्ता काटते हुए सोन पार करके सासाराम की ओर बढ़ गए।
31 दिसंबर, 1859	–	सारण में 65 विद्रोही सिपाहियों ने मजिस्ट्रेट के समक्ष सरेंडर किया।
4 मार्च, 1859	–	गवर्नर जनरल ने अपनी रूदाद में लिखा कि 'मेरा विश्वास है कि जब टेलर मुकदमे की सुनवाई कर रहे थे, तो उन्होंने बिना पर्याप्त प्रमाण के लोगों को सजाएँ दीं।'
10 मई, 1859	–	तिरहुत के कलेक्टर डैंपियर ने पटना के आयुक्त को लिखा कि सुरसंड के सभी जमींदारों का विद्रोह के दौरान अच्छा व्यवहार रहा।
अक्तूबर 1859	–	कर्नल रम्से ने जंग बहादुर से सुना कि जगदीशपुर का अमर सिंह तराई में बागियों की सेना में पहुँच गया है और शीघ्र ही वह बाला और नाना राव की सेना की कमान सँभालने वाला है।

1859	–	नेपाल हुकूमत ने अमर सिंह को गिरफ्तार करके अंग्रेजी हुकूमत के हवाला कर दिया। उन्हें गोरखपुर जेल में रखा गया।
5 फरवरी, 1860	–	अमर सिंह को गोरखपुर जेल से शाहाबाद लाकर मुकदमा चलाने की योजनाएँ बनाई जा रही थीं कि इसी बीच गोरखपुर जेल अस्पताल में उनका निधन हो गया।

□

संदर्भ-सामग्री

(क) उर्दू पत्रिकाएँ

1. अखबार-ए-बिहार, पटना, सितंबर 1856–21 जुलाई, 1857
2. अदीब, फीरोजाबाद, जुलाई–अक्तूबर 1897, जनवरी–दिसंबर 1899
3. अदीब, पटना, जुलाई–अक्तूबर 1897, जनवरी–जून 1899
4. अंजुमन हिमायते इस्लाम, लाहौर, सितंबर, दिसंबर 1891, जनवरी 1892
5. अंजुमन नोमानिया, लाहौर, 1/1, 1899
6. अनवारुल इस्लाम, सियालकोट, दिसंबर 1898, जनवरी–जून, अगस्त, सितंबर, नवंबर, 1899
7. अवध पंच, लखनऊ, मई 1877–दिसंबर 1899
8. अलपंच, बाँकीपुर, जनवरी 1890–अक्तूबर 1899
9. अशरफ–उल–अखबार, दिल्ली, नवंबर 1866–दिसंबर 1876
10. आरा गजट, आरा, फरवरी, 1887
11. इंडियन पंच, लखनऊ, 8 जुलाई 1880
12. कमर, लखनऊ, जनवरी–जून, अक्तूबर 1891- अगस्त 1892
13. किरान–अल–सादैन, दिल्ली, फरवरी–जून 1846
14. खयाले यार, कानपुर, जून, जुलाई 1897
15. गवर्नमेंट गजट ममालिक मग्रिबी व शुमाली व अवध, इलाहाबाद, दिसंबर 1882
16. गुलचीं, लखनऊ, जुलाई, सितंबर, दिसंबर 1894, अप्रैल, जून, सितंबर, नवंबर 1896, अगस्त-नवंबर 1897, जनवरी–अप्रैल 1899
17. गुलदस्ता बिहार, पटना, मई, जून, अगस्त–अक्तूबर 1883, जनवरी-मार्च 1884

18. गुलदस्ता दामने बहार, आगरा, जनवरी–अप्रैल 1893
19. गुलदस्ता गुलजारे एरम, जनवरी-फरवरी 1899
20. गुलदस्ता नतीजा सुखन, कलकत्ता, फरवरी-नवंबर 1882
21. जबान, लखनऊ, जनवरी 1894
22. जबान, दिल्ली, जुलाई 1895
23. चमने सुखन, बदायूँ, जुलाई-अगस्त 1884
24. चश्म–ए–फैज, सियालकोट, मई–जून 1857
25. तारीख बगावत–ए–हिंद, आगरा, जुलाई, सितंबर, दिसंबर 1859
26. तोहफा बिहार, फरवरी 1897
27. तफरीहुल उकला, इलाहाबाद, मई 1890
28. तहजीब, हरदोई, मई 1896
29. तूती–ए–हिंद, मेरठ, मार्च 1881–जून 1884
30. तिलिस्मे हिक्मत, मेरठ, फरवरी, अप्रैल, मई, जुलाई, अक्तूबर 1865
31. दब्दबा–ए–सिकंदरी, रामपुर, मई–नवंबर 1874
32. देहली पंच, दिल्ली, फरवरी 1896–सितंबर 1897
33. देहली पंच, लाहौर, मई 1882
34. दिलगुदाज, लखनऊ, दिसंबर 1887, जनवरी 1888–दिसंबर 1890
35. नैरंग, लखनऊ, 1/1 1899
36. नैरंगे खयाल, लाहौर, 1883
37. नैरंगे खयाल, जौनपुर, अगस्त-सितंबर 1895
38. पटना हरकारा, पटना, 21 अप्रैल–21 जून 1855
39. पैसा अखबार, लाहौर, फरवरी 1897–दिसंबर 1899
40. पयामे यार, लखनऊ, अप्रैल-जून 1885, नवंबर 1886, अक्तूबर–दिसंबर 1887, अगस्त-नवंबर 1890, सितंबर 1893, जनवरी, फरवरी, मई, जुलाई, अगस्त, दिसंबर 1895, जनवरी–दिसंबर 1896, जुलाई-दिसंबर 1897, मार्च 1898, अप्रैल 1899
41. बहरे हिक्मत, लाहौर, जनवरी 1866–मार्च 1868
42. मआरिफ, अलीगढ़, जुलाई, सितंबर–दिसंबर 1898, जनवरी–मार्च, मई–दिसंबर 1899
43. मखजनुल उलूम, बरेली, मार्च 1876
44. मखजनुल फवाइद, हैदराबाद, मई–जुलाई 1874
45. मजाके सुखन, मथुरा, अगस्त 1897

46. मोहम्मडन एजूकेशन कॉन्फ्रेंस, शाहजहाँपुर, दिसंबर 1895, 1896
47. मोहम्मडन ऐंग्लो-अरेबिक ओरियंटल कॉलेज मैगजीन, अलीगढ़, अक्तूबर–दिसंबर 1899
48. मोहम्मडन ऐंग्लो ओरियंटल कॉलेज मैगजीन, अलीगढ़, जनवरी 1896–दिसंबर 1899
49. मुख्बिर–ए–दकन, मद्रास, फरवरी–नवंबर 1898
50. राजपूताना गजट, अजमेर, अप्रैल–दिसंबर 1899
51. रयाजे सुखन, मारहरा, अक्तूबर 1896–जुलाई 1897
52. लिसानुल मुल्क, मेरठ, जुलाई 1887
53. वकील, अमृतसर, मार्च–दिसंबर 1899
54. शोरे महशर, लाहौर, दिसंबर 1895
55. सुब्हे सादिक, इटावा, अक्तूबर 1898

(ख) उर्दू पुस्तकें

1. अतीक सिद्दीकी–1857, अखबार और दस्तावेजें, दिल्ली, 1966
3. एदारा मत्बूआत पाकिस्तान–1857, कवाइफ व सहाइफ, कराची, 1957
4. असीर अदरवी–तहरीक-ए-आजादी और मुसलमान, देवबंद, 1988
5. इमदाद साबिरी–1857 के मुजाहिद शोअरा, दिल्ली, 1959
6. इमदाद साबिरी–1857 के गद्दार शोअरा, दिल्ली, 1960
7. कन्हैयालाल, पंडित–मुहारबह–ए–अजीम, लखनऊ, 1861
8. जहीर देहलवी–दास्तान-ए-गदर, लाहौर, 1955
9. तकी रहीम–तहरीक–ए–आजादी में बिहार के मुसलमानों का हिस्सा, पटना, 1998
10. फौक बिलग्रामी–तारीख–ए–जदीद सूबा उड़ीसा व बिहार, पटना, 1915
11. बदरुद्दीन, सैयद–हकीकत भी कहानी भी, पटना, 1988
12. बल्खी, फसीहुद्दीन–तारीख–ए–मगध, पटना, 2001
13. मेहर, गुलाम रसूल–1857 : पाक व हिंद की पहली जंग–ए–आजादी, लाहौर, 1957
14. मेहर, गुलाम रसूल– 1857 के मुजाहिद, लाहौर, 1960
15. मो. शफी, मियाँ–1857 पहली जंग–ए–आजादी, सरगोधा, 1957
16. मोईनुद्दीन हसन खान–खदंग-ए-गदर, दिल्ली, 1972
17. मुस्लिह सहसरामी–तारीख–ए–सहसराम, सासाराम, 1918

18. शाद अजीमाबादी–तारीख सूबा बिहार, पटना, 1880
19. शिहाबी, मुफ्ती इंतजामुल्लाह–गदर के चंद उलमा, दिल्ली
20. शिहाबी, मुफ्ती इंतजामुल्लाह–ईस्ट इंडिया कंपनी और बागी उलमा, दिल्ली
21. सेन, सुरेंद्रनाथ– 1857, दिल्ली, 2001

(ग) हिंदी पुस्तकें

1. चौधरी, प्रसन्न कुमार एवं श्रीकांत–1857 : बिहार-झारखंड में महायुद्ध, नई दिल्ली, 2008
2. द्विवेदी, कृष्णानंद–बिहार की हिंदी पत्रकारिता, पटना, 1996
3. मिश्र, कृष्णबिहारी–हिंदी पत्रकारिता, दिल्ली, 2000
4. शम्सुल इसलाम–1857 के बागी सिख, दिल्ली, 2008
5. शम्सुल इसलाम–जासूसों के खुतूत, दिल्ली, 2008
6. संजय कुमार–1857 : जनक्रांति के बिहारी नायक, पटना, 2008
7. विनोद गोदरे–हिंदी पत्रकारिता स्वरूप एवं संदर्भ, दिल्ली, 2000

(घ) अंग्रेजी पुस्तकें

1. Holmes, T.R. - Sir Charles Napier/ Cambridge, 1925
2. Hunter, W.W. - The Indian Musalmans, Delhi, 1969
3. Kaye, Sir John William - Lives of Indian Officers, 2 Vols., London, 1867
4. Kaye, Sir John William - A History of the Sepoy War in India, 3 Vols., London, 1878-1880
5. Malleson, G. B. - History of the Indian Mutiny, 3 Vols. London, 1878-1880
6. Malleson, G. B. - Indian Mutiny of 1857, 3rd ed. 1960
7. Malleson, G. B. - The Revolt in Central India, Simla, 1908
8. Roberts - Forty One Year in India, 2 Vols., London, 1897
9. Tayler, W. - The Patna Crisis, London, 1882
10. Tayler, W. - Twenty Eight Years in India, London, 1881
11. District Duties during the Revolt in the North-West Provinces in India in 1857, London, 1859

□

अखबार-ए-बिहार, 1 सितंबर, 1856

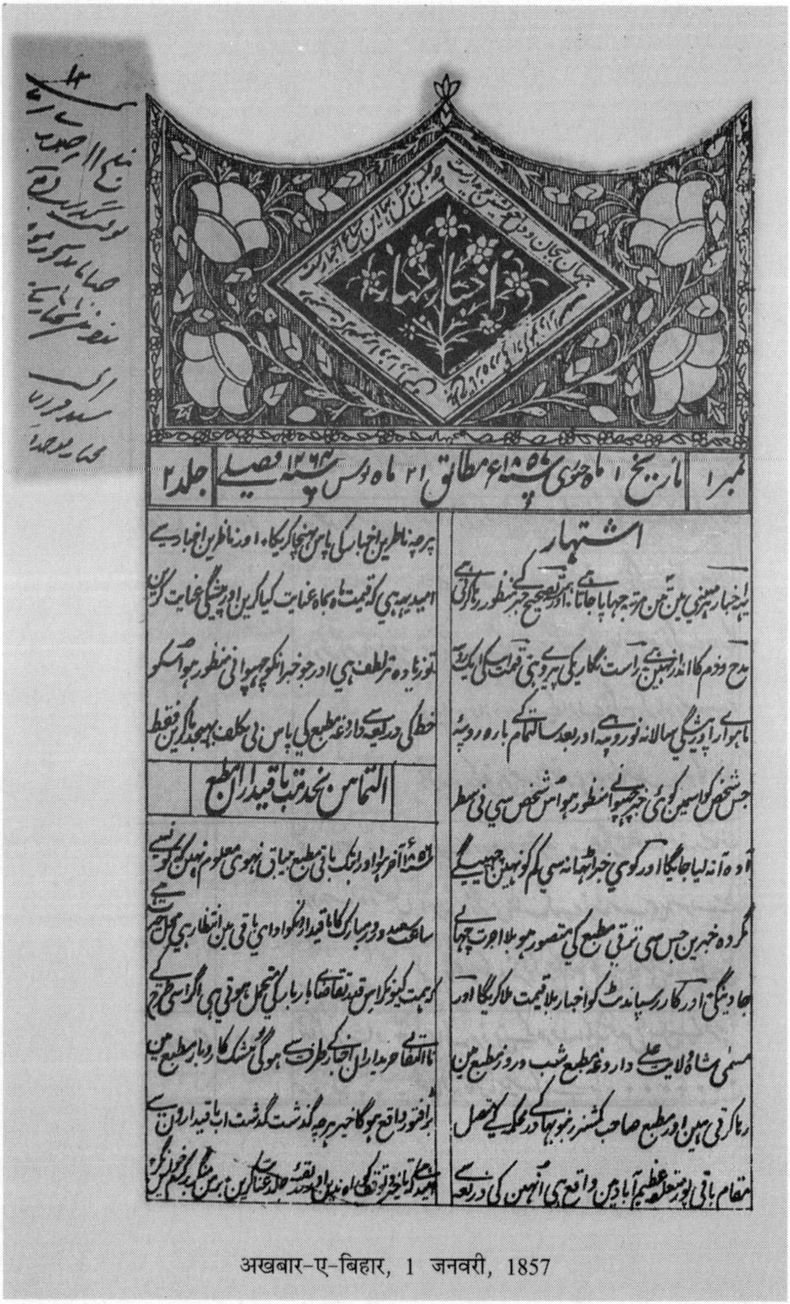

اخبار بہار

نمبر ۱ | تاریخ ۱ ماہ جنوری ۱۸۵۷ء مطابق ۲۱ ماہ پوس ۱۲۶۴ فصلی | جلد ۲

اشتہار

التماس بخدمت ناقدان مطبع

अखबार-ए-बिहार, 1 जनवरी, 1857

اخبار بہار

نمبر ۱۳ ... جلد ۲

اشتہار

یہ اخبار ہر مہینے مین تین بار چھپا یا جاتا ہی اور ہمیشہ تصحیح
خبر کے منظور رہا کرتی ہی ۔ ہجو و ذم کا انداز نہین ہی
راست نگاری کی پیروی ہی قیمت اسکی ایک روپیہ ماہواری
اور پیشگی سالانہ نو روپیہ ہی ۔ اور بعد سال تمام کے بارہ روپیہ
جس شخص کو اسمین کوئی خبر چھپوانی منظور ہو اس شخص سے
فی سطر آدھ آنہ لیا جایگا اور کوئی خبر ایسی [illegible]
گر وہ خبرین جس سے ترقی مطبع متصور ہو بلا اجرت چھاپی جاوینگی
اور کارسپانڈنٹ کو اخبار بلا قیمت ملا کریگا اور [illegible]

داروغہ مطبع شب و روز مطبع مین رہا کرتے ہین اور مطبع
صاحب کمشنر بہادر کے محکمہ کی متصل مقام باقی پور
متعلقہ عظیم آباد مین واقع ہی انہین کے ذریعہ سے
ناظرین اخبار کے پاس پہنچا کریگا اور ناظرین اخبار سے
امید یہ ہی کہ قیمت ماہ بماہ عنایت کیا کرین اور پیشگی
عنایت کرین تو زیادہ تر لطف ہی اور جو خبر انکو چھپوانے
منظور ہو اسکو خط کے ذریعہ سے داروغہ مطبع
کے پاس بے تکلف بھیجا کرین ◆◆◆◆

अखबार-ए-बिहार, 1 मई, 1857

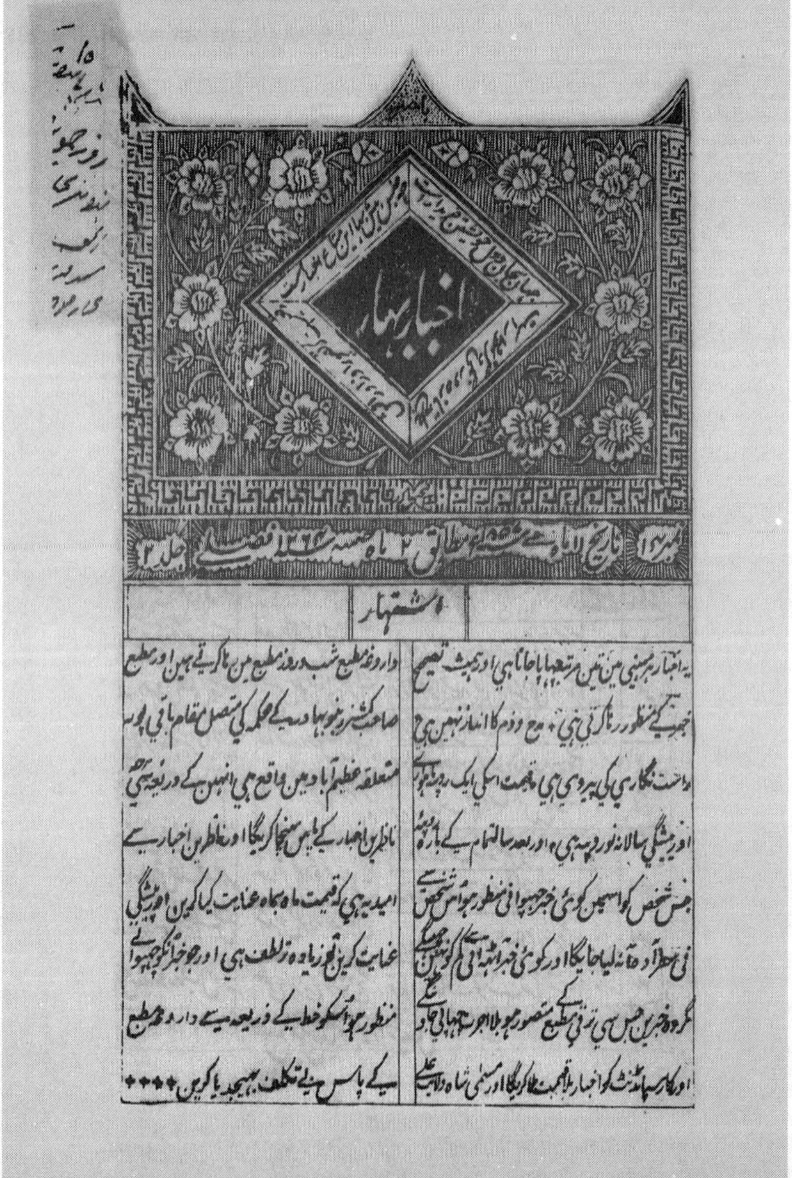

अखबार-ए-बिहार, 11 मई, 1857

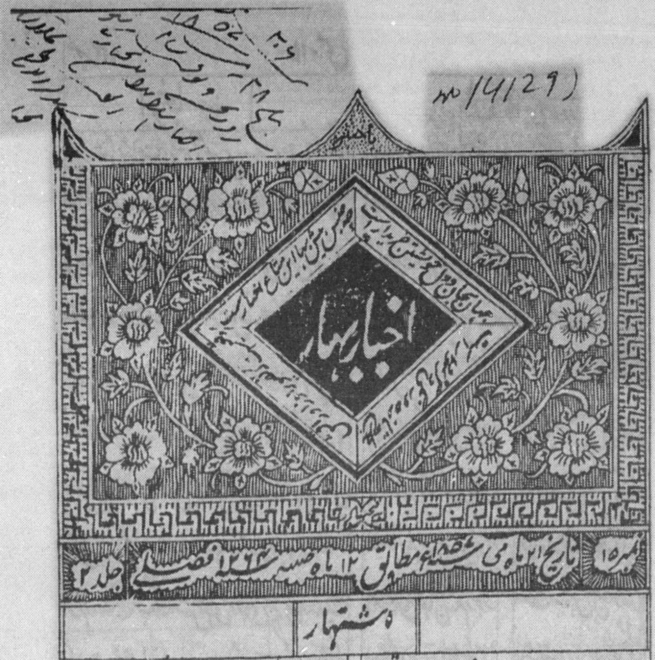

اخبار بہار

نمبر ۱۵ تاریخ ۲۱ ماہ مئی ۱۸۵۷ء مطابق ۱۲ ماہ ... ۱۲۶۴ فصلی جلد ۲

اشتہار

یہ اخبار ہر مہینے میں تین مرتبہ چھاپا جاتا ہی اور ہمیشہ تصحیح
خبر کے منظور رکھا کرتی ہی • مدح و ذم کا انداز نہیں ہی
راست نگاری کی پیروی ہی قیمت اسکی ایک روپیہ ماہوار
اور پیشگی سالانہ نو روپیہ ہی • اور بعد سال تمام کے بارہ روپیہ
جس شخص کو اسمیں کوئی خبر چھپوانی منظور ہو اس شخص سے
فی سطر آدھ آنہ لیا جایگا اور کوئی خبر البتہ ایسی کہ جو نہیں چھپیگی
مگر وہ خبرین جس سے ترقی مطبع کے متصور ہو بلا اجرت چھاپی جاویگی
اور کارسپانڈنٹ کو اخبار بلا قیمت ملا کریگا اور مسلمی شاہ ... صاحب

داروغہ مطبع شب و روز مطبع میں رہا کرتے ہیں اور مطبع
صاحب کمشنر بہادر کے محکمہ کی متصل مقام باقی پور
متعلقہ عظیم آباد میں واقع ہی انہیں کے ذریعہ سے
ناظرین اخبار کے پاس پہنچا کریگا و ناظرین اخبار سے
امید یہ ہی کہ قیمت ماہ بماہ عنایت کیا کریں اور پیشگی
عنایت کریں تو زیادہ تر لطف ہی اور جو خبر انکو چھپوانے
منظور ہو اسکو خط کے ذریعہ سے داروغہ مطبع
کے پاس بے تکلف بھیجدیا کریں ++++

अखबार-ए-बिहार, 21 मई, 1857

اخبار بہار

اشتہار

یہ اخبار ہر مہینے میں تین مرتبہ چھاپا جاتا ہے اور ہمیشہ تصحیح
خبر کے منظور رہا کرتی ہے — ہیچ و ذم کا اندراج نہیں ہے
راست نگاری کی پیروی ہے قیمت اسکی ایک روپیہ ہے
اور پیشگی سالانہ نو روپیہ ہے اور بعد سال تمام کے بارہ روپیہ
جس شخص کو اسمیں کوئی خبر چھپوانی منظور ہو اس شخص سے
فی سطر آدھ آنہ لیا جائیگا اور کوئی خبر اشتہار کی کم کو نہیں چھپیگی
گر وہ خبریں جس سے ترقی مطبع کے متصور ہو بلا اجرت چھاپی جاوینگی
اور کار سرکار انگریزی کا اخبار بلا قیمت ملا کریگا اور مسمی شاہ ولایت علی

داروغہ مطبع شب و روز مطبع میں رہا کرتے ہیں اور مطبع
صاحب کمشنر بہادر کے محکمہ کے متصل مقام باقی پور
متعلقہ عظیم آباد میں واقع ہے انہیں کے ذریعہ سے
ناظرین اخبار کے پاس پہنچا کریگا اور ناظرین اخبار سے
امید یہ ہے کہ قیمت ماہ بماہ عنایت کیا کریں اور پیشگی
عنایت کریں تو زیادہ تر لطف ہے اور جو خبر انکو چھپوانی
منظور ہو اسکو خط کے ذریعہ سے داروغہ مطبع
کے پاس بے تکلف بھیجدیا کریں

अखबार-ए-बिहार, 1 जून 1857

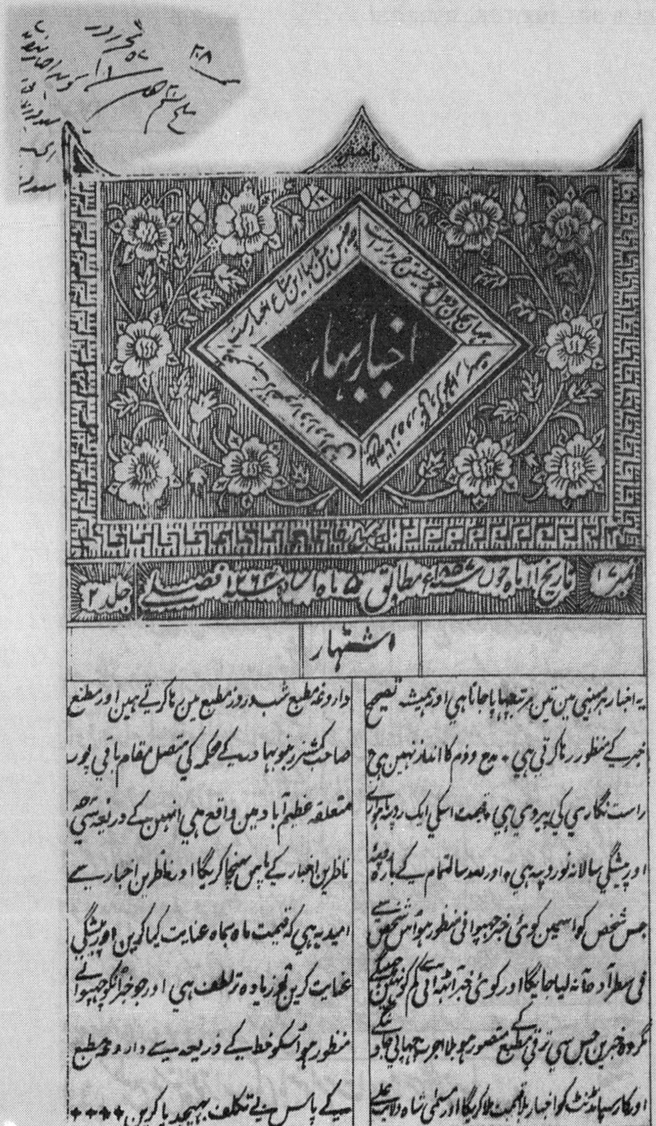

اخبار بہار

نمبر ۱ | تاریخ ۱۱ ماہ جون ۱۸۵۷ء مطابق ۱۵ ماہ [illegible] ۱۲۶۴ فصلی | جلد ۲

اشتہار

یہ اخبار ہر مہینے میں تین مرتبہ چھاپا جاتا ہے اور ہمیشہ تصحیح
خبر کے منظور رہا کرتی ہے ۔ مدح و ذم کا اندراج نہیں ہے
راست نگاری کی پیروی ہے قیمت اسکی ایک روپیہ ماہواری
اور پیشگی سالانہ نو روپیہ ہے اور بعد سال تمام کے بارہ روپیہ
جس شخص کو اسمیں کوئی خبر چھپوانی منظور ہو اس شخص سے
فی سطر آدھ آنہ لیا جاےگا اور کوئی خبر البتہ ایسی کہ جس کے چھپنے
مگر وہ خبریں جس سے ترقی مطبع منظور ہو بلا اجرت چھاپی جاوے
اور کار سرکار [illegible] کو اخبار بلا قیمت [illegible] اور [illegible]

داروغہ مطبع شب و روز مطبع میں رہا کرتے ہیں اور مطبع
صاحب کمشنر بہادر کے محکمہ کے متصل مقام باقی پور
متعلقہ عظیم آباد میں واقع ہے انہیں کے ذریعہ سے
ناظرین اخبار کے پاس پہنچا کریگا و ناظرین اخبار سے
امید یہ ہے کہ قیمت ماہ بماہ عنایت کیا کریں اور پیشگی
عنایت کریں تو زیادہ تر لطف ہے اور جو خبر انکو چھپوانے
منظور ہو اسکو خط کے ذریعہ سے داروغہ مطبع
کے پاس بے تکلف بھیجدیا کریں ✦✦✦✦

अखबार-ए-बिहार, 11 जून 1857

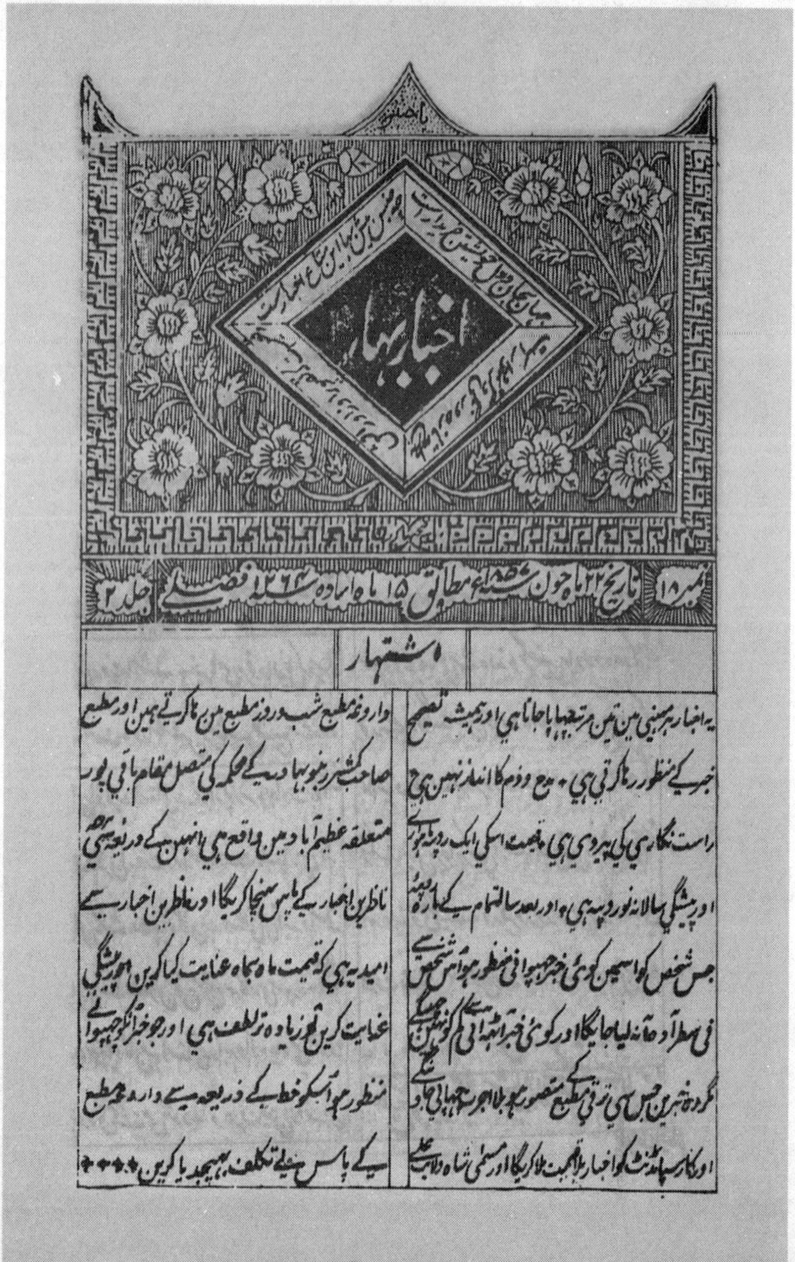

اخبار بہار

نمبر ۱۸ — تاریخ ۲۲ ماہ جون ۱۸۵۷ء مطابق ۱۵ ماہ ... ۱۲۷۳ فصلی — جلد ۲

اشتہار

یہ اخبار ہر ہفتے میں تین مرتبہ چھاپا جاتا ہی اور ہمیشہ تصحیح
خبر کے منظور رہا کرتی ہی ۔ ہجو و ذم کا اندراج نہیں ہی
راست نگاری کی پیروی ہی قیمت اسکی ایک روپیہ ماہوار
اور پیشگی سالانہ نو روپیہ ہی اور بعد سال تمام کے بارہ روپیہ
جس شخص کو اسمین کوئی خبر چھپوانی منظور ہو اس شخص سے
فی سطر آدھ آنہ لیا جاویگا اور کوئی خبر اشتہار کم کو نہین چھپیگی
مگر وہ خبرین جس سے ترقی مطبع منظور ہو بلا اجرت چھاپی جاوینگی
اور کارپرداز مطبع کو اخبار بلا قیمت ملا کریگا اور مسمی شاہ ... صاحب

داروغہ مطبع شب و روز مطبع مین رہا کرتے ہین اور مطبع
صاحب کمشنر بہادر کے محکمہ کی متصل مقام باقی پور
متعلقہ عظیم آباد مین واقع ہی انہین کے ذریعہ سی
ناظرین اخبار کے پاس پہنچا کریگا اور ناظرین اخبار سے
امید یہ ہی کہ قیمت ماہ بماہ عنایت کیا کرین اور پیشگی
عنایت کرین تو زیادہ تر لطف ہی اور جو خبر انکو چھپوانی
منظور ہو آپ کو خط کے ذریعہ سے وارد مطبع
کے پاس بے تکلف بھیجدیا کرین ۔

अखबार-ए-बिहार, 22 जुन, 1857

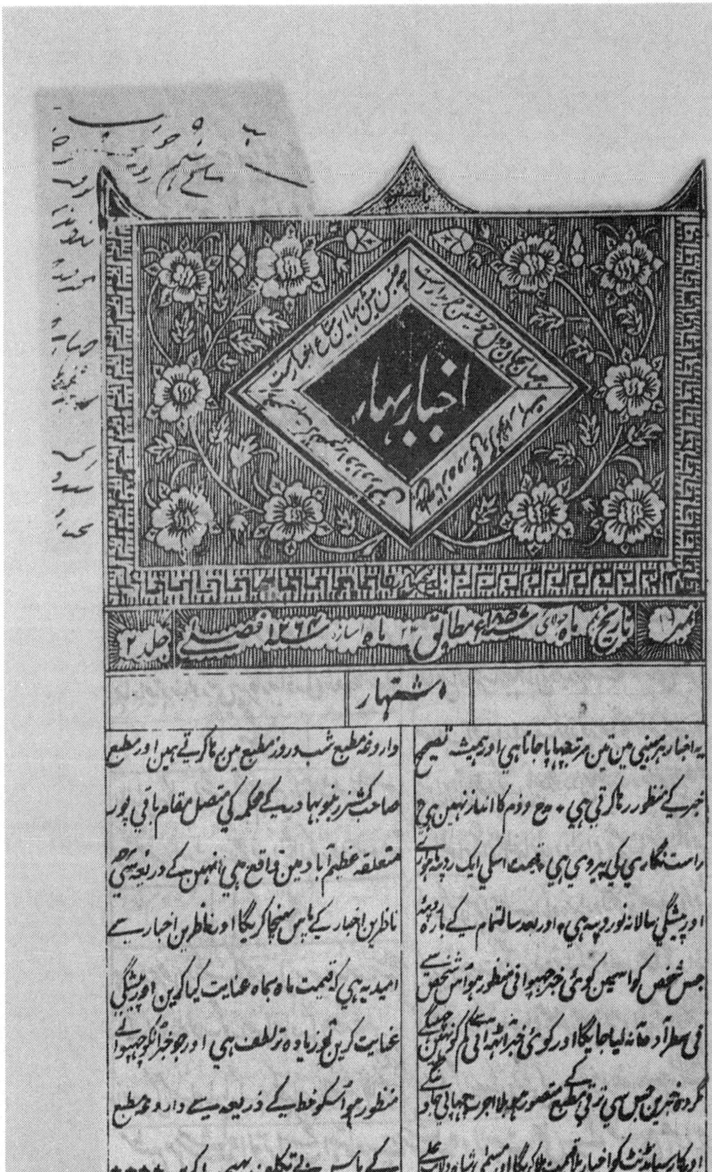

اخبار بہار

اشتہار

یہ اخبار ہر مہینے میں تین مرتبہ چھاپا جاتا ہے اور ہمیشہ تصحیح
خبر کے منظور رہا کرتی ہے ۔ ہجو و ذم کا انداز نہیں ہے
راست نگاری کی پیروی ہے قیمت اسکی ایک روپیہ ماہواری
اور پیشگی سالانہ نو روپیہ ہے اور بعد سال تمام کے بارہ روپیہ
جس شخص کو اسمیں کوئی خبر چھپوانی منظور ہو اس شخص سے
فی سطر آدھ آنہ لیا جائیگا اور کوئی خبر ایسی کہ کسی کو نقصان پہنچے
مگر وہ خبرین جس سے ترقی مطبع منظور ہو بلا اجرت چھاپی جاویگی
اور کار پرداز ... کو اخبار بلا قیمت ملا کریگا ...

داروغہ مطبع شب و روز مطبع میں رہا کرتے ہیں اور مطبع
صاحب کمشنر بہادر کے محکمہ کے متصل مقام باقی پور
متعلقہ عظیم آباد میں واقع ہے انہیں کے ذریعہ سے
ناظرین اخبار کے پاس پہنچا کریگا اور ناظرین اخبار سے
امید یہ ہے کہ قیمت ماہ بماہ عنایت کیا کریں اور پیشگی
عنایت کریں تو زیادہ تر لطف ہے اور جو خبر انکو چھپوانی
منظور ہو اسکو خط کے ذریعہ سے داروغہ مطبع
کے پاس بے تکلف بھیجا کریں

अखबार-ए-बिहार, 1 जुलाई, 1857

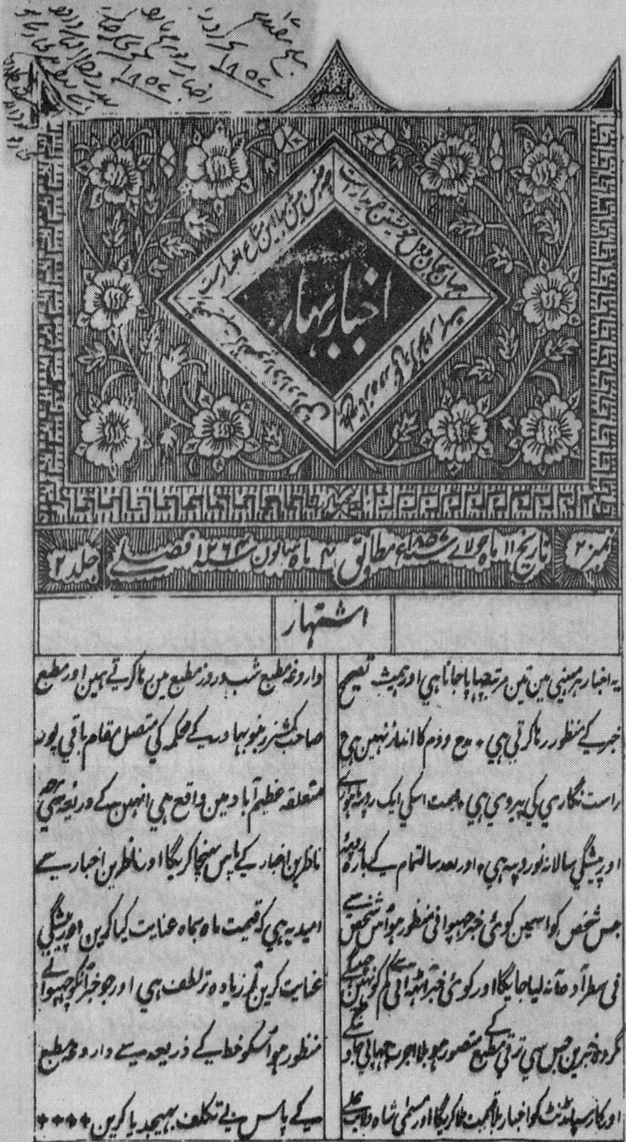

اخبار بہار

اشتہار

یہ اخبار ہر مہینے میں تین مرتبہ چھپا جاتا ہے اور ہمیشہ تصحیح
خبر کے منظور رہا کرتی ہے ۔ مع ورذم کا اندراج نہیں ہے
راست نگاری کی پیروی ہے ۔ قیمت اسکی ایک روپیہ ماہواری
او رپیشگی سالانہ نو روپیہ ہے ۔ اور بعد سال تمام کے بارہ روپیہ
جس شخص کو اسمیں کوئی خبر چھپوانی منظور ہو اس شخص سے
فی سطر آدھ آنہ لیا جائیگا اور کوئی خبر اشتہاری کم نہیں چھپیگی
مگر وہ خبرین جس سے ترقی مطبع منظور ہو بلا اجرت چھاپی جاوینگی
او رکار سپرنٹنڈنٹ کو اخبار بلا قیمت عطا کریگا اور مستمی شاہ وہاب

داروغہ مطبع شب و روز مطبع مین رہا کرتے ہین اور مطبع
صاحب کمشنر بہادر کے حکم کی متصل مقام باقی پور
متعلقہ عظیم آباد مین واقع ہے انہین کے ذریعہ سے
ناظرین اخبار کے پاس پہنچا کریگا اور ناظرین اخبار سے
امید ہے کہ قیمت ماہ بماہ عنایت کیا کرین اور پیشگی
عنایت کرین تو زیادہ تر لطف ہے اور جو خبر انکو چھپوانے
منظور ہو اسکو خط کے ذریعہ سے داروغہ مطبع
کے پاس بے تکلف بھیجدیا کرین ۔۔۔۔

अखबार-ए-बिहार, 11 जुलाई, 1857

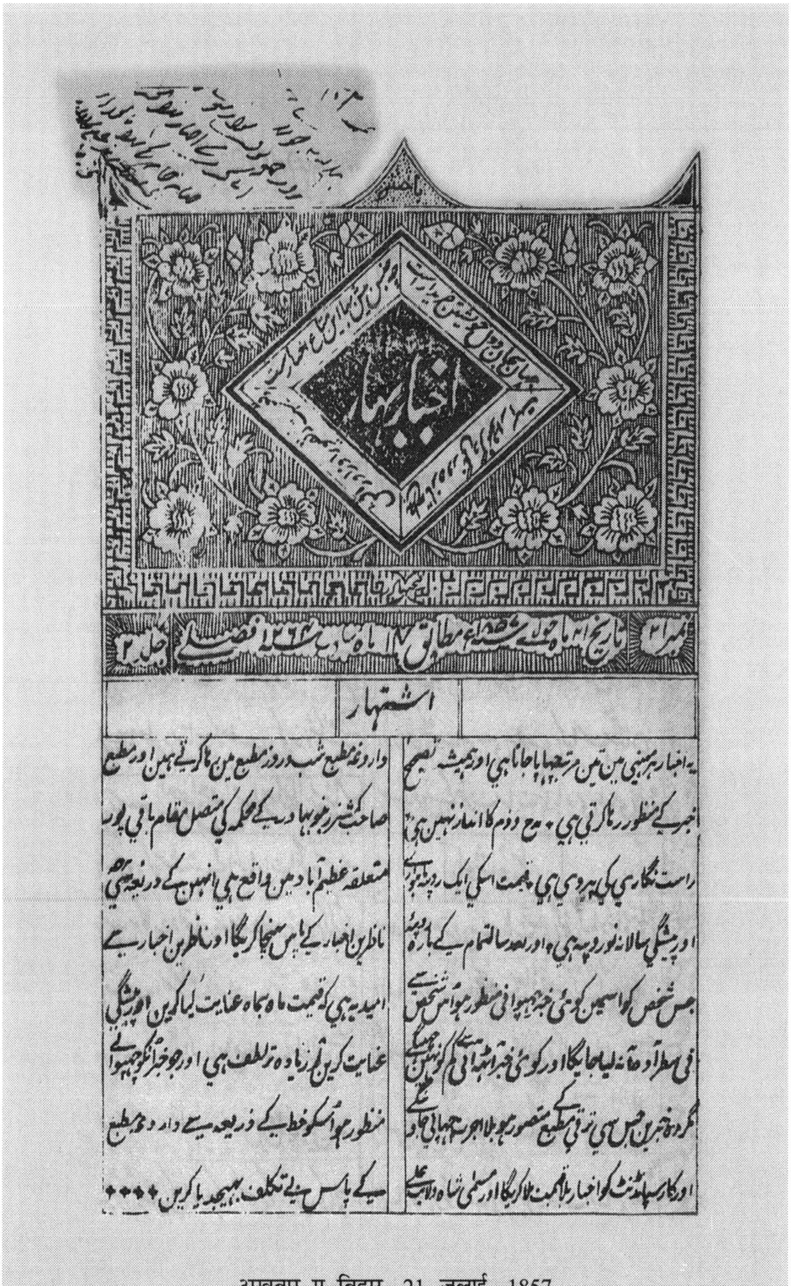

اخبار بہار

اشتہار

یہ اخبار ہر مہینے میں تین مرتبہ چھاپا جاتا ہے اور ہمیشہ

अखबार-ए-बिहार, 21 जुलाई, 1857

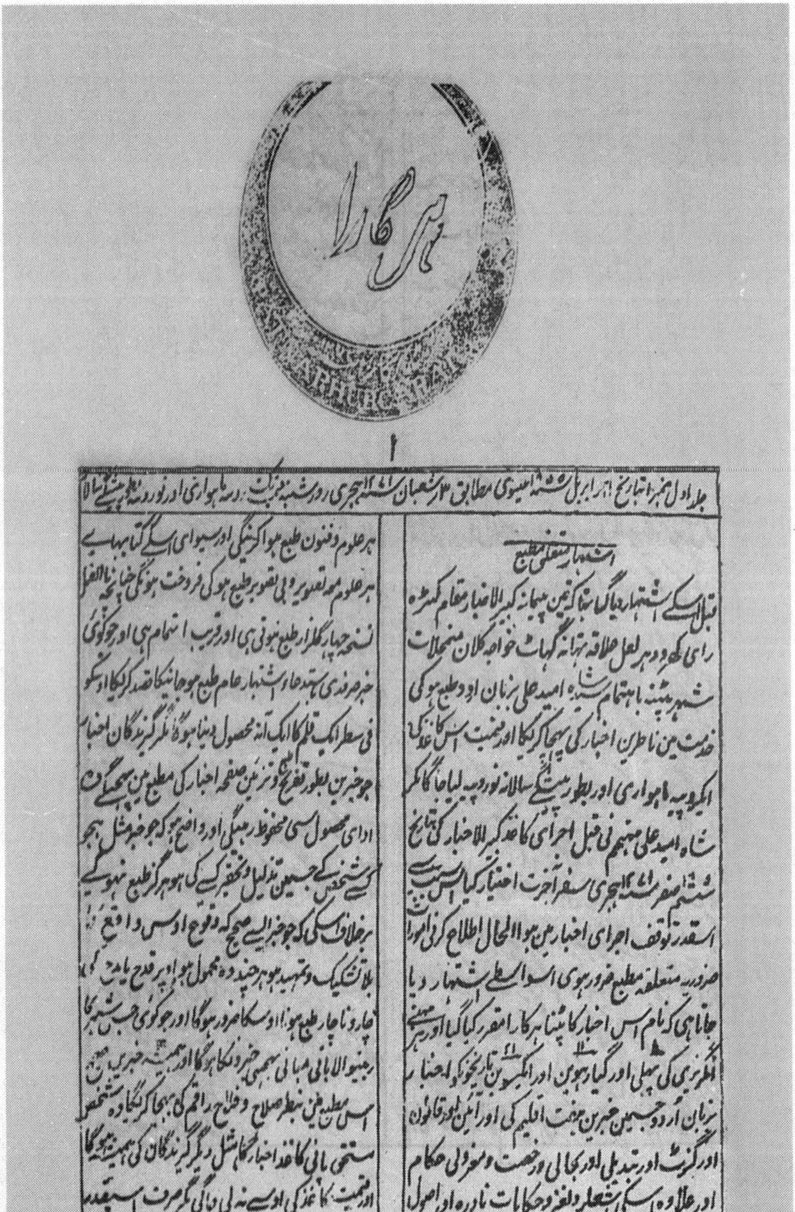

جلد اول نمبر ۱ تاریخ ۲۱ اپریل ۱۸۵۵ عیسوی مطابق ۳ شعبان ۱۲۷۱ ہجری روز شنبہ قیمت درماہواری اور نو روپیہ پیشگی سالانہ

اشتہار متعلقی مطبع

قبل اسکے اشتہار دیا گیا تھا کہ بیچ پیمانہ کبیر الاخبار مقام گمرشدہ
رای لکھر دوہر لعل علاقہ تھانہ گھاٹ خواجہ کلان منجملات
شہر پٹنہ باہتمام شاہ امید علی بزبان اردو طبع ہوکی
خدمت مین ناظرین اخبار کی پہنچا کریگا اور قیمت اس کاغذ کی
ایکروپیہ ماہواری اور بطور پیشگی سالانہ نو روپیہ لیا جا کا مگر
شاہ امید علی مہتمم نی قبل اجرای کاغذ کبیر الاخبار کی تاریخ
ششم صفر ۱۲۷۱ ہجری سفر آخرت اختیار کیا اس سبب سے
اسقدر توقف اجرای اخبار مین ہوا الحال اطلاع کرنی امور
ضروری متعلقہ مطبع ضرور ہوی اسواسطے اشتہار دیا
جاتا ہی کہ نام اس اخبار کا پٹنہ ہرکارا مقرر کیا گیا اور ہر مہینے
انگریزی کی پہلی اور گیارہوین اور اکیسوین تاریخونکو اخبار
زبان اردو جسمین خبرین ہفت اقلیم کی اور آئین اور قانون
اور گزٹ اور تبدیلی اور بحالی و رخصت و معزولی حکام
اور علاوہ اسکی شعر و لغز و حکایات نادرہ اور اصول

ہر علوم و فنون طبع ہوا کرینگی اور سیوای اسکے کتابہای
ہر علوم مع تصویر و بی تصویر طبع ہوکی فروخت ہونگی چنانچہ الفاظ
نسخہ چہار گلزار طبع ہوتی ہی اور قریب اتمام ہی اور جو کوئی
خبر صرف کی یا جدید حادث اشتہار عام طبع ہوجانیکا قصد کریگا اونکو
فی سطر ایک قلم کا ایک آنہ محصول دینا ہوگا مگر گیرندگان اخبار
جو خبرین بطور تفریح و تزئین صفحہ اخبار کی مطبع مین بھیجینگے
ادای محصول سی محفوظ رہینگی اور واضح ہو کہ جو خبر مثل ہجو
کسی شخص کے جسمین تذلیل و تحقیر کسی کی ہو ہرگز طبع نہوسکے
برخلاف اسکی کہ جو خبر ایسی صحیح کہ وقوع اوسکا واقع
بلا تشکیک و تمہید ہو ہر چند وہ مجمول ہو اوپر قدح یا مدح کی
چار و ناچار طبع ہوا اوسکا ضرور ہوگا اور جو کوئی حسب شہر کا
رہنیوالا بانی مبانی بھیجی خبر و نکا ہوگا اور ہمیشہ خبرین بھیج
اس مطبع مین بنظر صلاح و فلاح راقم کو پہنچا کریگا وہ شخص
مستحق بانی کاغذ اخبار کا مثل دیگر گیرندگان کی ہمیشہ ہوگا
اور قیمت کاغذ کی اوسے نہ لی جاتی مگر صرف اسیقدر

पटना हरकारा, 21 अप्रैल, 1855

देहली उर्दू अखबार, 17 मई, 1857

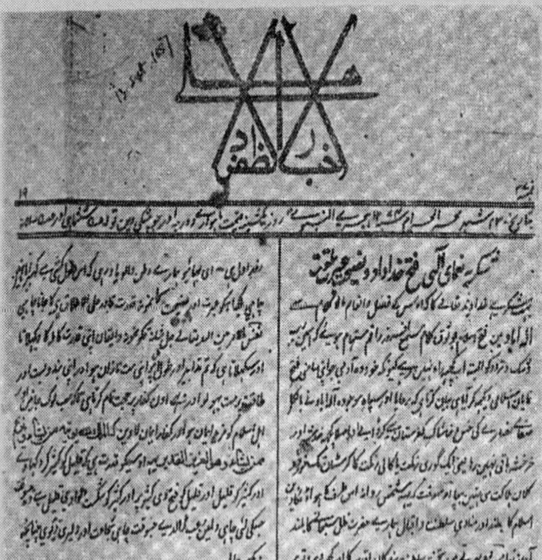

अखबार-उल-जफर, सितंबर 1857

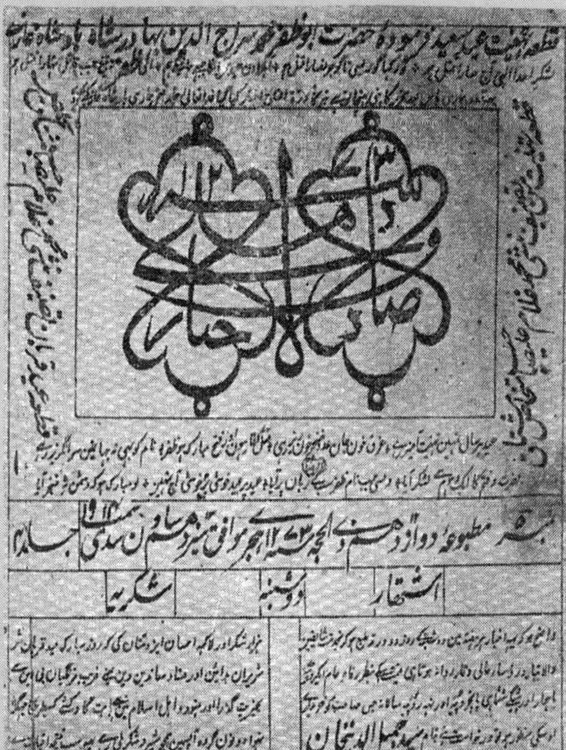

सादिक-उल-अखबार, जुलाई 1857

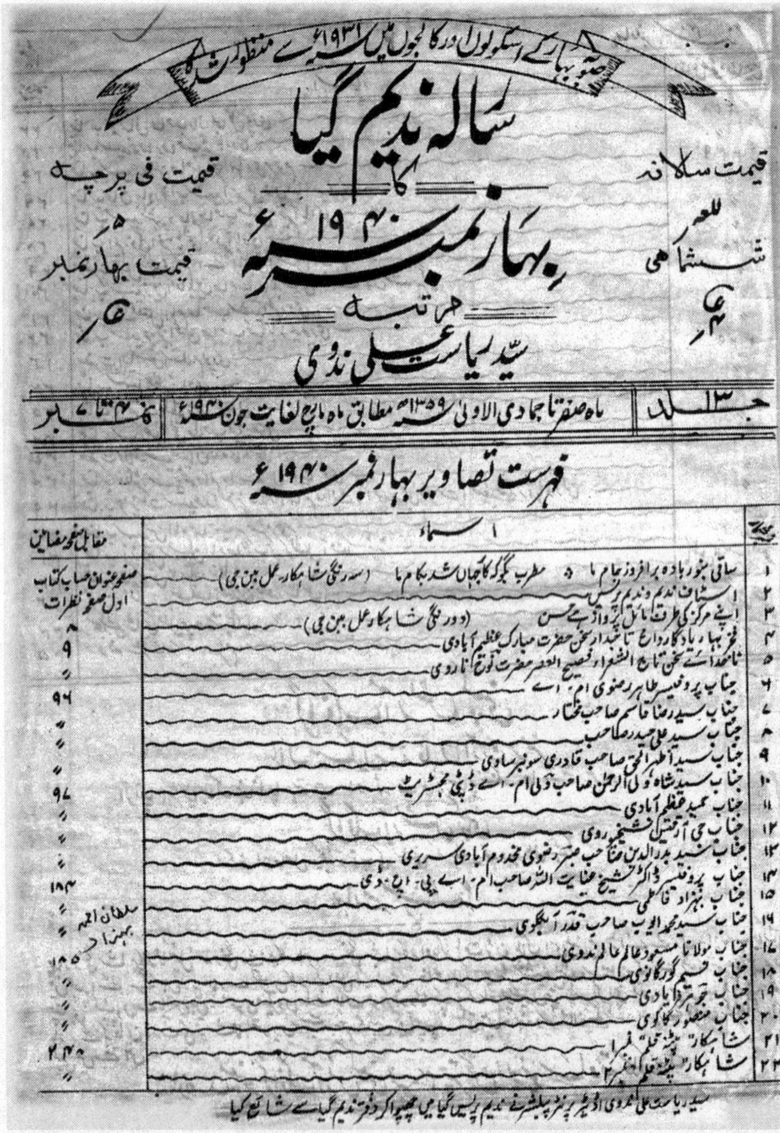

صوبہ بہار کے اسکولوں اور کالجوں میں ۱۹۳۱ء سے منظور شدہ

رسالہ ندیم گیا

کا

بہار نمبر ۱۹۴۰ء

قیمت سالانہ للعہ | قیمت فی پرچہ ۵؍ | ششماہی ۲؍ | قیمت بہار نمبر ۲؍

مرتبہ

سیّد ریاست علی ندوی

جلد ۱۳ | ماہ صفر تا جمادی الاولی ۱۳۵۹ھ مطابق ماہ مارچ لغایت جون ۱۹۴۰ء | نمبر ۴ تا ۷

فہرست تصاویر بہار نمبر ۱۹۴۰ء

نمبر	اسماء	مقابل صفحۂ مضامین
۱	ساقی بنور بادہ برافروز جام ما ۔ مطرب بگو کہ کار جہاں شد بکام ما (سہ رنگی شاہکار عمل بن جی)	صفحۂ عنوان حساب کتاب
۲	اسٹاف ندیم و ندیم پریس	اول صفحۂ نظرات
۳	اپنے مرکز کی طرف مائل پرواز ہے حسن (دو رنگی شاہکار عمل بن جی)	۸
۴	فخر بہار، یادگار داغ تاجدار سخن حضرت مبارک عظیم آبادی	۹
۵	تاجدار ئے سخن تاج الشعرا و فصیح العصر حضرت نوح ناروی	؍؍
۶	جناب پروفیسر طاہر رضوی ام۔ اے	۹۶
۷	جناب سید رضا قاسم صاحب مختار	؍؍
۸	جناب سید علی حیدر صاحب	؍؍
۹	جناب سید اظہر الحق صاحب قادری سونبرساوی	؍؍
۱۰	جناب سید شاہ ولی الرحمٰن صاحب ولی ام۔ اے ڈپٹی مجسٹریٹ	؍؍
۱۱	جناب حمید عظیم آبادی	۹۷
۱۲	جناب جی آر تحسین شیخوپوری	؍؍
۱۳	جناب سید بدر الدین صاحب صبر رضوی مخدوم آبادی سریری	؍؍
۱۴	جناب پروفیسر ڈاکٹر شیخ عنایت اللہ صاحب ام۔ اے پی۔ ایچ۔ ڈی	؍؍
۱۵	جناب بہزاد فاطمی	۱۸۴
۱۶	جناب سید محمد ایوب صاحب قدر آبگوی	؍؍
۱۷	جناب مولانا مسعود عالم عالم ندوی	؍؍
۱۸	جناب نسیم گورگانوی	۱۸۵
۱۹	جناب جوہر دایادی	؍؍
۲۰	جناب منصور کاکوی	؍؍
۲۱	شاہکار "پٹنہ قلم" نمبر ۱	؍؍
۲۲	شاہکار "پٹنہ قلم" نمبر ۲	۲۴۰

سید ریاست علی ندوی اڈیٹر پرنٹر پبلشر نے ندیم پریس گیا میں چھپوا کر دفتر ندیم گیا سے شائع کیا

नदीम (बिहार विशेषांक, 1940)

संदर्भिका

□□□